この一冊ですべてがわかる

不動産投資
新・プロの流儀

倉橋 隆行 監修

木内哲也・中元崇・山内真也・呉山英明 共著

プラチナ出版

はじめに

２０００年（平成12年）２月に、私の著書「アッと驚く　不動産投資」（住宅新報社刊）が発売された。多分、一般図書としての不動産投資の著書では日本で初めての著書である。

当時、不動産投資は資産家か地主と呼ばれる方のアパートやマンション建築などが主流であり、いまのようなサラリーマンが気軽にできるというものではなかった。そこで、私自身がサラリーマン時代に不動産投資を行っていたことから、出版社の依頼をうけ、その体験的なノウハウを著したものだったが、正直、はじめは全く売れなかった。やはり日本では不動産投資というものは受け入れられないのだろうと落胆していたところに、あのロバートキヨサキ氏が「金持ち父さん　貧乏父さん」という本をこの年の11月に出版し、その中に不動産投資について書かれており、一気に私の著書が売れ出し、第5刷になるほどの業界ではベストセラーとなった。

現在、世の中には、とてつもない数の不動産投資本が出版されているわけだが、残念ながら基本的な概念が間違えて書かれていたり、ほとんど自社の商品を売り込むためのものだったりとするものが多い。さらに急速に多額な不動産投資を勧めるものもあり、最初は良いかもしれないが、ゆくゆくは多額な元金の支払額が生じて納税に耐え切れなくなる可能性のリスクは書かれていないものまである。

そして迎えている、最近の不動産投資に関する混乱である。

私の著書や、テレビやラジオ出演の際に「ぜひ、一度、個別相談にお越しください」というようなことを告知しており、これを広告ととらえて非難する人もいるのだが、実際にはプロの意見を聞いて行っている投資家と、独自の見解で投資をしている人では、明らかに結果が違うのは事実である。

たとえば、昨今、騒がれているシェアハウスのサブリース会社が立て続けに破たんし、それにつられて、そこに投資していた人たちが破たんしている。また、それらに融資をし続けていた金融機関も厳しい非難を浴びることになっている。実際、私自身、このシェアハウスに対する相談を何人か受けたことがあるが、明らかに相場とかけ離れた賃料設定がなされており、当社の顧客に対してはすべて断念させた。不動産投資の場合、不動産を買って貸す商売であり、買った物件は融資を受けて、その返済をし続けなくてはならない。そして、その融資期間は15年から35年と長期にわたるものであるから、その期間、貸し続けられるものを購入するというのが基本なのに、利回りが高いからとか、シェアハウスがトレンドだからとかの理由で投資することは非常に危険なことである。

本書の中にはキャップレートという言葉が出てくる。読み進んでいただければ理解できる箇単な理論なのだが、リスクとリターン（利回り）は比例するという単純なことを理解せずに投資物件を買うことは、危険なのである。特に初めて不動産投資を行う人には、それを見極めるためにプロの介在が必要なのだということを伝えておきたい。

今回、本書の執筆陣はＣＦネッツの主要なコンサルタントで、自らも不動産投資を行い、数多くの実績を積んできたアセットマネージャーのメンバーである。今回、私が監修させていただいたが、昨今の不動産投資事情については、非常に臨場感のあるものである。特に首都圏のワンルームマンションの相場感や金融機関の融資姿勢など、常に変化のある情報が書かれているし、インターネットを通じて賃貸物件の人気エリアを探して投資物件を選定する具体的な内容も書かれている。本書の執筆陣が現場で行っているノウハウを書かせていただいており、初めて不動産投資を行う人から、すでに不動産投資を行っている人にも役立つ情報となっている。

本書は４部構成になっており、なるべくわかりやすい言葉で書かせてもらった。一部、専門用語も含まれているが、これにも慣れていただきたいため、日本語訳にしていない。これらの専門用語はすでに標準的に使われている指標であり、不動産投資をするには共通言語であるため、ぜひ、覚えてほしいと考えている。

さて、皆さんが不動産投資を始めるにあたり、どのような目的と目標をもって取り組むのかは定かではないが、本書を通じて不動産投資の本質を見極めていただき、まずは小さいところからでも始めていただければと思う。

不動産投資は、リスクが低い投資である。

これは、世界の常識なのである。

ＣＦネッツ　代表取締役兼ＣＦネッツグループ最高責任者
倉橋　隆行

はじめに　倉橋 隆行

初級編 ～はじめはここから―――木内 哲也

1 不動産投資とは？……10
2 現在の不動産市況……13
3 首都圏賃貸住宅の動向……20
4 何からはじめる不動産投資？……25
5 金融機関の移り変わり……36
6 今できる不動産投資……40
7 銀行選びのポイント……50
8 今って買いどきなの？……60
9 不動産会社をどう選ぶ？……64

投資分析編　中元 崇

1　不動産投資の仕組みを知る……70
2　キャッシュフローツリーを知る……80
3　収益性と安全性を数字で判断……123

資金調達編　山内 真也

1　資金調達の基礎知識……160
2　某金融機関の評価方法……177
3　金融機関を利用するうえでの優先順位……189
4　今できる不動産投資は自己資金次第で決まる……193
5　借換えに積極的な金融機関のウラ話と金利交渉……196

6　よくある質問……206
7　資金調達をする前の心構え……213

市場分析編――呉山英明

1　マイナス金利下における不動産市況……216
2　今後どうなる？　不動産価格……223
3　投資家からみる現在の市況……227
4　プロがみる現在の市況は？……230
5　世界からみたＴＯＫＹＯ……234
6　どうやって物件の目利きをするか？……239
7　価値は需要で変わる……243
8　ポータルサイトを使った市場調査……256

本文デザイン・ＤＴＰ／タイプフェイス
図表作成／川田あきひこ

初級編
はじめはここから

木内 哲也

1 不動産投資とは？

不動産投資は大家業・貸家業

何のために、不動産投資をするのでしょう。「将来が不安」「年金が本当にもらえるのか」とか、「リタイアした後の生活費の足しに」あるいは企業の「新規事業」などなど、理由は人それぞれです。

不動産投資をひと言で言うと、「大家業・貸家業」であり、賃貸住宅経営という事業です。現在不動産投資に関する書籍が多数出版されていますが、そのほとんどが「自己資金○○円で1棟購入」とか「短期間で家賃収入○○円」などといった物件購入におけるサクセスストーリーのようなものがあふれかえっているように感じます。不動産投資は、物件を購入できたらゴールではなく、購入してからがスタート。買ってからいかに管理運営を行い、どのように不動産を運用していくかが成功のカギを握ります。

不動産投資のメリットとデメリット

不動産投資のメリットは、売買を前提とせずに毎月の収入が得られるということ。これはインカムゲイン志向の投資で、株などと違うのは、売り買いを繰り返し、その差額だけが利益ではなくて、所有している間の運用益が入るという点です。また、うまくいけば値上がり益が出る場合もあるため、キャピタルゲインの利益を得ることができます。

また値下がりしても追加担保や追加証拠金などを求められることはありません。逆に、残債の減少によって売却の際には手取りのキャッシュがかなり残る場合があります。たとえば、何年か前に1億円で買った物件を今売ったら8000万円になったという場合、買った値段から2000万円下がったことになります。しかし、所有期間に家賃の中から返済が進み、残債が6000万円になっていたとすれば、2000万円が手元に残るのです。

また、不動産を担保に融資が受けられるのでレバレッジ効果が期待できる点や同じ物件でも投資家の工夫次第で、収益性を高めることができます。そのほか、相続税、所得税など、税制関係にも有利です。

逆に、不動産投資のデメリットとしては、流動性が低いという点。それに、金利上昇・滞納・空室・賃料低下・災害などのリスクがあります。加えて、短期の売買を繰り返すと諸費用等のコストが高くなることもあげられます。

また値下がりして売却の場合、残債を下回ると、差額の現金が用意できない限りは売ることができず、塩漬けとなる可能性もあります。細かい分割がしづらいのもデメリットのひとつであり、相続対策として分割には不向きな不動産の場合は、特に複数の不動産に分散投資するなど、来るべき相続に備えた対策を取らなければならないということです。

不動産投資はリスクが少ない！

不動産投資が一番リスクが低いというのは、世界の常識です。まず、投資した元本がゼロになる可能性はほぼありません。建物が古くなったとしても、土地の権利は残ります。また区分所有の物件も、投資した元本がゼロになる可能性は極めて低いのです。

また投資の目論見が比較的読みやすく、投資家自身の工夫次第で収益性を高めることができることと同じように、リスクを最小限化することもできる点が不動産投資の良いところです。

当社では、不動産担保の融資を活用し調達金利を低く借り入れ、運用益を中心の投資事業としてインカムゲインが中心の不動産投資を勧めています。

不動産投資に重要な3つのポイント

不動産投資においては、3つの重要なポイントがあります。

1つ目は、安定的に貸せるかどうかという点で、市場分析です。

2つ目は、効率的かつ安全性が確保できるかどうかということで、投資分析です。

そして3つ目、より有利な融資をどう調達するかという点で、銀行評価です。

この本は、この3つのポイントについて、各論でくわしく解説していきたいと思います。

2 現在の不動産市況

金融緩和、アベノミクスの効果は？

現在の不動産市況は金融緩和やアベノミクスにともない、金融機関は新築・築浅物件やアパート関連融資に非常に積極的です。特に中古の木造アパートは、法定対応年数を超える融資の取り組みが増えています。また、物件の売価に対してどれぐらいの掛け値でローンを組めるかという指標のLTV（Loan To Value Ratio）は、ここ数年で85～95％に上がっています。

一方、景気の影響を即座に受けやすい区分所有ワンルームは、価格が約2割近く上がっているエリアもあります。また首都圏では買取転売を目的とする不動産業者が積極的で、一般ユーザーが購入するような通常相場と変わらない金額そのままで買い付けている状況です。また最近は、外国人投資家の方が現金で購入するケースも増えています。ライバルは日本国内だけではないということです。

新築アパートに関しても物件価格が上昇傾向にあるのに対し、家賃はほとんど変動がないため、利回りが落ちています。数年前は東京都内でも表面利回り8%程度はないとなかなか売れませんでしたが、現在は平均で6%前後で取引きされています。

また建て売りアパートは、売れ行きが好調です。震災以降、建築コストが上がっているためか、販売価格は上昇傾向にあります。この動きに引っ張られて、築5年以内の中古アパート物件はほとんど新築と変わらないような利回りで値付けされています。

欲しい人がいれば価格は上がる!

不動産市況を左右する基本的な要因は、需要と供給です。ものがないのに欲しい人がいれば価格は上がり、逆にものがふんだんにあるにもかかわらず、欲しい人がいなければ価格は下がります。車でたとえるならば人気車は高く、不人気車は安い。さらに同車種であっても人気色か不人気色でも価格は異なります。またトマトやキュウリといった作物であっても、豊作の年は価格が下がり、不作の年は高騰します。

この価格変動には、社会要因、経済要因、不動産要因の3つが関係します。経済要因としては、財政・税制・社会要因とは、人口動向、少子高齢化、世帯数などです。

インフラ、景気や銀行の融資姿勢で、不動産投資ではインフラの普及によっても市場が変わるほか、銀行の融資体制や情勢によって日々変化する評価基準によって、融資の受けやすい物件も変化するため銀行融資の姿勢は大きな要因となります。不動産要因では、供給量や技術、建築コストなどのほか、人口動向・世帯数の推移などがあげられます。人口減少元年といわれる2005年を皮切りに日本の人口は減少し、2030年あたりで、人口部分と世帯数というのがだいたい同じ減り方になるといわれています。

ただ、人口が減ったからといって、すぐに不動産需要が減少するわけではありません。

日本の世帯数の将来推移をみると、今後、全体的に人口が減る一方、ひとり暮らしが圧倒的に増えるとともに、夫婦のみの世帯と一人親と子どもの世帯というのが増加します。

すなわち総人口が減っても、一人暮らし世帯の増加や、夫婦のみのＤＩＮＫＳ世帯の増加などにより、1世帯（家庭）当たりの中身が変化するのです。たとえ以前と世帯数は同じであったとしても、1世帯当たりの人数は単身世帯などの増加によって少人数化が進みます。単純に

日本の人口・世帯数の推移と将来推計

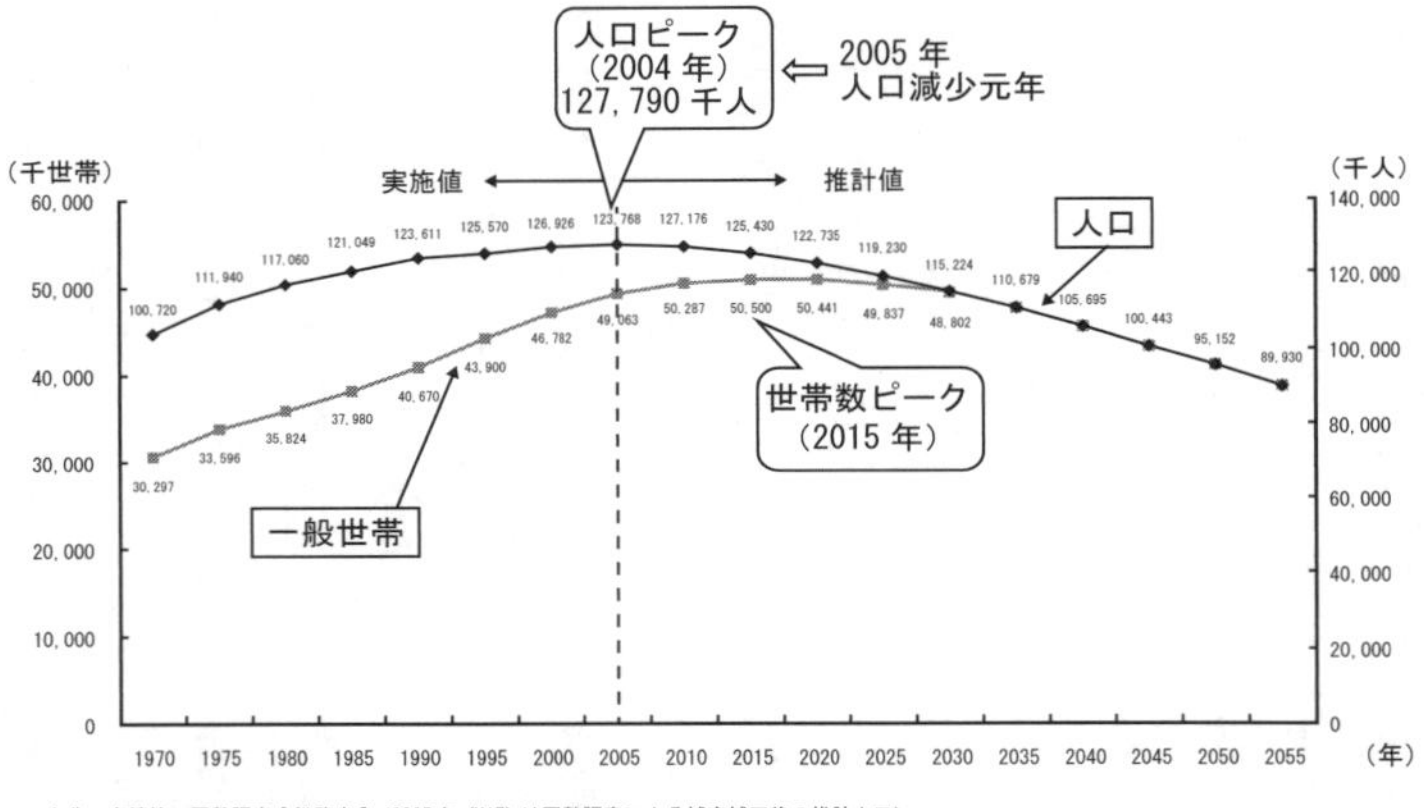

出典：実績値：国勢調査［総務省］（2005 年（H17）は国勢調査による補完補正後の推計人口）
推計値：日本の将来推計人口（2006 年 12 月推計）、
日本の世帯数の将来推計（全国推計）（2008 年 3 月推計）［国立社会保障・人口問題研究所］

賃貸住宅戸数、空室数の推移

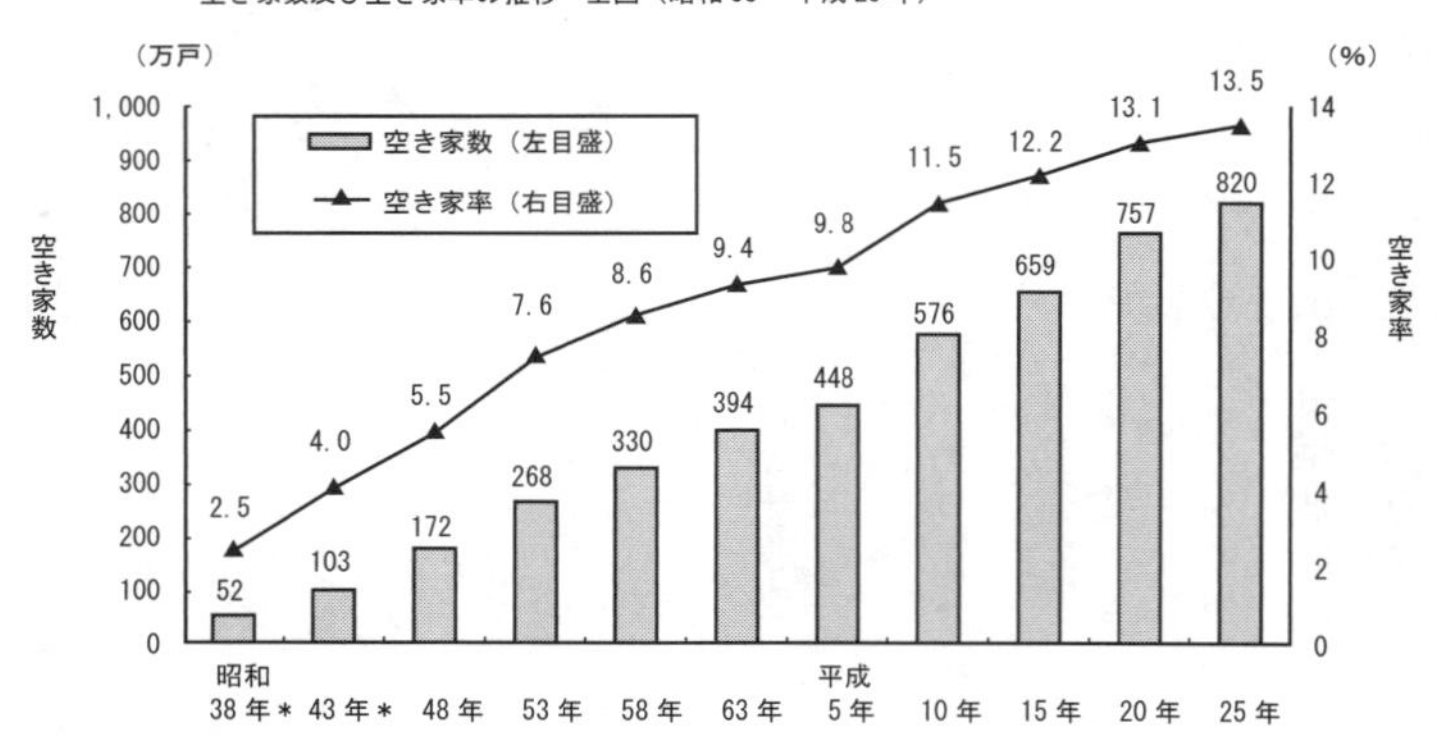

出典：総務省統計局「住宅・土地統計調査」

日本の世帯数の将来推計

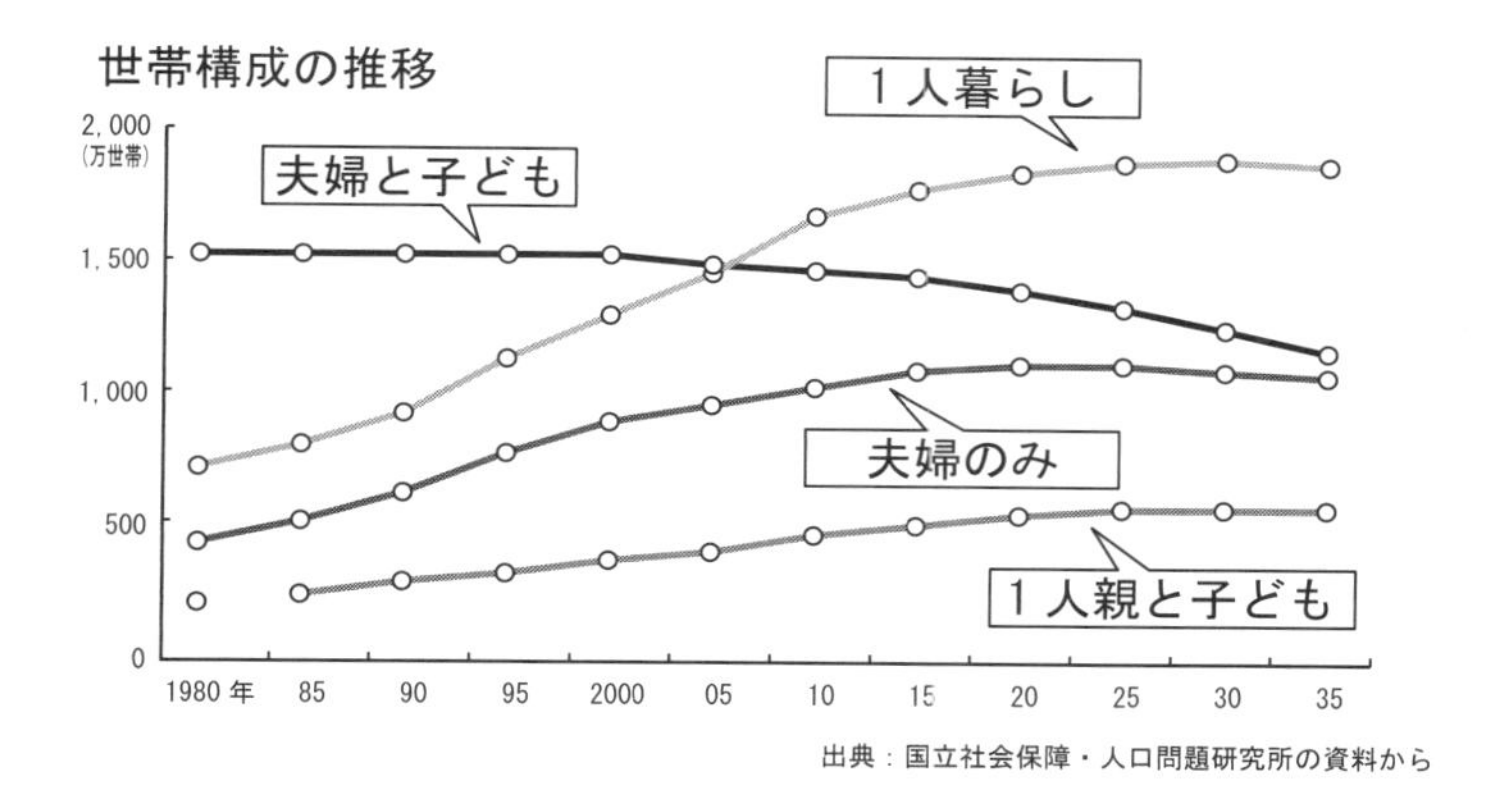

日本の都道府県別人口ランキング

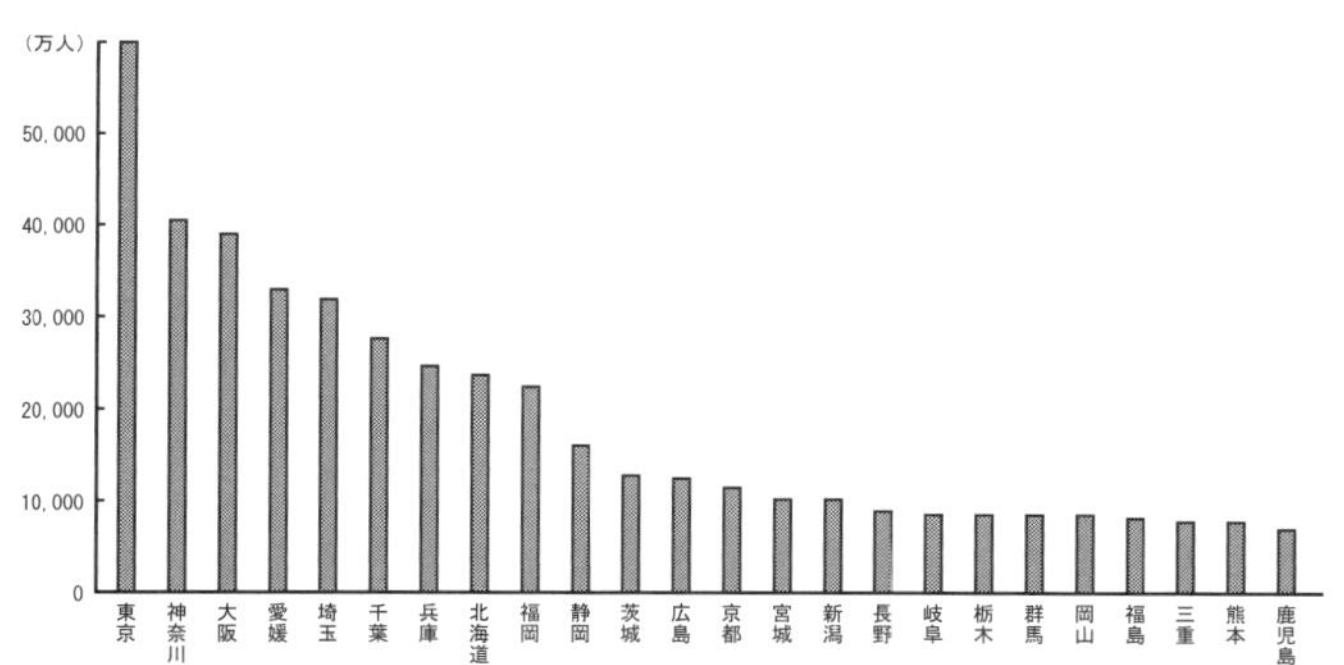

東京都はずば抜けて人口が多いことが分かります。2位の神奈川と比べても約1.5倍です。日本の人口の約10%
10人に1人は東京都に住んでいるのです。神奈川・埼玉・千葉と合わせてると人口の約30%にもなる。
出典：総務省統計局

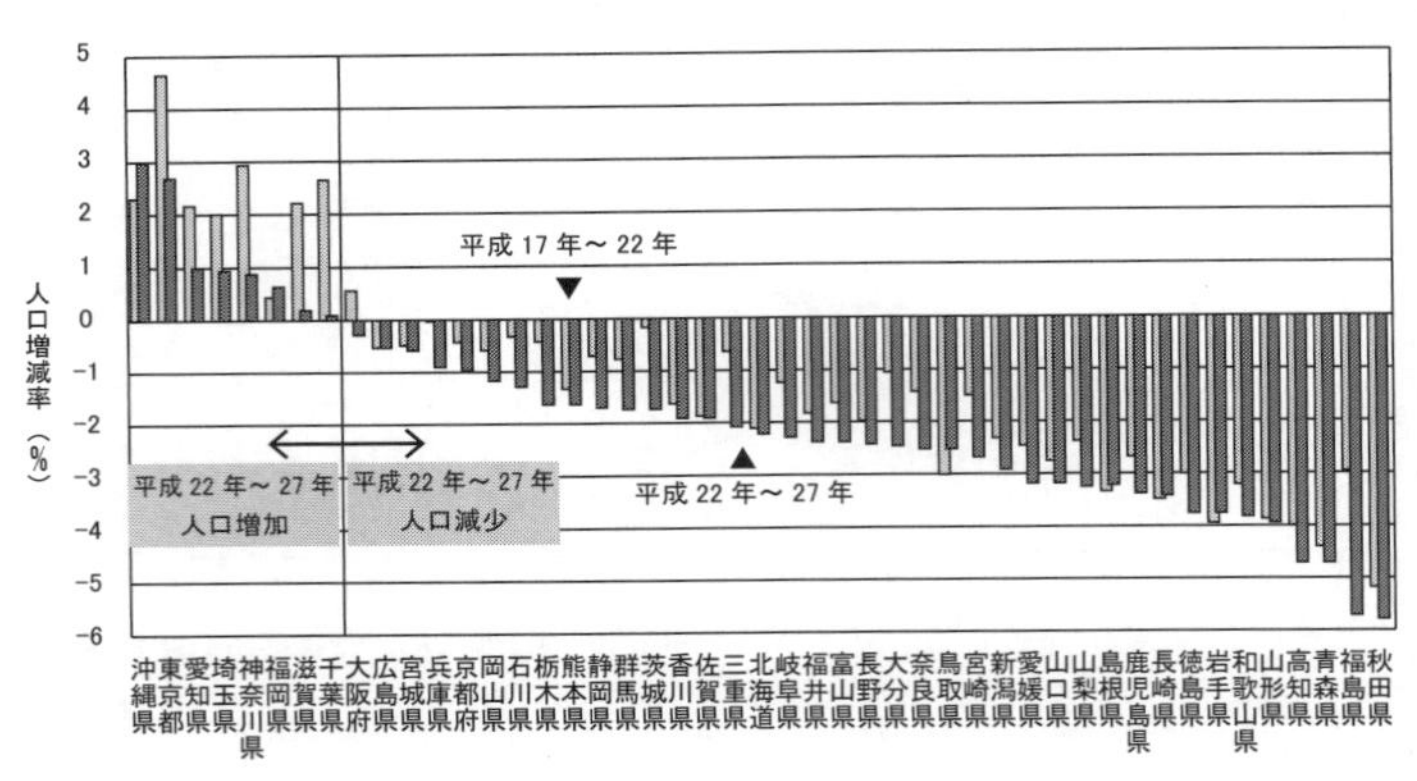

出典：総務省「国税調査」より

言えば、大きい住宅を求める世帯よりも、一人や二人暮らしに合った小さい住宅を求める世帯が増えるということです。賃貸住宅のニーズも、4DKよりも3LDK、3DKよりも2LDK、単身者用の住宅も1DK、あるいは1LDKなどのニーズが増え、今後はより少人数世帯向けの住宅ニーズ中心にシフトしていくことは想像に難くないといえるでしょう。

人口集中エリアに投資を

では、どこに投資すればいいのでしょう。

日本の都道府県別の人口ランキングでは、東京が圧倒的に人口が多いと出ています。2位の神奈川と比べても約1・5倍で、日本の人口の約10%を占めています。やはり、東京は

東京の人口推移

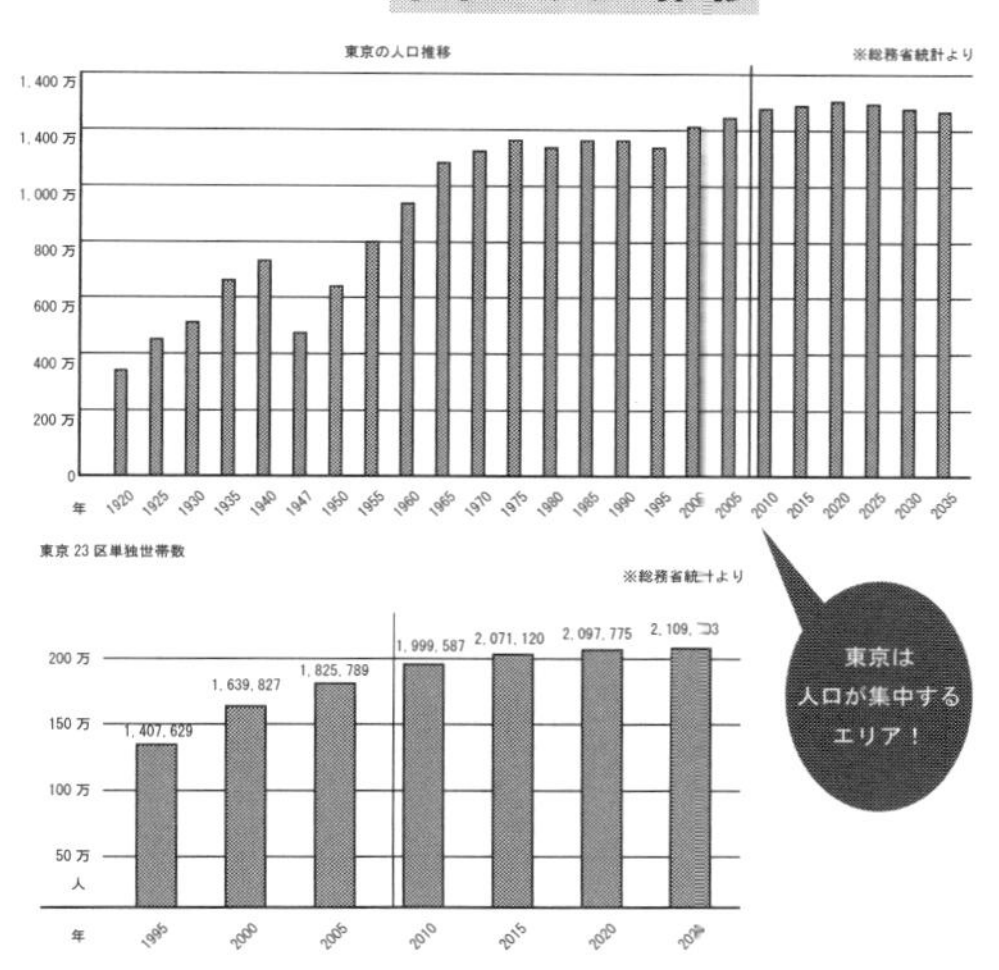

狙い目と考えます。また、平成17年から27年の人口の増減率の推移を見ると、東京は2位。人口が増えるのは、ほかに沖縄県や愛知県など7県しかありません。この人口が増えているエリアに投資したほうが間違いないのではないでしょうか。

東京は今後もある程度、人口が集中するエリアであり、単身世帯も増えていきます。

ただし、東京や首都圏の単身者向け住宅だったら、どの不動産に投資しても構わないというわけでありません。人気エリアの中心や駅からの距離によって、同じ部屋探しをする単身者でも求める住宅ニーズが異なる場合もあります。

たとえば、山手線の内側や、人気駅から徒歩5分圏内のワンルームだったら現在でも専有面積が15㎡程度でも許容されていますが、東京から1時間も離れたエリアでは今どきワンルームマンションでも18㎡以下は敬遠される可能性が高いのです。さらに、これが地方都市の場合であれば、単身者向けでも30㎡程度の広さがないと入居希望者から見向きもされなくなってしまいます。投資エリアの選択は、賃貸需要の将来動向を読み、慎重に行わなければならないということです。

3 首都圏賃貸住宅の動向

賃貸マンションとアパートの成約状況

首都圏賃貸マンションの成約状況は、成約件数が全体で12万3000件で前年比13・8%増です。東京都部をはじめ、多摩、埼玉、千葉、そのほか、横浜・神奈川エリア、いずれも増えています。しかし、賃料は年々下がり、平均8万8200円と前年比で4%減っています。5年間でみると成約賃料は約17%落ちています。

首都圏ワンルーム家賃推移

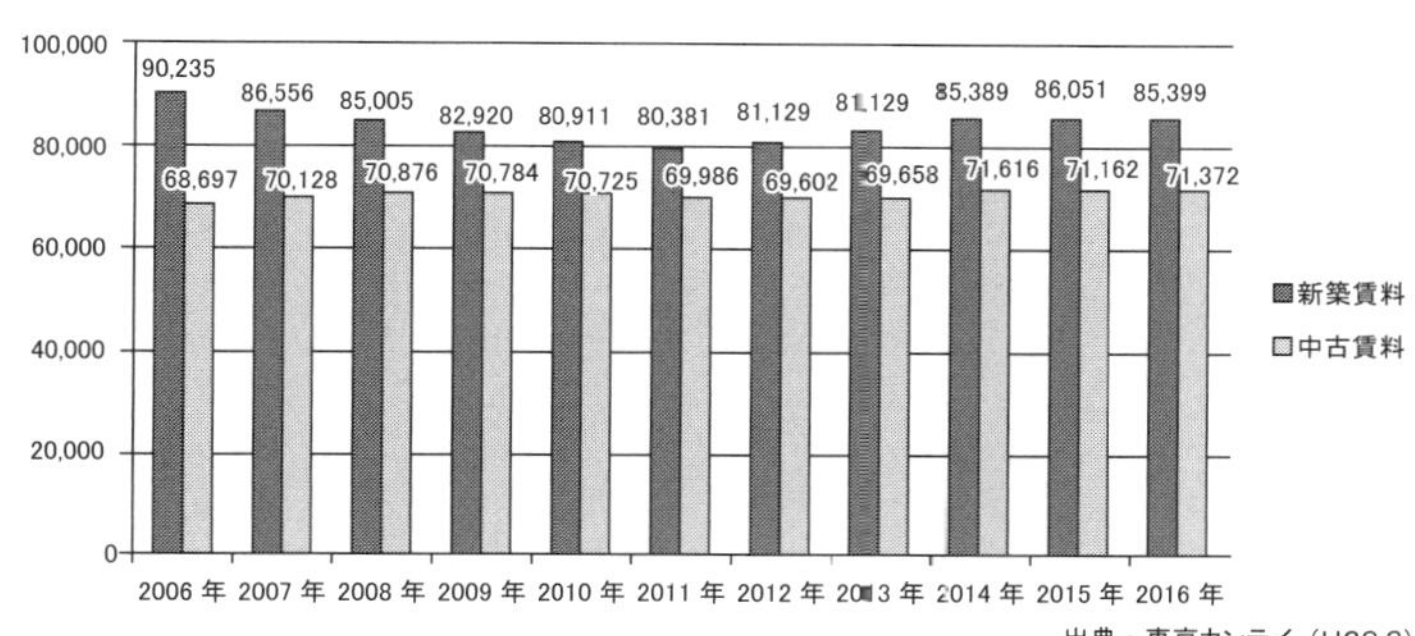

出典：東京カンテイ（H29.3）

不動産投資の最大の魅力は、賃料収入による長期間にわたる安定したインカムゲイン。
過去10年間で金利、株価、地価等は大きく変化したにも関わらず、賃料水準は驚くほど安定している。

賃貸アパートの成約件数は全体で６万１０００件で、前年比でいうと15・５%の増。各地域、埼玉、千葉、神奈川エリアを含めても、マンションと同じように、成約件数は増えています。しかし、成約賃料の平均は６万１８００円で、前年比１%減。５年間で４・２%下落しています。

マンションもアパートもともに成約数は増えていますが、賃料は落ちています。しかし、マンションに比べ、アパートはそれほど下落していません。アパートのほうが安定していると感じます。

ワンルーム家賃は中古が安定

首都圏ワンルームの家賃推移は、新築は若干、景気に左右されるなどで振れ幅があります。中古は過去10年間で、金利や株価、地価等に比べると家賃水準というのは割と安定しています。

賃貸はテナントリテンションがポイント

では、賃貸市場は現在どのような状況なのでしょう。過去には敷金や礼金といった収入が入るので、入居者の回転が良いと大家が儲かるというのが定説でした。しかし現在は、入退去があるたびに原状回復費用や入居募集の広告料がかかるため、家主のほうがお金がかかります。そこで、よく言われるのが「テナントリテンション」。入居者に長く住んでもらうため、更新の際にルームクリーニングやエアコン洗浄などのサービスを行うなどして、借主を確保する取り組みが注目されています。

賃料は、居住系は安定しています。どちらかというとオフィス系や店舗系物件のほうが景気に大きく左右されやすいです。人が集まるところや海が見える、山が見える、富士山・東京タワー・スカイツリーが見えるなどの付加価値の高いところは、家賃が上がっており、特に東京駅や銀座周辺などは、値上がり幅が大きいです。

インフラ整備で賃料が変わる！

家賃を左右するものとしてあげられるのが、インフラの整備です。ここ数年でいうと、都心3環状道路の2020年の全面開通は、賃料に少なからず影響があるでしょう。このほか、京浜急行線の立体交差化や首都高3号山手トンネルの開通、東京ゲートブリッジの開通、東京港トンネル、新東京駅構想などが今後、賃料の動きに影響を与えます。

そのほか、大手町、丸の内、有楽町の再開発では、東京駅界隈などはもちろん、そこにアクセスがいい沿線・路線の賃料相場は上がってきます。また、2020年に完成予定の山手線の品川～田町間の新駅の影響で、すでに田町・三田周辺の値上がり感は大きいです。

今後はどうなるのか？

収益物件の表面利回りの推移をみると、物件価格が上がっているにもかかわらず家賃はあまり変わっていないので、全体的に利回りは落ちています。もちろんエリアにより格差があり、東京都内の都心5区が一番低い推移ですが、大阪や横浜・川崎、23区西、23区南も価格は右肩下がりで、全体的に利回りとしては下がっています。

物件別に推移を見ても、表面利回りは同様に下がっています。区分マンションが一番低い推

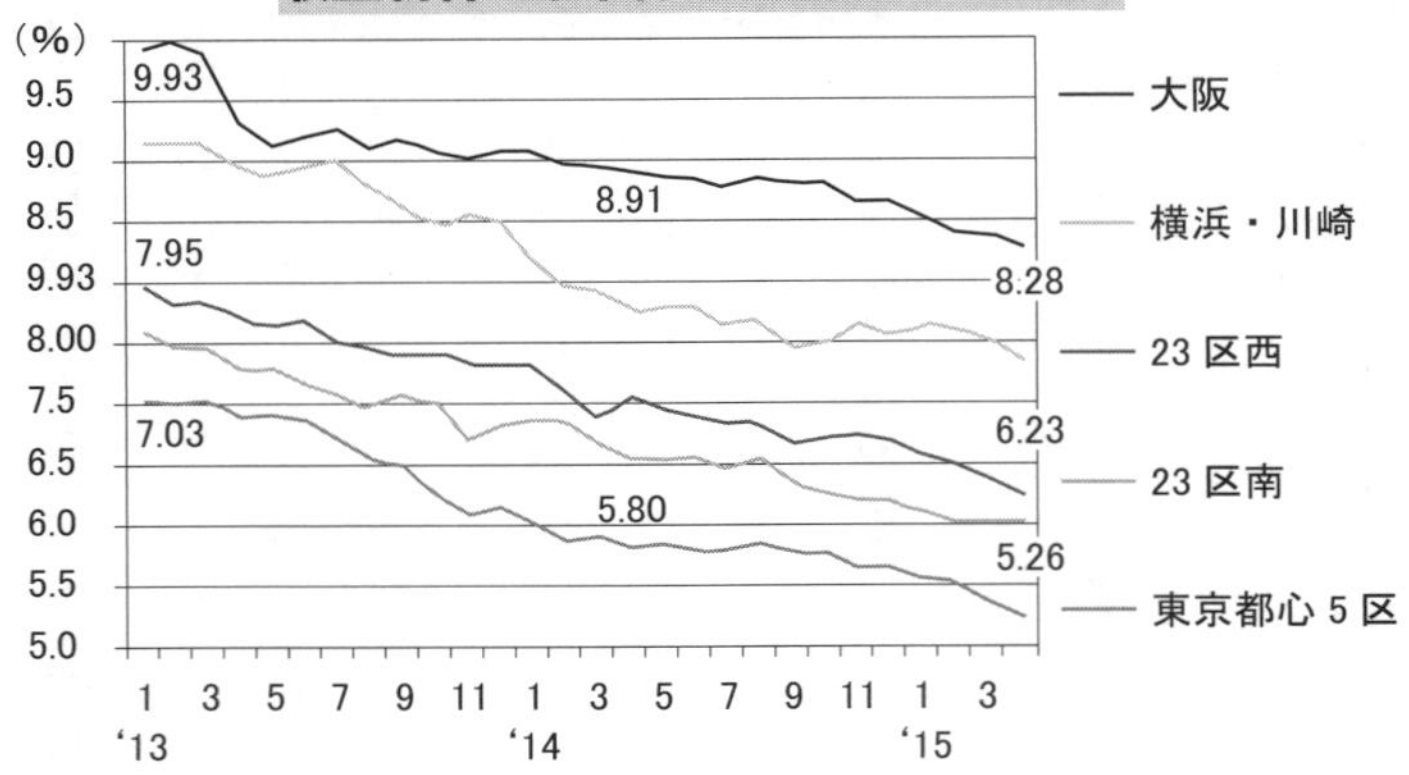

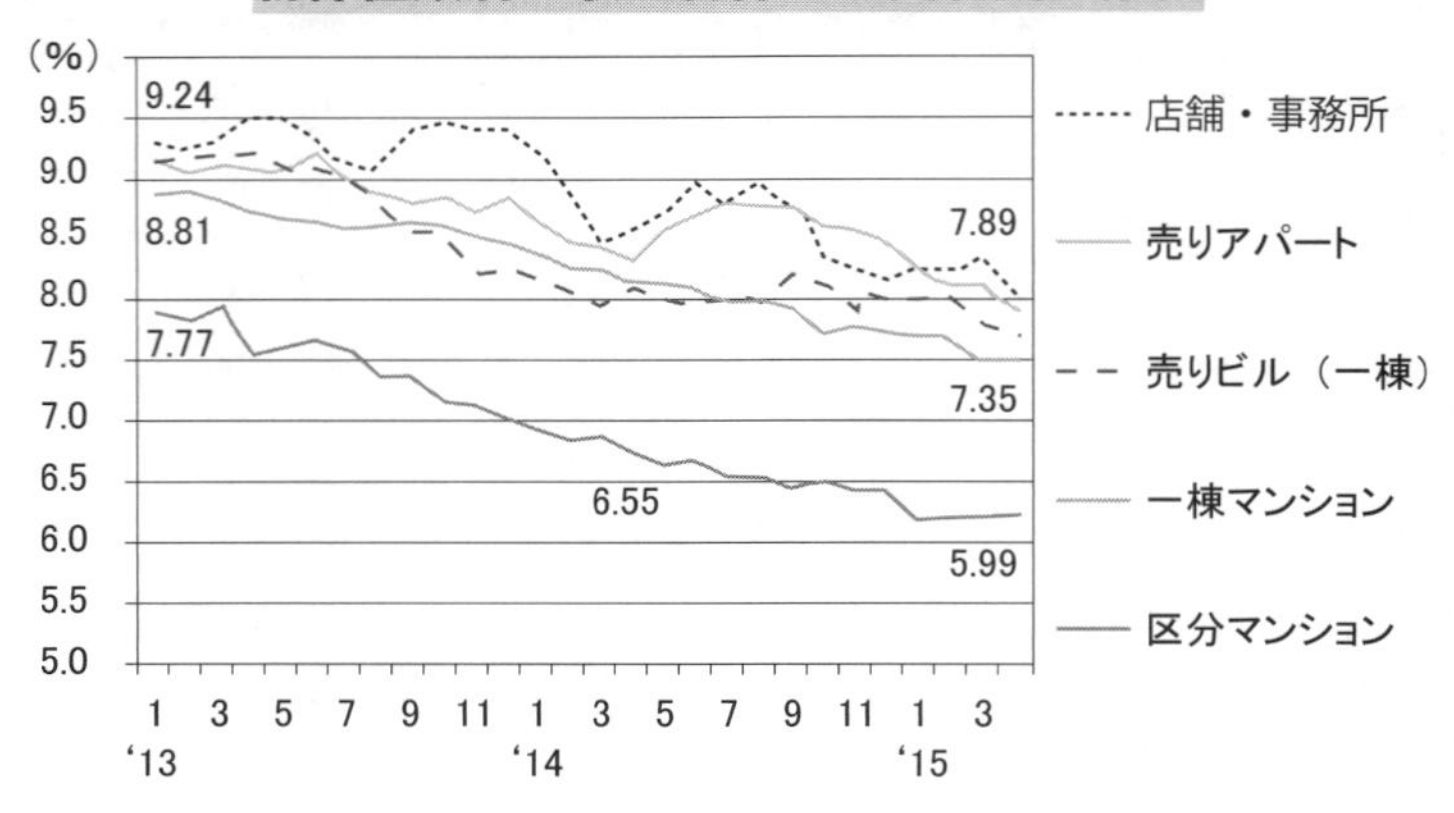

出典：ノムコム・プロ掲載物件の満室時想定利回りの平均値データを基に作成

移で、追って1棟マンションということで、居住系の物件のほうが安定性が高いため人気があります。

そのほか、売りビルや店舗・事務所といったテナント系は、利回りの設定が高めなケースがあります。安定性の高い居住系に比べるとそれだけリスクが高いという現れです。しかし、基本的にどの物件も同じように利回りは下がっています（詳しくは市場分析編で）。

4 何からはじめる不動産投資？

投資を決定する3つの要因

不動産投資を始めるにあたっては、まずスタートとゴールの設定を決めなければなりません。スタートは、自己資金としてまず始めにいくら投資に回すのかということ。ゴールは、不動産所得でいくら収入を得たいかです。もう1つは、それを何年後に達成するかということ。この3つが不動産投資を決定する要因です。

まずはこれら3つの要因から目標を設定しなければいけません。

スタートで自己資金をいくら入れるか。そして何年後の達成を目指すか。単純に10年、15年後にという人もいれば、定年退職にあわせて、という方もいると思います。そして最終的に不動産所得でいくら欲しいのか？　というゴールの部分を設定します。人によっては不労所得で毎月15万円あるいは、その倍の30万円が欲しいという方や、定年退職後に現在の年収と同じだけの収入を維持したいという目標で不動産投資を始める方もいれば、不労所得でざっくりと年間1000万円の収入が欲しいという方もいらっしゃいます。スタートとゴールは人によってさまざまですが、ゴールの目標を高くすればするほど借入れ等も増え、自己資金も多く入れないとなりません。

目標を定めよう！

では、年間の不動産所得で1000万円のキャッシュフローを得るためには、どれだけの投資が必要なのでしょう。そこで、FCRとCCRという指標を使って確かめましょう。

いくらの物件をどのようにして買うのか

投資指標の詳細は「投資分析編」にて記載がありますので、ここでは自分が設定した投資のゴール＝目標設定を実現するには、いくらの不動産を買えばいいのかということを、ざっくり判断する目安として下記の数式を利用していただきたいと思います。

まず「キャップレート」という指標があります。これは賃料収入から運用経費を差し引いたＮＯＩ（Net Operating Income ネット収入」を購入価格で割ったものです。

そして次ページの図では、1億円の投資物件を買ってＮＯＩが６５０万円のときは、ネット利回りは６５０万円÷1億円×１００で６・５％ということになります。このエリアで、同じような物件が売買されると、このエリアのキャップレートは６・５％だということになります。

したがって、このキャップレートが６・５％のエリアで、将来、１０００万円のネット収入を得ようと考える場合、１０００万円÷６・５％ですから約1億５４００万円の物件を買ってすべての返済が終われば、年間１０００万円のネット収入を得られることになります。

次にＣＣＲ（Cash-on-cash return キャッシュ・オン・キャッシュ・リターン）の略で、年間キャッシュフローを自己資金で割って算出する自己資金の利

借入れ比率（　　　％）	×	Ｋ％（Loan constant）	＝	（　　　）％
自己資金比率（　　　％）	×	ＣＣＲ％（目標数値）	＝	（　　　）％
100％キャップレート（Capitalization Rate）				（　　　）％

投資物件の価値基準キャップレートを知る

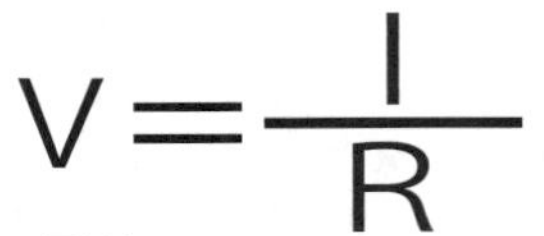

$$V=\frac{I}{R}$$

V ＝（Value　価値）
I ＝（ＮＯＩ　Net operating income　ネット収入）
R ＝（Capitalization Rate　キャップレート）

リスクとリターンは、比例する
市場性と安全性を考慮して取引を繰り返す利回りの相場

キャップレート＝ネット利回り＝資本化率

借入利息３％で元利均等30年返済で行う投資の場合

1億円の投資物件 キャップレート 6.5% NOI 650万円	1,000万円 自己資金
	9,000万円 借入金 金利：3.0%

ネット収入	650万円
元利金支払	455万円
差引収入	195万円

自己資金 1,000万円
で割り戻すと
CCRは、19.50% となる
（Cash-on-cash return）

回りのことです。たとえば前ページの図のように１億円の不動産を購入するのに、９０００万円を借入れ残り１０００万円だけ自己資金を投じる場合に、その投じた自己資金１０００万円に対する利回りのことです。図では９０００万円を元利均等返済で３％の利息で30年返済をしたときの計算です。この物件の年間ネット収入が６５０万円で借入返済額は４５５万円で、これを差し引いたものがキャッシュフローであり、１９５万円ということになります。この１９５万円を自己資金の２０００万円で割り戻したのが、ＣＣＲであり、19・50％になります。

またＫ％（Loan constant）という指標があり、これは後ほど、くわしく説明しますが、年間返済額を借入金額で割ったものです。したがって、この投資では４５５万円を９０００万円で割ったものですから５・06％になり、金利３％で借り入れたローンの実質的な返済率は５・06％ということになります。

これらの関係は、下記の式の関係にあります。

この投資の場合、借入比率は90％、ローンコンスタントは５・06％ですから、

借入れ比率（　　％）	×	Ｋ％	＝	（　　　）％
+）自己資金比率（　　％）	×	CCR％	＝	（　　　）％
100％キャップレート（Capitalization Rate）				（　　　）％

これをかけると4・55％、そして自己資金比率は10％でCCRが19・5％ですので、これをかけると1・95％になります。この二つを足すと6・5％であり、キャップレートと同じになります。

同じキャップレートで同じ借入れ比率の投資をして、キャッシュフローを1000万円を得ようとすると、1000万円÷19・5％で約5130万円の自己資金を投資して、5億1300万円の物件を買えば、1000万円のキャッシュフローが得られる計算になります。もちろんローンの返済が終われば、5億1300万円×6・5％の3335万円のネット収入が得られることになります。

このように数字で投資分析をするのは、理論さえわかれば簡単な話です。しかしながら実際に不動産投資を行うとさまざまな情勢の変化で数字が変わってきます。キャップレートも需要と供給の変化で変わってきますし、金融機関の姿勢によってK％も変わってきますし、借入れする人の属性によっても変わります。

いくらの物件をどのようにして買えばよいのか。自分が求める将来のキャッシュフローの目標をいくらにし、その目標を達成させるには、どのような戦略が必要なのかを、あらかじめ計画するには、このような投資指標を活用しなくてはなりません。

金融機関の融資枠を押さえよう

では、銀行はどのような点で融資の判断をするのでしょう。物件自体を見るのは当然ですが、以下のような人物評価も行います。

まず、勤務先の信用力、そして勤続年数（転職歴、転職回数、業種）。転職歴が多いとだめかというと、意外とそうでもありません。不動産のアパートローンでは、同業種への転職やステップアップの転職は、プラスに見てくれるケースも多いものです。

そのほかアパートローンでは、過去3年分の収入の実績を見られます。年収は高いほどいいのはもちろんですが、毎年の年収にバラツキがあるとマイナス要素になります。あとは保証人の有無や住まいは持ち家か賃貸か？　居住地はどこか？　資産面では、自己資金のほかに、所有物件の担保力や株を所有しているか？　負債として既存借入れがどれぐらいあるのか？　すでに投資不動産を所有しているのであればその物件の収支はどうか？　そのほか、プラス材料として親の属性や保有資格なども見られます。

融資枠を押さえるためのポイントは、まず、銀行の事前審査で自分自身がどれくらいのローン借入れができるかを把握するということです。自分がどれぐらいのローンを組めるのかを把握しておくと、いざ、「この物件いいな。よし、買おう」と進めてから、「融資枠が足りません」

となることを回避できます。

自分で銀行の窓口をあちこち回らないことも大切です。個人情報をさまざまな銀行に開示されることは、自身の個人情報に傷がつくことになりかねません。打診する際の持ち込む先もポイントになって来ます。アパートローンに積極的な銀行の審査部に直接持ち込むか、アパートローンセンターに話を持ち込むといいでしょう。

また融資額をおさえる最大のメリットは、指値や条件交渉などを優位に運ぶことができるという点です。融資枠を押さえておけば、『○○銀行にて○○万円の融資枠がありますので、この条件を呑んでくれればいつでも手付金を打ちますよ』なんて強気な条件交渉も可能な場合もあります。

不動産投資の第一歩、どちらが先か？

賃貸住まいの場合、住宅ローンとアパートローンのどちらを優先すべきか考えてみましょう。

最近は若いサラリーマンやＯＬ、公務員の方でも不動産投資をしたいという人が増えています。当社に相談に訪れる方も、私がこの業界に入ったころでは考えられなかったような若い投資家が、大半を占めるようになっております。若い方々の中には、これから住宅（マイホーム）

を買おうという方も少なくありません。そうした方々は、不動産投資を始めるに際して、投資の目標設定と同時に、マイホーム購入が先か、不動産投資が先かという優先順位も併せて考えてもらうようにしています。なぜならマイホームを購入するに際して利用する住宅ローンと、不動産投資用の、いわゆるアパートローンとでは、金融機関の融資スタンスが大きく異なるため、この順番を間違えると、結果的にマイホームが買えなくなったり、不動産投資に必要なアパートローンが組めなくなる可能性があるからです。

住宅ローンは前年度の年収で借入額が決まります。また既存借入れがあると、住宅ローンは組みづらくなります。クレジットカードを多数持っていることがローンに響くこともあります。またアパートローンを組んでいると、基本的には家賃収入を考慮してもらえず、住宅ローンが組みづらくなるケースもあるのです。また、アパートローンの場合は確定申告上の家賃収入を見てくれるケースがあるので、家賃収入によるキャッシュフローが上がれば上がるほど、ローンの借入額が増えることがあります。逆に自分で自分に家賃を支払う仕組みづくりを一考してみてはいかがでしょうか？　賃貸住まいであれば、結局、その部屋のオーナーに家賃を払い、オーナーはそこからローン返済し、キャッシュフローをあげているわけです。それならば、自分で家を買って、自分がオーナーとしての自分に家賃を払う、という考え方をするのです。「フラット35」などを利用すればアパートローンがあっても住宅ローンを組める場合があるので、絶対的に住宅ローンが先とは一概に言えません。しかし、近いうちに住宅を買おうと思っているのであれば、アパートを買う前に住宅購入を進めておいたほうがやりやすいでしょう。

平均居住費を考えておこう

家族構成が夫婦と子どもという、3人から4人の一般的な世帯の居住費を考えてみましょう。

まずは賃貸。3DKの家賃は、東京周辺1都3県で住もうと思えば少なくとも、9～12万円前後です。駐車場が必要ならば、駐車場代で2～3万円かかるので平均居住費は10～15万円ぐらいの金額が必要となります。

分譲マンションで3000～4000万円の物件を買った場合、月々の返済が8～11万円ぐらいの住宅ローンに管理費・修繕積立金、駐車場代それぞれ2、3万円で、居住費として10～15万円ぐらいがかかります。

一戸建住宅の場合も、4000～5000万円程度の価格帯で住宅ローンを組んだ場合を見てみましょう。住宅ローンは11～14万5000円が月々の返済額。管理費・修繕金もありませんし、駐車場付であれば駐車場代も不要で、居住費として11～15万円です。

結局、いずれも居住費はそれほど変わらない、ということがわかります。それでは、どういうところに投資すればいいかというと、自分が払える家賃の枠内に住宅ローンが収まる金額の住宅を買うことが重要で、できれば住宅ローンの支払い額に管理費+修繕積立金を加えた毎月の居住費以上の額で貸せる住宅を選べればもっと良いでしょう。3DKの平均的な賃貸住宅の賃料は9~12万円です。これ以下の金額で(ローン返済額+管理費)で収まる住宅をマイホームとして購入すると、万一、転勤などで一時的に人に貸した場合などでも、毎月支払わなければならないローン+管理費を家賃収入によって充当できるだけでなく、余ったお金を貯蓄に回すことができます。

住宅とアパート選びのポイントは?

住宅の場合に重視されるものは、日当たりや、環境、間取りなど、自己満足の要素が強い項目が上がります。一方、アパートはどうかというと、まず重視されるものは賃料。そして、ちゃんと貸せるのか、ローンを組めるのかという銀行評価などで、効率性に重点が置かれます。

アパートの場合、実際に住むのはワンルームならば学生や20~30代のサラリーマンなどの単身者。駅から階段20段、30段上ったとしても、徒歩3~4分の物件のほうが確実に貸すことができます。

アパートを建てるときの土地の仕入れも、住宅地としては安くなる車が入らない敷地や幹線道路沿いや階段接道も視野に入れましょう。駅から近ければ駐車場がなくても入居者は入ります。アパートは土地選びの要素も含めて、効率性のバランスを考えた物件選びが大切です。

5 金融機関の移り変わり

銀行のこれまでの変遷

不動産投資において、金融機関との関係は切っても切れません。そこで、銀行の融資の規定に大きく左右する部分である、銀行の移り変わりを振り返ります。

まず、不動産投資のミニバブルといわれていた平成17年前後、銀行の見方は物件主義でした。物件の担保力や評価金額しか見ていません。

具体的にどのように見ていたかというと、前面道路の路線価や構造別の建物の法定耐用年数の残存期間が何年かという点です。当時は100%ローンが主流。物件金額1億円で評価が1億1000円ならば、フルローンで初期費用を含めてローンが組める時代でした。

特に地方の幹線道路沿いは路線価が高いので、国道沿いや大通り沿いの土地で、法定耐用年数（47年－経過年数）で借入年数最長の30年ローンが組めることから築17年以内のＲＣ造は高い評価を得られました。しかし、稼働率及び空室率や賃貸経営に必要な運営費を勘案することなく、評価が出て自己資金ゼロで手に入るからと安易に買ってしまい、地方物件のＲＣ関連で自己破産する人や任意売却となってしまう人が多数いました。

このようなことから、その後、取り入れられたのが収益還元評価です。その物件がいくら稼ぐことができるかという評価、稼働率を勘案して、そこから逆算して利回りをはじき、物件金額を出すということです。しかし、それでも１００％ローンはよく出ていました。

平成20年のリーマンショック後のころは、勤め先や年収はあまり見られていなかったように思います。物件から収益還元評価を査定し、誰が買うのであれ同じ融資額を出していました。

では現在はどうかというと、もちろん物件評価と収益還元の両方を見られます。プラスして、属性という形で勤め先や自己資金、年収、家族構成なども見られます。最近は95％融資も出るようになりましたが、９割融資が中心で最低１割の自己資金が必要となります。また、年収の10～15倍ぐらいが借入れの目安です。

物件主義・担保主義の評価方法は？

物件主義・担保主義の見方はどのようなものなのか、細かく見ていきましょう。

不動産価値って何で決まるの？

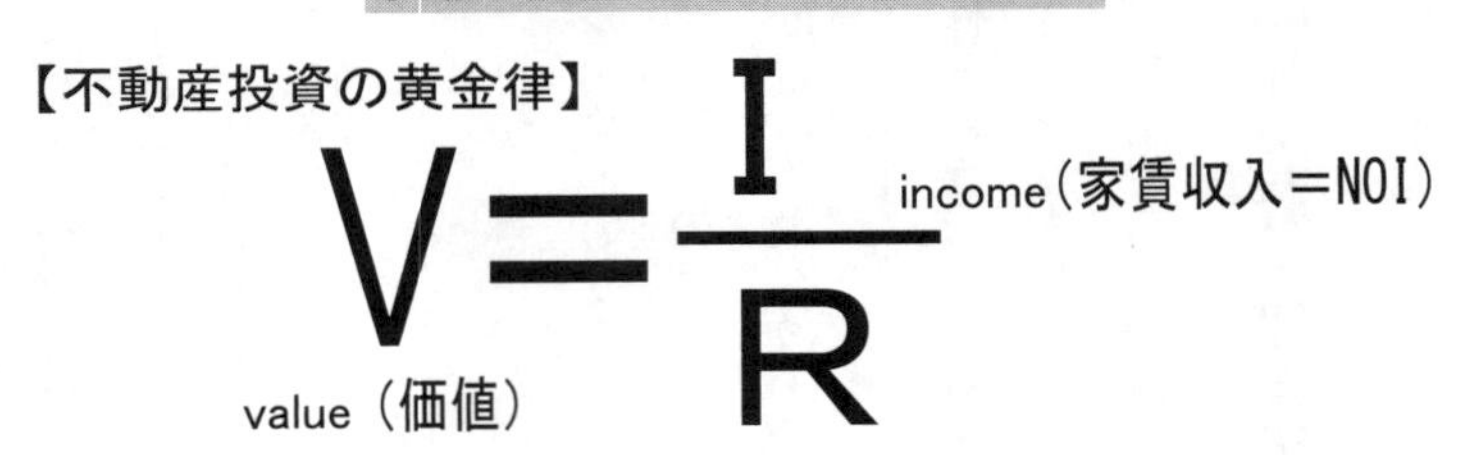

この物件いくら稼ぐの？？？

家賃収入年間 800 万円・キャップレート 8% とすると

$$1億円 = \frac{800万円}{8\%}$$

＊キャップレート・
利回りが高いほうが
物件価値は高いのか？？？

物件を購入する場合、物件金額＋諸費用の約10％が必要になります。そこで、積算評価で110％出ればフルローンの評価が出ます。

この積算評価は、土地路線価評価額＋建物の法定耐用年数から築年数を差し引いた残存価格で計算します。土地は、面積に対して前面道路の路線価をかけて算出します。建物は、建物単価が構造別に決まっていて、さらに構造別の耐用年数などによって評価は違ってきます。法定耐用年数－経過年数を減価償却の耐用年数で割ったものと建物単価を掛け、さらに延べ床面積を掛けたのが建物残存評価です。

収益還元の評価方法は？

収益還元評価の場合はどのように見ているのか解説します。

物件主義（担保主義・評価主義）

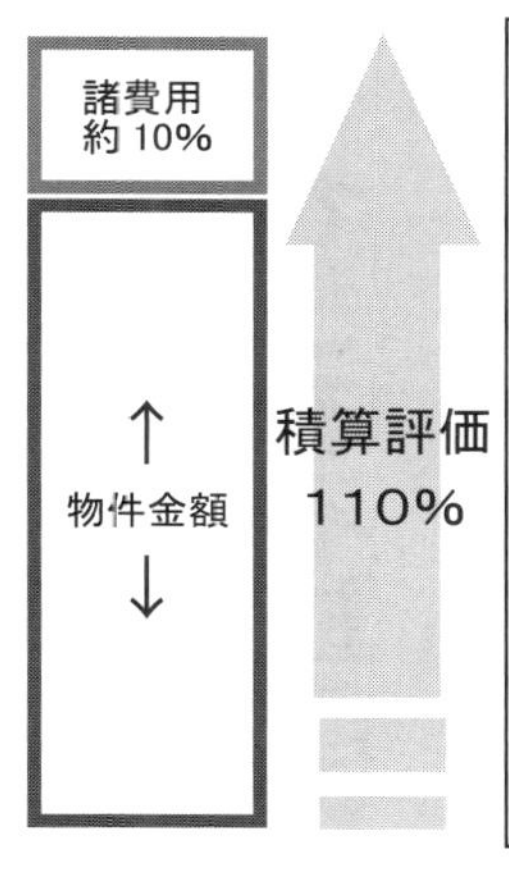

積算評価計算
＝土地路線価評価額＋建物残存価格

《土地》
土地面積 × 前面路線価

《建物》
建物単価 ×{(減価償却期間ー経過年数)÷ 減価償却期間 }× 延べ面積

【住居系建物評価】

構造	建物単価	耐用年数
木造	@148,921 円	22年
軽量鉄骨造（骨格3ミリ以下）	@176,846 円	19年
軽量鉄骨造（3ミリ超4ミリ以下）	@176,846 円	27年
重量鉄骨造	@176,846 円	34年
RC造	@173,362 円	47年
SRC造	@192,051 円	47年

不動産投資の黄金律「V＝I／R」を知っていますか？「V」は価格のことで、物件の評価です。「I」は年間家賃収入から年間経費を引いたネット収入を意味するインカム。そして、「R」はキャップレート。V＝R分のIで評価するのは、「この物件いくら稼ぐのか？」ということです。たとえば家賃収入800万円の物件で、そのエリアのキャップレートが8％だとすると、家賃収入の800万円を8％で割り戻すので1億円という数字が出ます。

かつて、「利回りが高いほうがいい物件なんですか？」と聞かれたことがあります。利回りが高ければ高いほど、物件の評価は下がります。不動産投資の初心者はキャップレートが高いほど優良物件だと勘違いしてしまいがちですが、キャップレートが高いということは、それだけリスクの高い物件であり、高い利回りが期待できなければ怖くて購入できません。

6 今できる不動産投資

どのような投資ジャンルがあるのか？

不動産投資に対する金融機関の融資・審査スタンスは大きく変化しています。では、このような金融機関の融資スタンスである現在は、どんな不動産投資ができるのかを次に見てみましょう。今、取り組める不動産投資のジャンルは大きくわけて3つになります。

①RC造（鉄筋コンクリート）1棟マンション
②鉄骨、あるいは木造アパートの1棟もの
③区分所有（ワンルーム）マンション

もちろん、ほかに商業店舗やオフィスといったカテゴリーがないわけでありませんが、購入金額や金融機関の評価の問題（アパートローンの特性）、さらに、購入後の運営にそれなりのノウハウが伴うため、不動産投資初心者は、レジデンシャル（住宅）系であるこの3つのカテゴリーからチョイスすることをお勧めします。

①RC造1棟マンション

RC造の投資は、最低ラインで1億円からです。1億円のRC造は、一般的に3階建てないし5階建てぐらいで10世帯以上の、ちょっと小ぶりな賃貸マンションをイメージしてください。物件金額1億円で諸費用は1000万円、トータルで1億1000万円かかります。

積算評価や収益還元で1億円以上出ても、基本的に借入額は9割。1億円の物件に対して借入れが9000万円で、不動産購入価格に占める借入金の割合であるLTVは90％です。自己資金の2000万円が最低ラインで必要になってきます。年収のおよそ10倍程度が借入れの目安なので、借入れ9000万円であれば、900万円以上の年収でローンを組むことができます。

②木造アパートの1棟もの

融資を受けやすく、現実的な自己資金で取り組みやすいのが木造アパートです。6000万円から1億円ぐらいが取り組みやすい価格帯です。2、3階建ての6~8世帯をイメージしてください。最低ラインで5000万円の物件価格帯で、1割の諸費用500万円がかかって、物件金額に対して9割ローン、LTV90％で4500万円借入れをします。すると、諸費用と頭金を合わせて1000万円の自己資金で取り組めます。年収の目安は4500万円の借入れで450万円。年収500万円以上超えていれば融資は可能になります。

③区分所有マンション

区分所有マンションの物件価格は、平均して800~1200万円くらいです。東京都内中心部のエリアであれば1000万円前後のワンルームの取り組みが圧倒的に多く、専有面積は、16~20㎡ぐらいが主流です。

物件金額1000万円に対して、9割融資の900万円借入れして、諸費用が1割、プラスその1割分の頭金を入れてもらうという形です。借入れの目安はほかと同様に年収の10倍前後なので、頭金200万円で、許す限り2戸、3戸と取り組む人が多いのが特徴で、3つの投資カテゴリーの中では、最もハードルが低く、スタートが切りやすいジャンルの投資といえます。

以上みてきたRC造1棟マンション、木造アパート等1棟もの、区分所有ワンルームマンションの投資に求められる条件をまとめてみます。

・RC造1棟マンションに投資できるのは
↓年収900万円超で、自己資金として2000万円を用意できる人
・木造アパート等への投資には
↓年収500万円超と、自己資金1000万円を用意できる人

・ワンルームマンション等1室への投資には
→160万円ぐらいの自己資金を用意できる人

このような金融機関の融資の条件があるため、その方の年収と用意できる自己資金の額で、不動産投資のスタートを切ることができる物件のカテゴリーがある程度決まってしまいます。もちろん、前記は1つの基準と考えてもらいたいです。たとえば、地主等のように資産背景があって、相続対策上必要となればもっと融資は受けられるし、事業主で他の事業収入が高く、所得税の圧縮や、新規事業、資産向上目的となれば、さらなる融資が受けられることもあります。さらに、金利や借入期間についての条件等も異なります。これらについては、私たちのようなコンサルタントに相談してもらえれば、一番有利な方法を選択して不動産投資に着手することができると思います。

1棟とワンルームのどちらを選ぶ？

当社では毎週のように個別相談会を開催しておりますが、その中でよくお寄せいただく質問の中に、1棟物件と区分所有ワンルームのどちらが良いか、というものがあります。

結論から言うと、どちらから始めても構わないと思います。用意できる自己資金と年収との兼ね合いで、とりあえずワンルームマンション1室を買ってスタートを切るか、それとも1棟物件が買える程度に自己資金が貯まるまで投資を待つかの選択になります。自己資金もそれなりに用意できて年収が多い人は、最初から1棟物件を購入してもいいし、区分所有ワンルームマンションを5室や10室買うという選択もあるでしょう。

一方、1棟物件と区分所有ワンルームマンションには、それぞれ投資に際してのメリット・デメリット、あるいはそれぞれの物件に特徴的な性格があります。年収や用意できる自己資金の額によって投資先を選ぶだけでなく、それぞれが持つメリット・デメリットを理解して、自分の投資目標にはどちらがよりふさわしいのかを考えることも必要です。

そこで、それぞれメリット・デメリットをあげてみましょう。

まず、「投資スピード」は1棟物件が早いです。1億円のRC造、10世帯以上の1棟物件を買った場合、一取引で（1契約・1ローン手続）で事業的規模の65万円控除が確定申告上受けられます。同じく1億円で1000万円の区分ワンルームを10戸買うには、10回の取引（10契約・10ローン手続）をしなければならないので手間もかかるし、銀行によっては年間取引件数4～5件といった制限があり、2～3年がかりになってしまいます。

『融資先』においても1棟物件のほうが融通が利き、多いです。取り扱う銀行が多く、また1棟物件向けの金利優遇を設けている銀行もあります。一方、区分所有マンションは取り組み銀行がとても少ないのが現状です。

１棟・１Ｒどっちがいいの???
メリット・デメリット

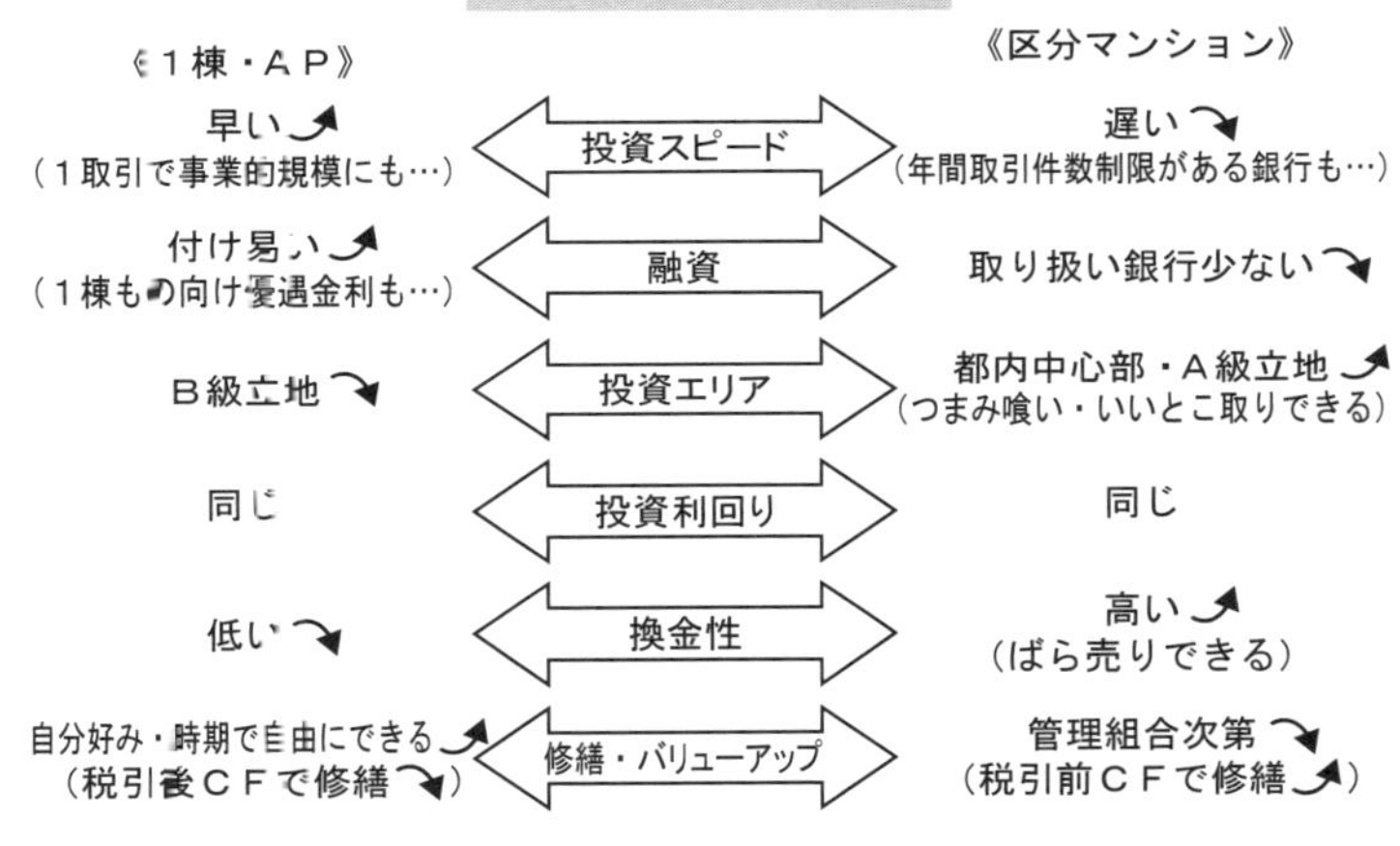

「投資エリア」を見てみると、区分所有マンションは山手沿線内側や東京都内のA級立地が拾えます。一方、1棟物件は山手線沿線の内側や城南エリアは難しく、東京の北側や東側が取り組みしやすいエリアになります。また、区分所有マンションは最上階や角部屋などの条件のいい部屋をつまみ食い出来たり、条件の良いエリアや人気のある駅など狙って1室ずつ購入できてリスク分散できることに対し、1棟物件は細かな選り好みができずに1階や中住戸の部屋も含めて10室購入することになります。

『投資利回り』は、基本的には1棟物件も、区分所有ワンルームもさほど大きな変わりはありません。ただし、最近では、1棟物件のほうが融資は受けやすいが、建築費の上昇によって価格が上がりつつあり、同一地域内で判断すれば、区分所有ワンルームマンションのほうが若干表面利回りは高くなっています。

次に「換金性」。換金性および流動性は物件が大きくなればなるほど低くなるため、1棟物件の換金性は下がります。区分所有マンションは換金性が高く、相場を無視した高い売出し金額の設定でなければ、1カ月から2カ月もあれば間違いなく現金化できます。また、ばら売りができるのも区分所有マンションの強みでしょう。1棟物件ではそうはいきませんが、区分所有ワンルームなら1階住戸など入居者の客付きが悪い部屋を売却して、より入居者が見込める優良物件に買い替えるなどのいわゆる「資産の入れ替え」をすることも可能になります。

「修繕やバリューアップ」に関しては、1棟物件は土地・建物すべてを自分で所有しているため、自分の好みや考え方を反映したリフォームなどのバリューアップが自由にできます。実施時期も自由なので、賃料収入によって利益が出そうな場合、確定申告直前にリフォームを実施して利益を圧縮したり、翌年度の経費計上として繰り延べよう、などといった手法を取ることもできます。区分所有マンションは管理組合や管理規約次第です。室内に関してはある程度自由度はあるものの、共用部分においては管理組合の規約や修繕計画制度に大きく左右されます。すなわち区分所有ワンルームマンションを購入する場合は、管理組合が機能しているか、次の大規模修繕はいつごろで、それを実施するための修繕積立金は足りているかなどをチェックすることが重要であるといえます。

区分からスタートするのか？
１棟の自己資金貯まるまで待つのか？

区分ワンルーム自己資金 200 万円でスタートすると…
E200 万円 ×CCR10％＝CF20 万円

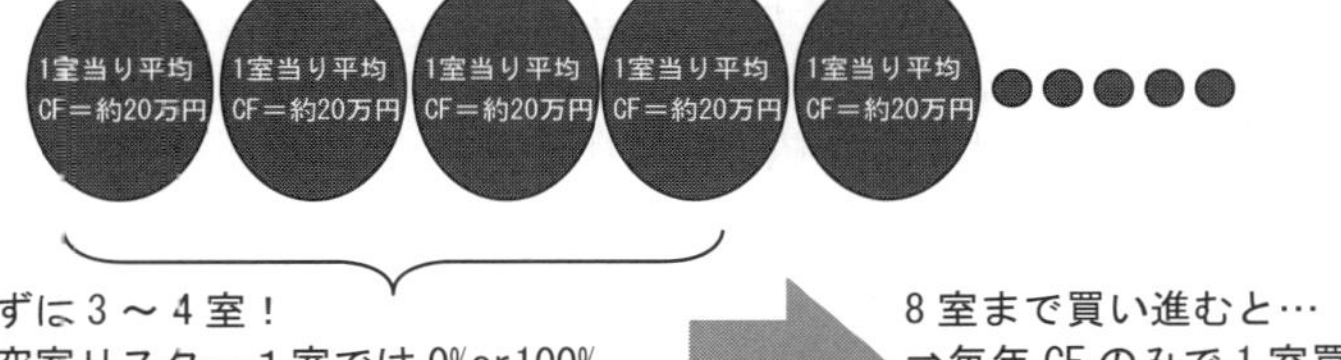

まずに 3 ～ 4 室！
⇒空室リスク… 1 室では 0%or100%
⇒毎年 CF のみで諸費用カバーできる。

8 室まで買い進むと…
⇒毎年 CF のみで 1 室買い増せる。

ある程度、室数が増えてくると…、

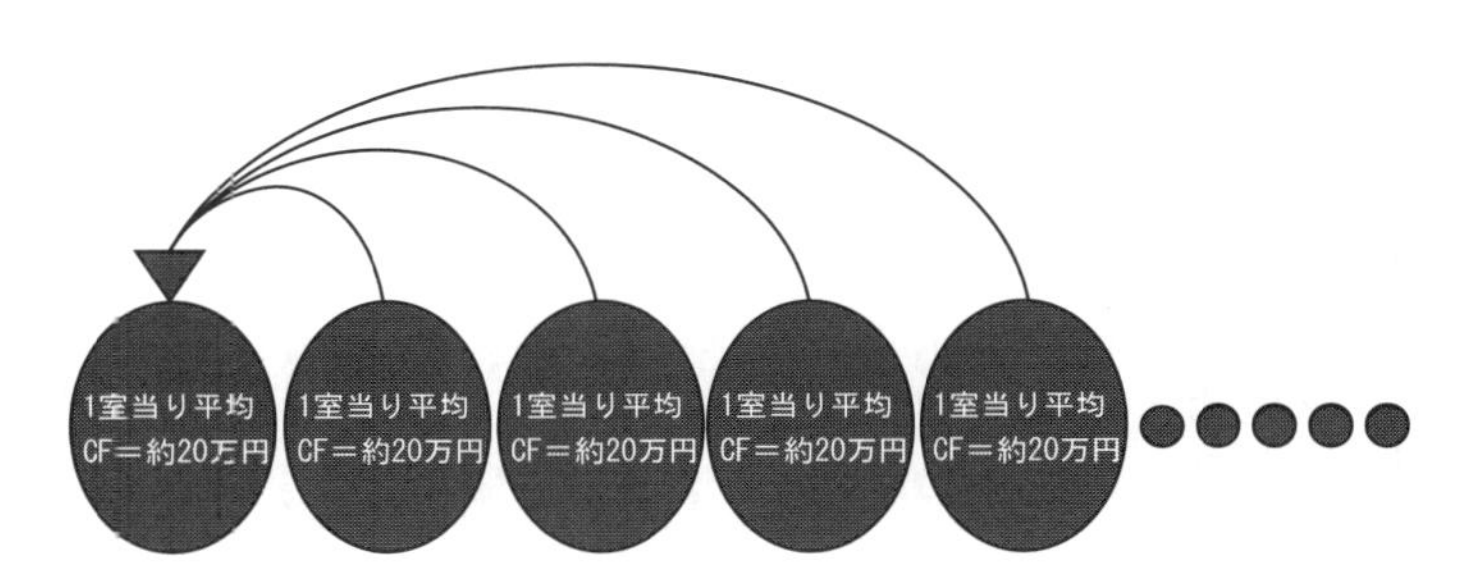

・毎年、CF ノミデ 1R を増やし続ける！

or

・CF を利用して繰上げ返済⇒ローンのない物件をつくる！
・ローンのない物件ができれば…⇒共同担保に差し入れて
１棟に組み替えも…。

区分からスタート？　自己資金を貯める？

区分所有ワンルームからスタートするか、1棟物件の自己資金が貯まるまで待つかというのも迷いどころです。「どうしても1棟物件が欲しいから自己資金の2000万円が貯まるまで我慢する」と言う人もいますが、給与収入で2000万円を貯めるのは結構大変なことだと思います。そこで、区分所有ワンルームなら最低ラインの160～200万円の自己資金で1室購入できます、と勧めています。

頭金200万円で9割ローンを組んでワンルーム1戸買うと、CCR10%であれば、年間のキャッシュフローで20万円です。そして区分所有ワンルームの場合、1戸では入居者が出てしまうとローンも自分で払うことになってしまうので、なるべく早く3戸～4戸買い足していく。そうすれば仮に1室が空き室になったとしても、ほかの2室からの収入でローン返済ができます。頭金の200万円が貯まるたびにワンルーム1戸ずつ買い進め、8戸になると1室当たり20万円のキャッシュフローで160万円貯まり、毎年、キャッシュフローのみでワンルーム1戸ずつ増やせます。また、ある程度部屋数が増えてきたら、いずれかひとつの物件にキャッシュフローを集中させてどんどん繰り上げ返済を行い、ローンのない物件をつくれます。これはローンの無い無担保の1000万円の物件なので、共同担保として銀行に差し入れすれば自己資金扱いで見てもらえます。あとは8戸持っているうちの半分ぐらいを売却し、そこから自己資金を捻出すれば、1棟物件に組みかえることも可能です。給与所得だけで2000万円貯めるよりは、確実に近道となるのです。

安全と効率のバランスを取ろう

物件選びにおいて大切なものは、効率性と安全性です。安全性を見る代表的な指標は、DCR（Debt Coverage Ratio・債務回収比率）とBE%（Break Even Point・損益分岐率）です。DCRはローン返済倍率とも言われ、ローン返済の何倍のネット収入があるのかという見方。BE%は、何割稼働していればキャッシュアウトしないかのという点で安全性を計ります。効率を見る指標は、前述の現金で購入した場合の利回りであるFCRと自己資金の利回りであるCCRです。

基本的に、安全と効率は反比例の関係にあります。安全性を高めるならば自己資金を多く入れて、借入れを減らす。すると、効率は落ちます。逆に効率を上げるためになるべく少ない自己資金で利回りをよくすると、ローン返済が増えるので安全性は低くなります。また効率ばかり求めて、レバレッジを効かせ過ぎると、金利の上昇や家賃が下がったときのリスクが高まり危険です。安全性と効率性のバランスを取りましょう（詳しくは投資分析編で）。

7 銀行選びのポイント

築15年以降の物件が狙い目

銀行の融資スタンス次第で、不動産投資の市場は大きく変わります。家賃と価格の推移から狙い目の物件の築年数を探ってみましょう。

家賃と物件価格は基本的には同じような推移をたどります。新築時は物件金額も高ければ、家賃も新築プレミアムで一番高く取れます。中古になると、たとえ築1、2年の築浅でも、物件価格は新築市場に比べて中古市場の売り出しとなり、価格はワンクッション下がります。家賃も同様です。そこからだいたい5年目ぐらいまでは、どちらもほぼ横ばい。そして5年目以降、物件の築年数が古くなれるにつれて少しずつ物件金額は下がり、家賃も入居者が入れかわるたびに少しずつ下がります。そして安定してくるのが築10年目から15年目ぐらいです。

築15年目以降どうなるかというと、物件価格も家賃もほとんど変わりません。投資物件の物件価格は収益還元で算出されるので、家賃をキャップレートで割り戻して物件金額が決まってきます。家賃が変わらなければ、物件価格もさほど大きくは変わりません。また、物件の修繕を施すことで内装や外観、設備が良ければ入居者は築年数にこだわらないケースも多いため、家賃も下がりません。

部屋選びのポイントをたずねた入居者アンケートでは、決め手になった一番大きなポイントは、やはり家賃と出ています。あとは駅からの距離と間取り。あきらめたところの代表的なものは、築年数や敷金・礼金などの諸費用です。築年数はあきらめても家賃は譲れない、というのが入居者の傾向です。

しかし旧・新耐震の境となる昭和56年4月以前に建築確認を取得した物件は、耐震の強度が異なります。銀行の評価を考えると、昭和56年より新しいものを狙いたいところです。ただ、東京23区内のいい場所になればなるほど、旧耐震の物件が多いのが実状です。銀座界隈や六本木、目黒界隈、東京駅周辺、日本橋あたりにも旧耐震の物件が多く存在します。

また、物件を購入したときを入り口、売るときを出口としたときに、新築ないし築浅等の新しい物件になればなるほど買値と売値の差が大きく開きます。買った時点と売却時点の値段の差がそんなに生じないのが、築15年目以降の物件です。だいたい築15年で家賃6万円のワンルームマンションが、築30年になったからといって、家賃は半分の3万円には下がらないのが賃貸市場です。

価格と家賃の推移から狙い目の物件築年数

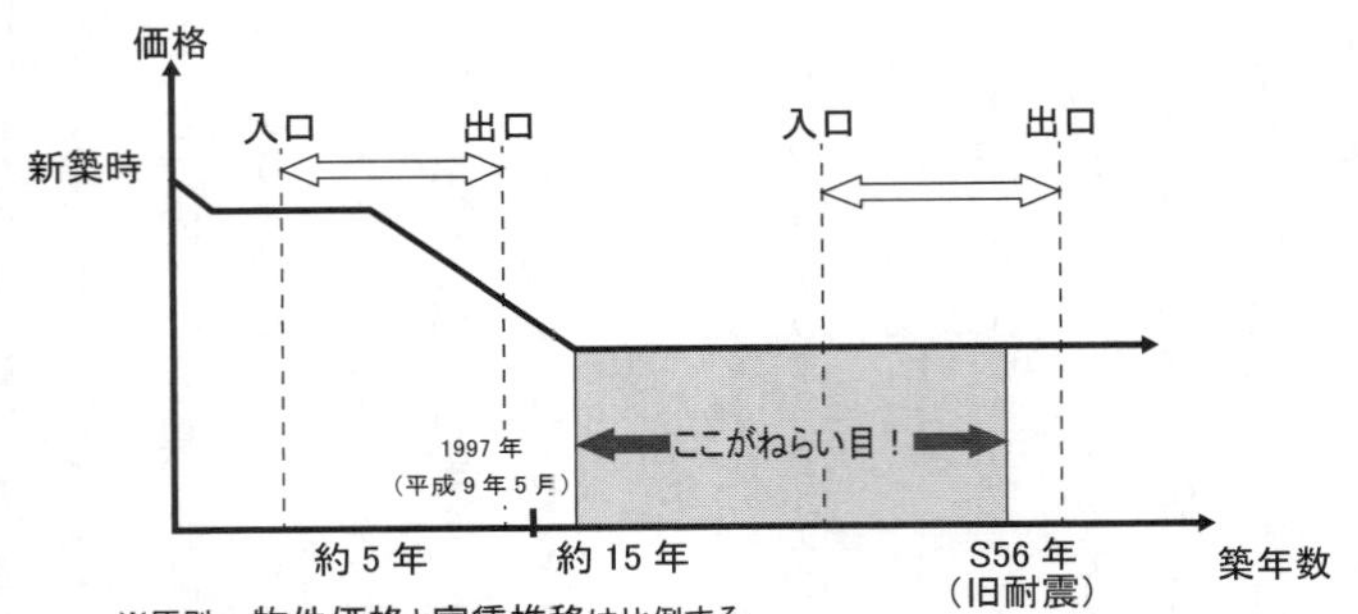

※原則、物件価格と家賃推移は比例する。
※築15年で6万円が、築30年で3万円になるか？
※築15年よりも築20年のほうが高く貸せることも・・・（立地？内外装？設備？）
※入居者ニーズの一番の妥協点は、築年数！
※23区中心部になればなるほど旧耐震な物件が多い。
※新築物件なので利回り低くてもしょうがないの???
※スクラップ＆ビルド⇒リノベ・コンバージョン時代へ

逆に、ワンルームマンションなどの場合は築15年物件よりも、築20年超の物件のほうが高い家賃でも入居者が付くことさえあります。築15年だと1回目の大規模修繕を終えて数年後のケースが多いのに対して、築20年超は2回目の大規模修繕によってエントランスや共用廊下がきれいにリフォームされたばかりだったり、エレベーターが最新機種に交換された直後だったりする場合もあるからです。区分所有マンションを購入する場合、大規模修繕の実績や、今後の予定は必ずチェックしてください。

金融機関はどう選ぶ？

金融機関を選ぶポイントとしては、築年数をどのようにとらえているかで検討しなければなりません。

A、B、C、Dの4銀行があったとして、各銀行の条件は上の表のとおりです。

このように金利と年数が異なる銀行を選ぶための物差しになるのがローンコンスタント、K%です。計算式は、年間返済÷借入額で、いわば銀行の利回りです。銀行の利回りなので、融資を受ける側からすれば資金調達コストであるこの「K%」が、なるべく低い銀行から借り入れしたほうがいいのです。

K%で銀行を選ぶ

K%をどのように使えばいいのか、わかりやすく説明しましょう。

表面利回り10%、家賃10万円の物件で、運営費の「OPEX」（オペックス）が25%ぐらいかかるので、手取りで7万5000円になります。ローンがある場合、K%部分がローン返済になります。K%は年間返済額を借り入れた金額で割ったものです。

では、築20年の物件で融資を受けると、A銀行はK%＝6・1%なので6万1000円のローン支払い。B銀行は6万6700円。C銀行だと5万9300円、D銀行だと6万3000円です。K%で一番安いところを選ぶとローン支払いが少なくなり、手取りがふえます。店頭の貸出金利ではなく、K%で銀行を判断するといいでしょう。

金融機関どう選ぶ???

金融機関	金利	期間		K%（年間返済 ÷ 借入額）
A銀行	3.675%	45−築年数 （最長30年）	築15年⇒30年 築２０年⇒25年 築２５年⇒20年	5.50% 6.1% 7.06%
B銀行	4.5%	45−築年数 （最長30年）	築15年⇒30年 築20年⇒25年 築25年⇒20年	6.08% 6.67% 7.5%
C銀行	4.3%	30年 築年数制限なし		5.93%
D銀行	2.475%	40−築年数 （最長30年）	築15年⇒25年 築20年⇒20年 築25年⇒15年	5.3% 6.3% 7.9%

同様の条件で、木造築古アパートの物件を買うとしたらどうでしょう。大部分の銀行が木造の減価償却は22年です。（22－築年数＝借入年数）という形なので、築15年の場合、（22年－15年＝7年）で7年ローンしか組めません。7年ローンではK%が大幅に上がってしまうので、ほとんど手取りがなくなるか、持ち出しになるケースも考えられます。このような投資は「初めて不動産投資をスタートする！」という方には不向きではありますが、決して悪いと言っているわけではありません。仮に基盤となる1棟物件などをすでに所有していて、キャッシュフローにゆとりがある方であれば、ポートフォリオのひとつとして追加投資する分には短期間の7年持ちこたえられればローンも完済でき、大きなキャッシュフローが生まれることとなります。

K%とは???

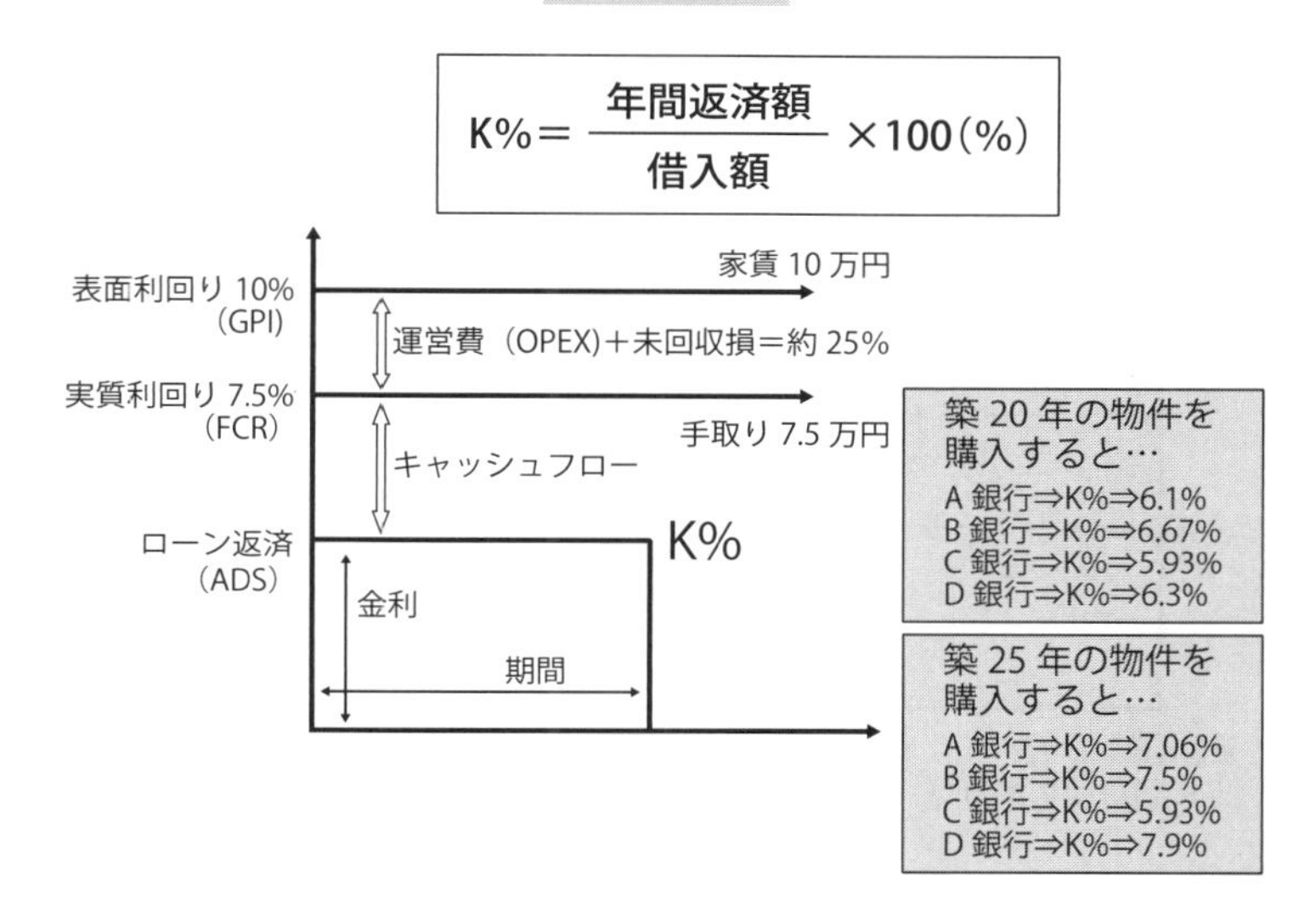

新築区分の場合も、表面利回り10%、家賃10万円の同様の条件で見てみましょう。

「節税対策」にとか、「月々1万円の持ち出しであなたのものに」、などと打ち出した新築マンションの広告がよくあります。月々1万円の持ち出しでというと、手取り7万5000円のところ、ローン返済が8万5000円になります。新築ワンルームのローンは、分譲会社や大手デベロッパーの提携ローンを利用することで、賃貸アパートや中古ワンルームを購入する場合のアパートローンとは違って、今でも諸費用も含めた100%ローンを組めたり、アパートローンでは最長30年の返済期間が新築マン

築古物件を買うと…(木造築古アパート等)

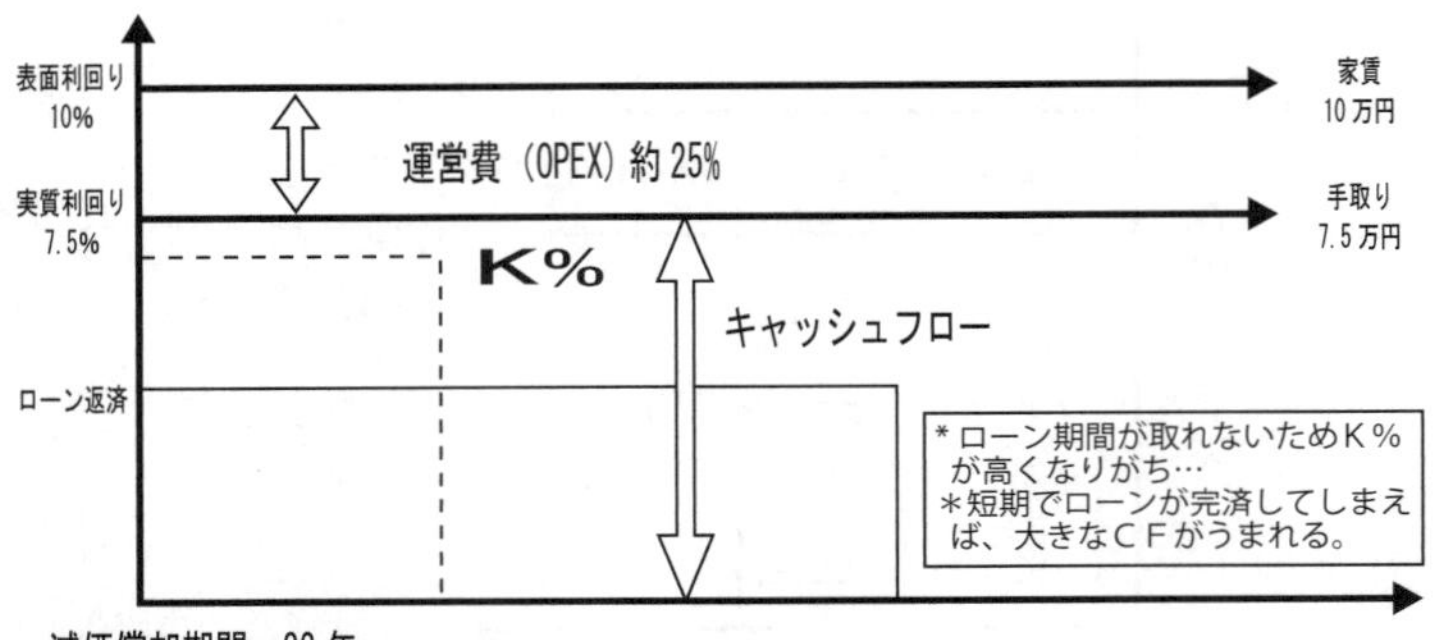

ションだと35年返済と、より長期間だったり、金利も優遇措置の適用によってアパートローンより低い場合が一般的です。確かに、金融機関の借入れの面では、中古物件より恵まれています。しかし、もともとの物件価格が東京圏では2000万円超と、中古ワンルームの2倍以上はするために、借入額が多くなってキャッシュフローを圧迫します。そもそも物件価格が2倍するからといって、家賃は2倍にはならないのが賃貸住宅市場です。家賃から物件の運営費や修繕費と空室や滞納に備えるコスト25%を差し引き、さらに毎月のローン返済額を差し引くと、持出しになってしまうケースがほとんどなのです。「月1万円の持出しなら……」と思って購入した人が、キャッ

新築区分を買うと…

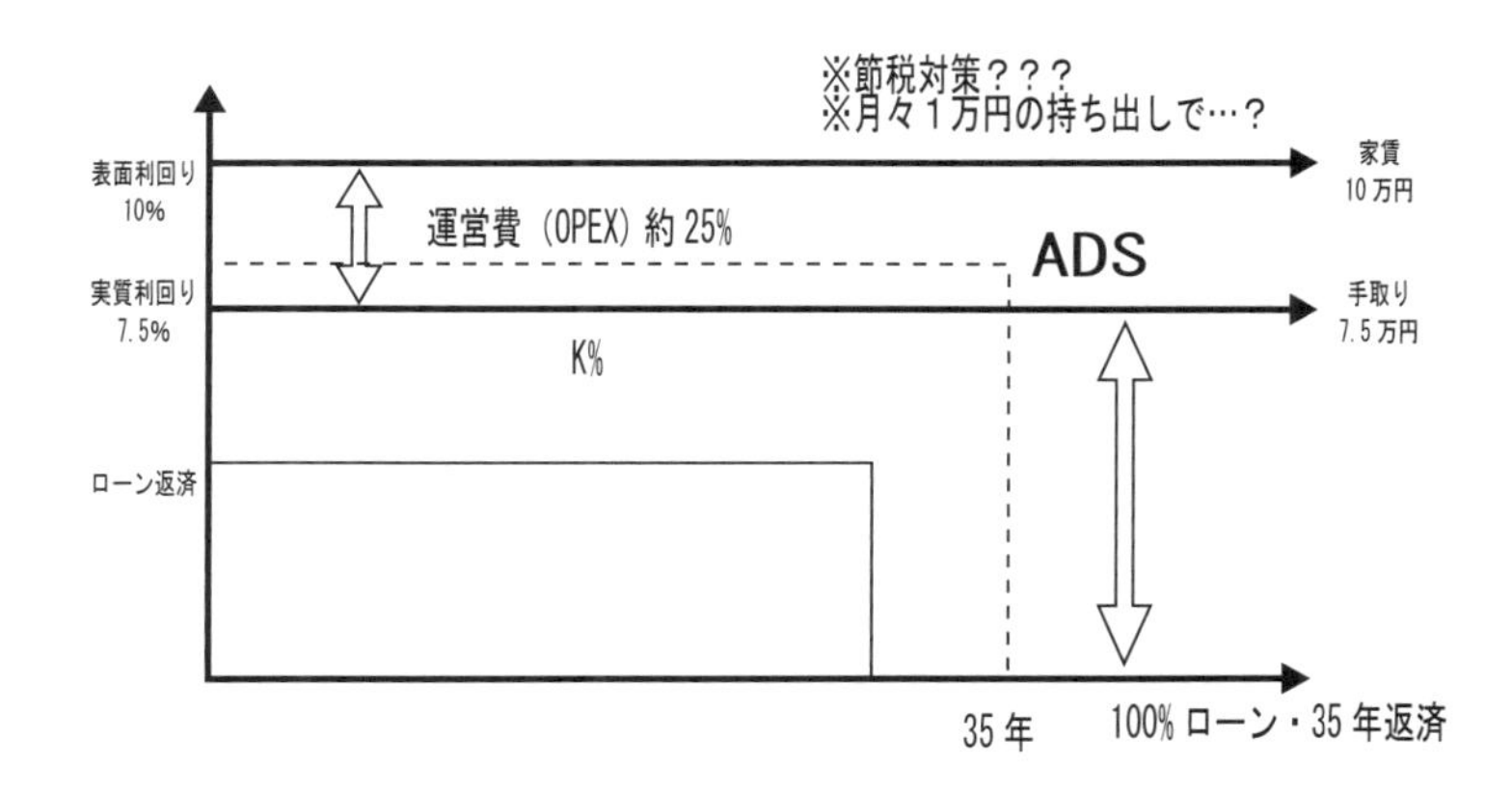

新築区分を買うと…

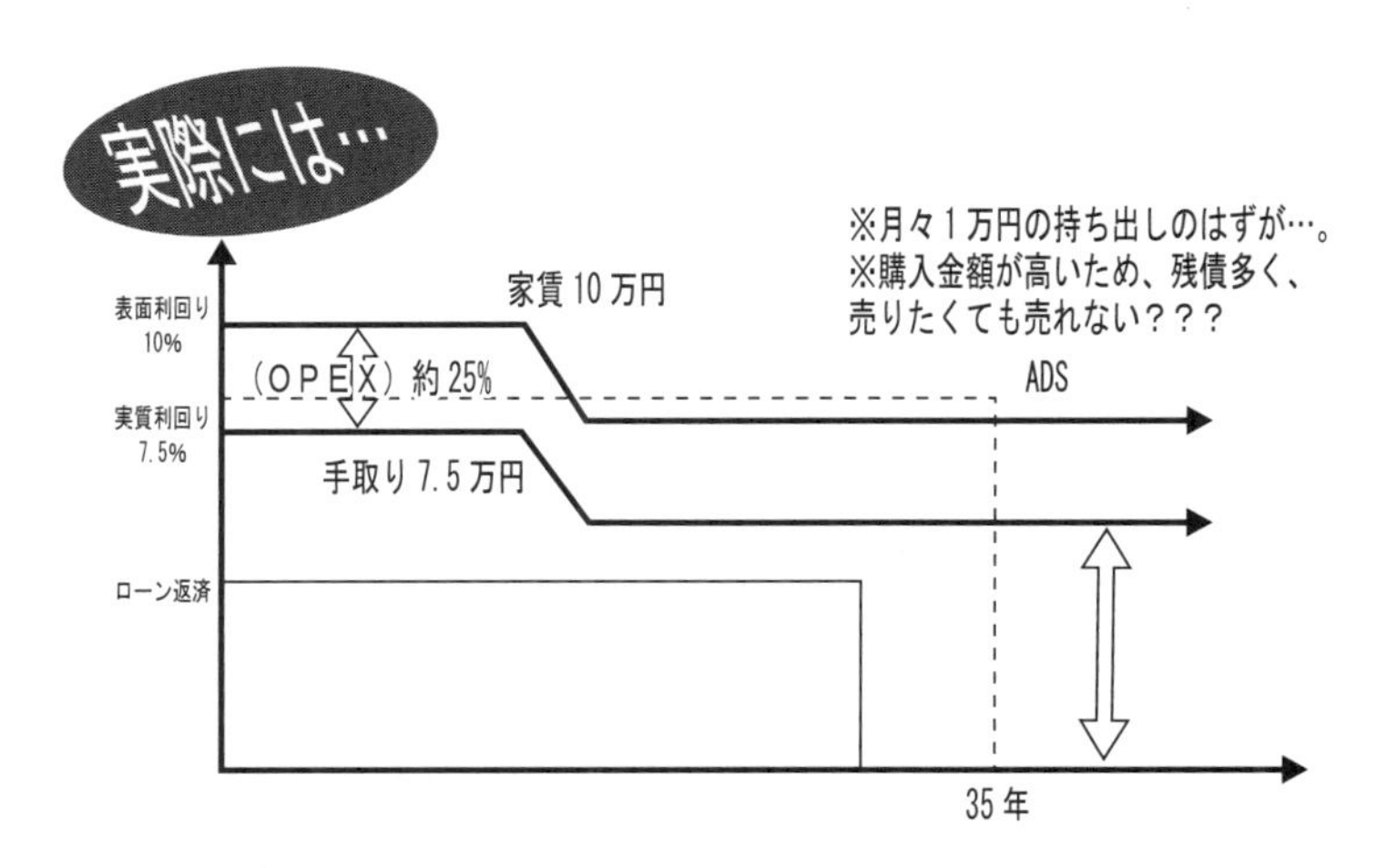

シュフローを手にできるのは繰上げ返済でもしない限り、ローンが完済する35年後。いくら、金利優遇のある長期ローンが組めても、35年後のキャッシュフローを当てにするしかない投資が、投資として成功だといえるでしょうか。

しかも、「月1万円の持出し」では終わらないのが現実です。先ほど見たように、新築時のプレミアム家賃が取れるのは、初めの5年ほどです。それ以降は入居者が入れ替わるたびに家賃の減額を覚悟しなければならないし、物件の競争力低下に合わせて持出額は増え続けますし、空室期間は全額が持ち出しとなります。毎月のマイナスのキャッシュフローに耐えられなくなって売却しようとしても、借入金額が多いために、残債が多く、一方で物件価格の下落は進んでいます。この結果、売却金額ではローンを完済できず、よほどの資産家以外は売るに売れない塩漬け状態に陥る可能性が高いのです。

K％で見えてくるものは？

K％を決定するものは、金利と年数です。仮に1000万円を金利3・5％で借入れした場合、

10年返済→11・86％　15年返済→8・57％
20年返済→6・95％　25年返済→6・0％
30年返済→5・38％　35年返済→4・95％

さらに同じ1000万円を金利4・5％で借入れした場合のK％を借入年数ごとに見てみると、

25年返済→6・67％　30年返済→6・08％　35年返済→5・67％

ここ数年、銀行は新規の貸し出しよりは、返済の実績がある人に、借替えで新しく取引きしてもらったほうがリスクがないという見方をしています。ここ数年多いのは、「キャンペーン期間中に当行へ借換え手続をいただくと現在のお借入金利より1％優遇いたします。なお、返済期間は5年短くなります」的なダイレクトメールが金融機関から届いたというご相談です。相談者も「金利は1％も下がるし、返済期間も5年短くなって完済時期が早まるのだからラッキー、別に問題はないでしょう?」と、すでに乗り気です。

しかし、よくよく見ていただきたいのが、現在、金利4・5％で残り期間30年で借入れしている人のK％が6・08％。これを金利優遇マイナス1％の3・5％、期間が5年短くなって25年に借換え手続を行った場合のK％は6・0％とほとんど変わらないのです。変わらないとすれば、借換えに必要な今のローンの抹消費用や、新規の抵当権設定費用のほか一括繰上返済などの各種手数料など、借換えにかかるコストの分だけ確実に損をします。仮に返済期間は現在と同じ期間のままで、金利だけ1％下げてくれる借換提案なら検討してみる余地はありますが、金利が1％下がっても、返済期間が5年短くなってしまう借換えでは、あまりメリットはないと言って良いでしょう。借換えなどの金融機関提案の検討にも、K％は有効ということです。

一般的に、メガバンクといわれる都銀は金利が安い半面、返済期間が短くK％は高めになっています。逆に地銀やノンバンク系は表面上の貸出金利は高いのですが、割と長くローンが組めるのでK％は低めになっています。銀行にとっては、短期の貸し出しのほうが資金回収が早まって利回りが上がります。このようにメガバンクは金利は安いのですが、短期間なので、実はK％は高いのです。

借りる側から見ると資金調達コストは高くなるということを、覚えておいてください（さらに詳しくは資金調達編へ）。

8 今って買いどきなの？

アンテナをしっかり張っておく

銀行と投資家と物件価格で、景気の良いときと悪いときを比較してみましょう。

景気が良いとき、銀行は積極的かつ融資に前向きです。現在はそのような時期で、100％

ローンやフルローンに近い形で融資をしています。では、このような状況下で投資家のスタンスはどうなのか？　景気が良いときの銀行は１００％に近いローンを出すので、投資家は用意する頭金や自己資金比率が少なくて済みます。そうなると、購買意欲が増し、物件を買おうと思う人が増えるので、需要と供給の観点で物件価格は上昇します。

逆に景気の悪いときはというと、銀行は融資を貸し渋ります。頭金半分入れるよう求めてくるなど、融資引き締めを行います。そうなると、投資家は自己資金を多く入れないと物件が買えません。結果、購買意欲は逆に働き、買える人が少なくなり、物件金額は安くなります。

では、今はどちらなのかというと、現時点では景気も悪くなく、銀行融資も好調なので物件金額が１割、２割上がっています。しかし金利が安くて自己資金が少なくて済むので、間違いなく買いやすい時期でしょう。ただし、今後は？　というと一部の金融機関では若干融資を引き締めつつあります。サブリース会社の破たんなどでさまざまな問題が浮上しています。今後の動きに敏感にしっかりアンテナを張っておく必要がありそうです。

不動産市場・周期の４つの段階

不動産に限ったことではありませんが、市場とは、「回復期」「拡大期」「供給過剰期」「不況期」の４つの段階を繰り返します。

景気が悪いとき『(=不況期)』は、人の移動が少なく、空室が埋まらず空室率は高まります。また、建設業者は土地の価格が安く仕入れしやすくなり、新築のアパートやマンションが建てやすいので竣工が増え、市場に供給量が高まりさらに空室数が増えます。

景気がだんだん良くなって『回復期』に入ると、企業も人も東京に進出しようと考えるので空室が減ってきます。建設業者は不景気の土地が安いころに比べて仕入れづらくなってくるので、新築の竣工が減ってきます。

さらに回復してきて『拡大期』に入ると、空室がますます減少します。今、首都圏は確実に拡大期になっていて、当社で管理・運営を行っている物件でも、2016年ぐらいから稼働率が97%を上回る状況です。上昇傾向にあり、繁忙期といわれる1~3月であっても退去する部屋はグンと減っています。

しかしこの拡大期がいつまでも続くわけではありません。需要を大きく上回る供給量によって需給バランスが崩れ、不景気に近づいて『供給過剰期』へと突入していきます。

日本にとどまらず、先進国の不動産市場は、ほぼすべてが、こうしたサイクルを描いて拡大期と不況期を繰り返しています。不動産市場のサイクルを見誤らず、買い時と売り時を慎重に見極めることが重要であると考えます。

不動産市場・周期の４つの段階

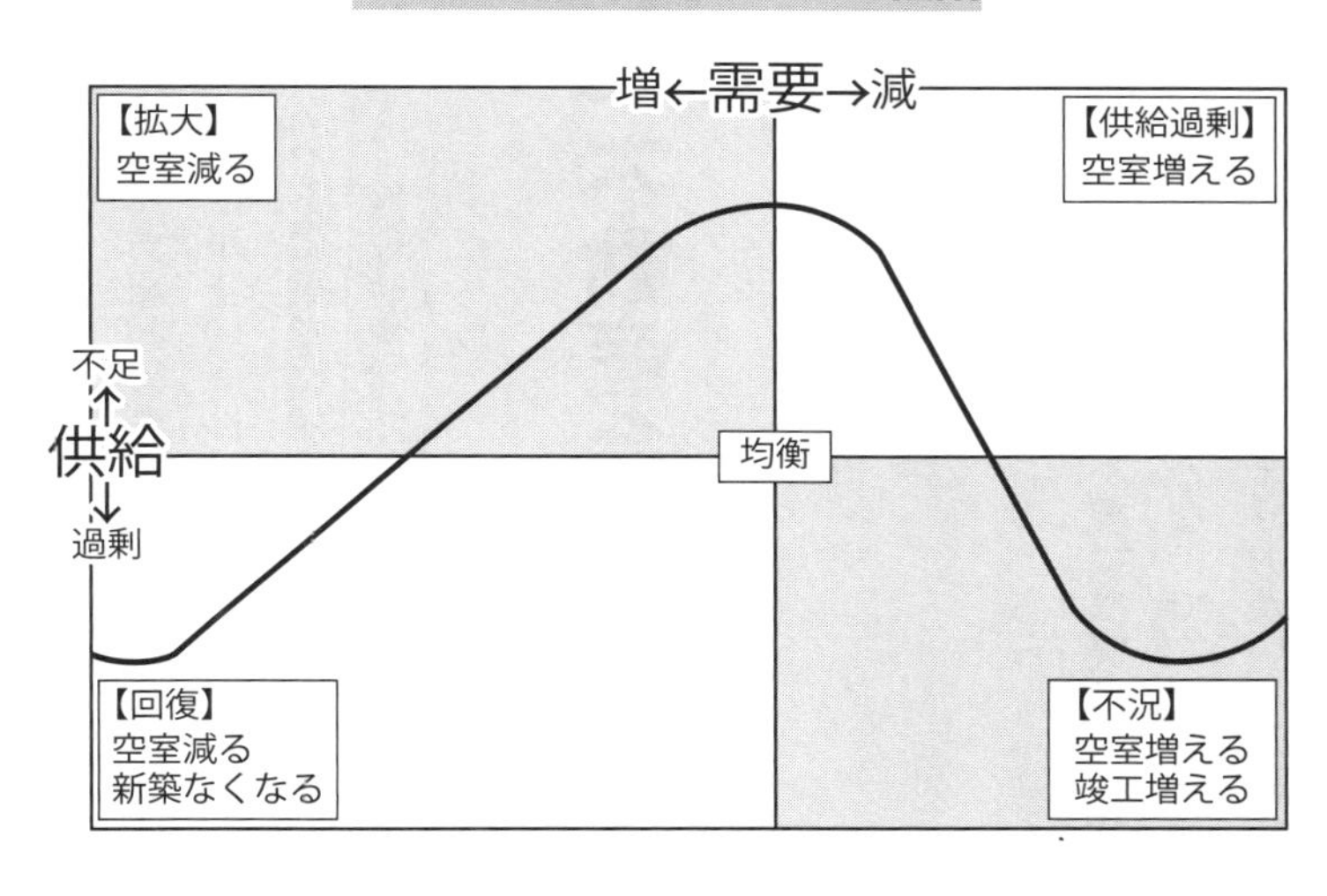

不動産投資に欠かせないものとは

不動産投資を考えるときに欠かせないものは、まずタイミングです。景況感をつかみ、今が売りどきなのか、買いどきなのかを考えます。

もう1つは目的です。なぜ買うのか、インカムなのか、ホールドなのか。その目的によって買う物件も変わってきます。キャピタルゲイン狙いの投資なのか、相続対策なのか、資産形成なのか。これらの違いでも購入物件が大きく変わります。

当社では、不動産投資や相続対策に関するセミナーや勉強会を定期的に開催しており、エンドユーザーにも不動産投資のリスクや考え方、成功する秘訣をしっかり理解してもらったうえで、実践いただくことをお勧めしております。またブログやユーチューブやフェイスブックなどのSNS等を通じて物件速報や不動産マーケットの動き、金融機関の最新情報などの情報発信を行っております。

マーケットに柔軟に対応し、尺度を変えることが大切です。

焦らず、無理せず、できるところからスタートを切りましょう。

9 不動産会社をどう選ぶ？

物件、誰から買う？

物件は、売主と仲介業者のどちらから購入するのが良いのでしょう。

『売主につき仲介手数料不要』は実は大変危険なのです。法律上、売主は手数料を取れないことになっているだけのことなのですが、一見すると「仲介手数料がかからない分だけ安く購入できる」と勘違いしてしまう方がいるかもしれません。

実際は「売主物件」だからといって安く購入できるわけではなく、逆に、仲介物件より高くついてしまうことがあるので注意しましょう。売主物件の価格は、その不動産を仕入れた（あるいは建築した）原価に取得経費を乗せて、さらに販売にかかる広告料などの営業経費と、販売利益を上乗せして設定されます。プロである不動産会社が仕入れる原価は、確かに仲介物件より安いかもしれませんが、この経費や利益の上乗せによって、最終的には相場を無視した高い物件となってしまうのです。

仲介物件は、物件価格に仲介手数料を上乗せして支払わなければなりませんが、物件価格は市場が評価する相場であり、極端に高すぎたり、安すぎたりすることはあり得ません。

当社では、市場分析や取引事例などをもとに、売主と交渉しながら適正価格を算出しているので、物件価格に関しては安心していただけるのではないかと思っております。

得意分野が分かれる不動産会社

ひと口に不動産会社といっても、その業務内容や得意（専門）分野、さらに扱う物件に至るまで、多種多様に分かれています。仮にお医者さんと比べてみましょう。ひと口に医者といっても、その内容は歯医者だったり、内科だったり、整形外科だったり、産婦人科だったりとさまざまな専門分野に分かれていることは誰でも知っています。特に開業医にあっては看板を見れば、一目瞭然、何の医者なのかがすぐにわかるようになっています。

不動産会社はどうでしょうか？　町中を見回すと、『○○不動産』といった看板を掲げ、業務内容としては「売買・賃貸・仲介・管理」といった程度。主に手掛ける業務内容や得意分野、取り扱う物件の種類といった最も知りたい情報はまずわからないようになっています。不動産会社を業務内容で分類すると、ざっと図表のようになります。

居住系のマンション・戸建の分譲をしている会社や、建築やリフォームを手掛ける会社、住宅仲介中心、投資用物件の販売やコンサルティング、資産運用の保有会社もあったり……。賃貸管理の中でも入居者の客付けを中心にやっている会社もあれば、物件の管理だけという会社もあります。

しかしながら得意分野を2分野、3分野とまたがって業務を行っているという会社は実は意外と少ないのです。

幅広い提案ができる不動産会社を探そう

会社によって得意分野が違うので、不動産に関する相談も会社によって答えが違ってきます。

物件、誰から買う???

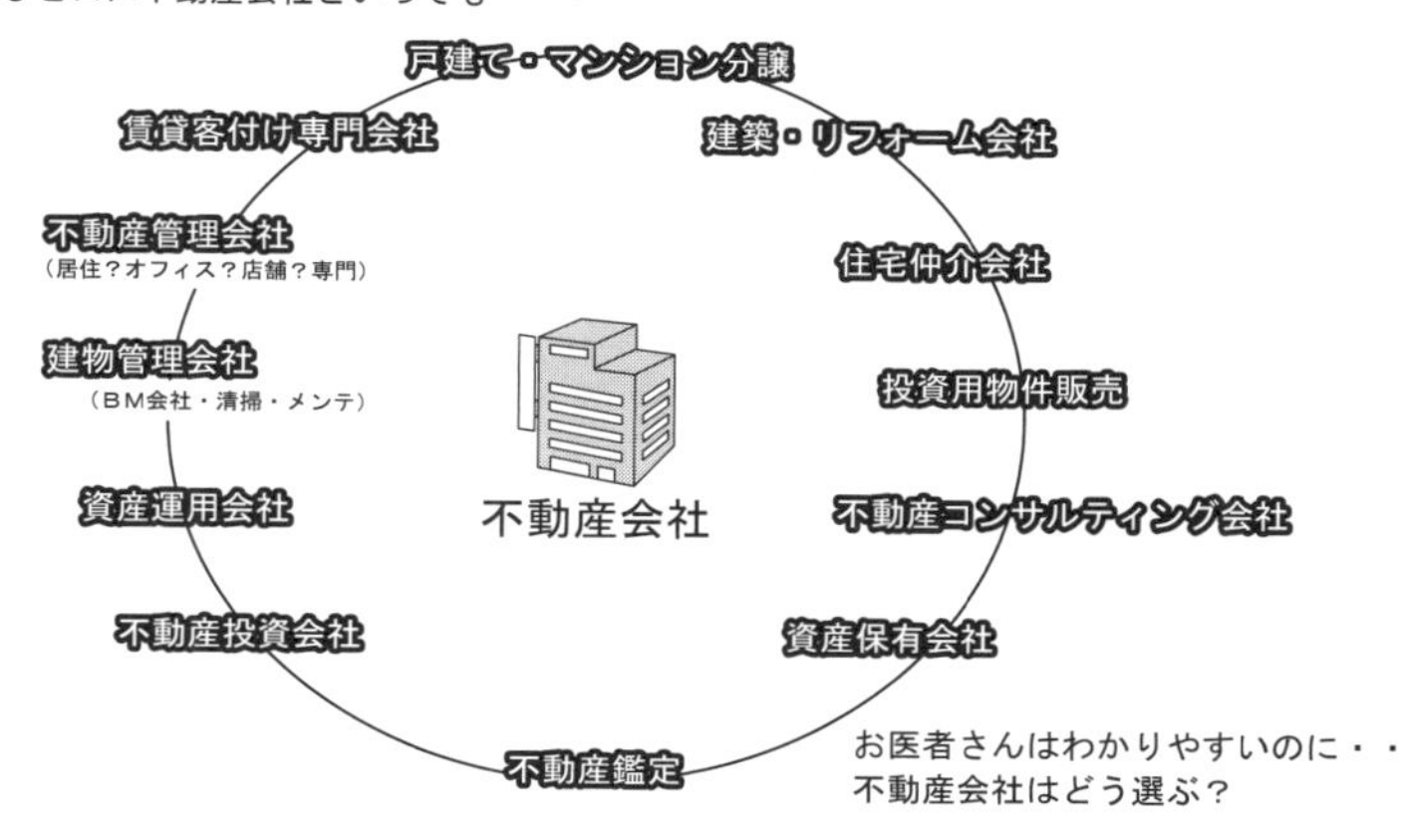

たとえば、転勤でしばらく空いてしまう自宅をどうすればいいか相談したとしましょう。たまたま相談した会社が売買中心の会社ならば、「今後、物件価格が下がるかもしれないので早く手放したほうが……」と売却を勧められます。賃貸中心の会社に相談したならば、「とりあえずしばらく貸して様子見を……」と言うでしょう。「とりあえず売るにしても貸すにしてもリフォームしたらどうか」と持ちかけるのは建築・リフォーム中心にやっている会社です。やはり、得意分野から攻めてくる会社が多いのです。

しかし求められるのは、売ったらいくら、貸したらいくら、はたまた仮に売った金額でほかの投資物件に投資する場合と、売却をせずに貸した場合とではどちらが得か。そのよ

トータル力で考えるならCFネッツ
グループ全体でお客様を全力サポートいたします。

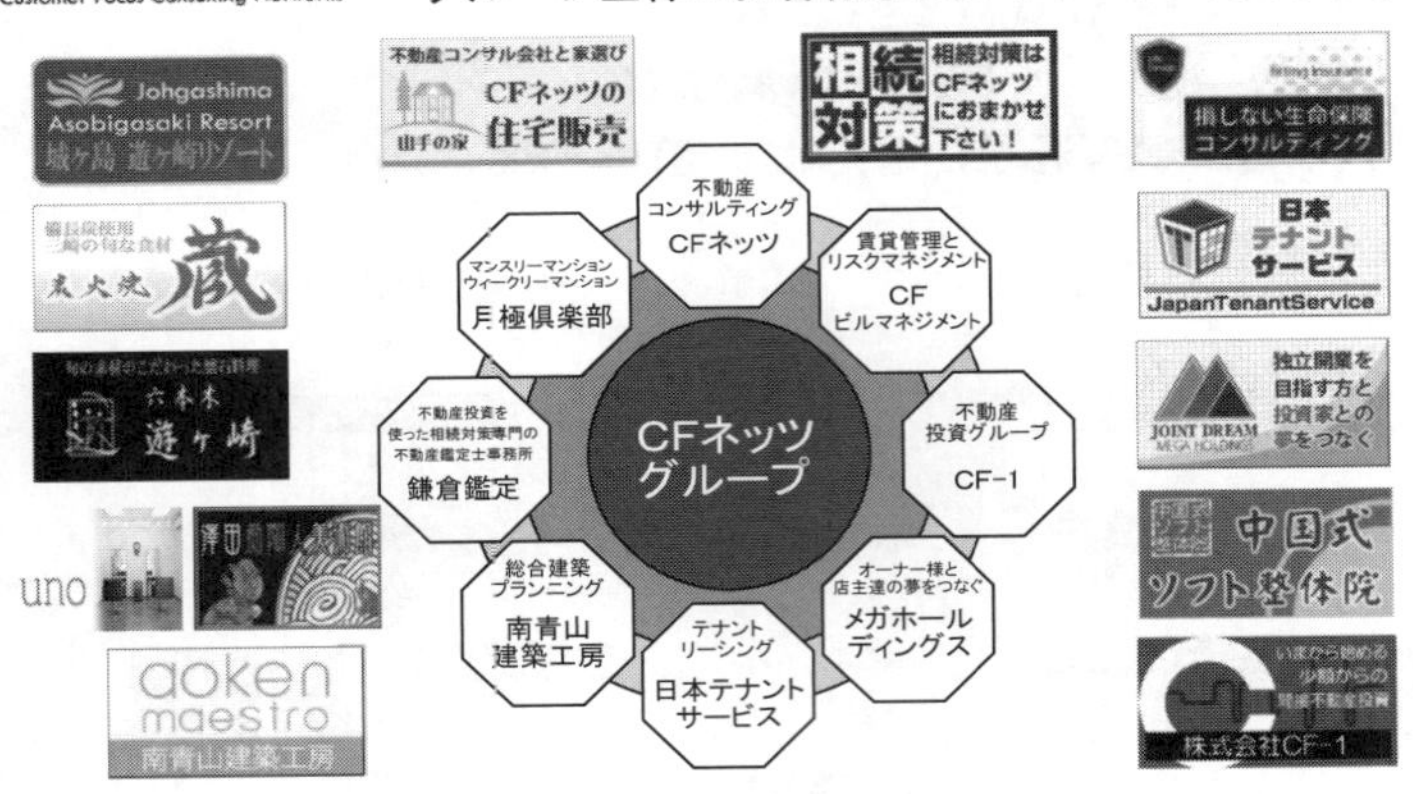

うな幅広い提案ができるのは、さまざまな不動産の分野に通じている会社にしかできません。

ぜひ、そのような不動産会社に相談することをお勧めします。

少なくとも、不動産投資を行うのであれば、不動産投資に精通した会社を選ばなくてはなりません。

中元 崇

1 不動産投資の仕組みを知る

不動産投資の収益構造を理解しよう！

上手に不動産投資を進めて資産を拡大していくには、不動産投資の収益構造を理解する必要があります。そのためには、不動産の投資分析を自分でできるようになっていただきたいと思います。「難しそう」と思われるかもしれませんが、基本は単純な算数ですので慣れれば大丈夫です。投資分析がある程度理解できれば、「この不動産を買おうと思っていたけど、計算するとお金が残らない」「この利回りは相場と比べて低いのでは？」といったことが何となくわかるようになってきます。

キャッシュフローツリーやさまざまな投資指標といった不動産投資の世界での共通言語を理解すると、不動産投資会社の営業マンにも惑わされなくなるはずです。「この物件はいいですよ」「場所がいいですよ」「利回りが高いからいいですよ」といった具合に、いい話ばかり聞か

老後の最低日常生活費は月額で平均22.0万円

老後の最低日常生活費

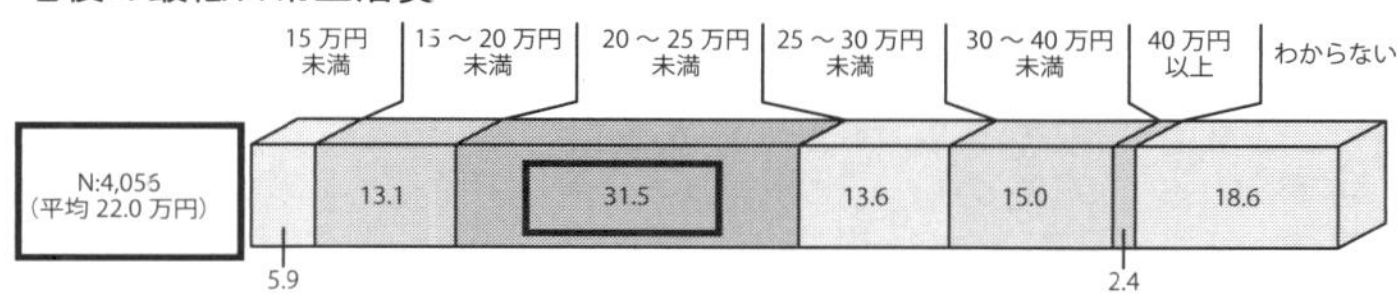

ゆとりある老後生活費は平均34.9万円

ゆとりある老後生活費

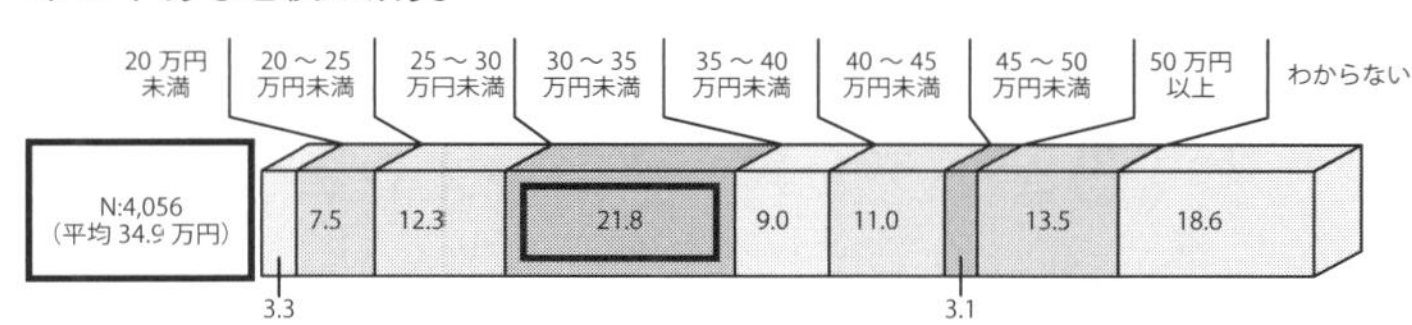

出典：生命保険文化センター「生活保障に関する調査」／平成 28 年度

されても、それが正しいのかどうかを自分で判断がつくようになるはずです。

平均寿命から必要なお金を割り出す

不動産投資について考える前に、平均寿命と長生きのリスクを理解しておきましょう。現在、日本人の平均寿命は、男性で約80歳、女性で約87歳。日本はまさに世界有数の長寿国です。

では、老後はどれくらいの日常生活費が必要なのでしょうか？　生命保険文化センターの「生活保障に関する調査（平成28年度）」によると、何とか生活できるギリギリの最低日常生活費が平均22万円。ゆとりある生活を求める場合は平均34万9000円という金額になっています。

お金は貯めても、生活費を賄えない

■１，０００万円のお金は、毎月２０万円使えば
５０ヵ月（約４年）で枯渇する
■１，０００万円を８％で運用できれば
毎月６．６７万円の収入になる
■投資には、元本を取り崩さずに果実を
毎月享受できる不動産投資が最適

りんごの「実」を買いますか？
りんごの「木」を買いますか？

老後の生活を考えるうえで、気になるのが公的年金でしょう。平成22年の厚生労働省のデータによると、たとえば夫婦２人のサラリーマン世帯で夫が平均的収入かつ妻が専業主婦だった場合、65歳から支給される公的年金額は約23万円。自営業では約６万６０００円で、夫婦２人で自営の場合は約13万２０００円になります。

では、平均的なサラリーマン世帯の場合、老後の日常生活費はどれくらい必要なのでしょうか。最近、定年年齢は延びる傾向にありますが、仮に60歳定年としましょう。厚生労働省の簡易生命表をもとに男性の平均余命で試算すると、男性の平均余命である80歳から60歳を引いて、定年後は約20年暮らしていくことになります。

この間、ゆとりある老後生活を送ろうとすれば、まず、仕事を辞めた60歳から年金をもらえる65歳まで、この約5年間で約２０９４万円（ゆとりある老後生活費平均34万９０００円×12カ月×5年）かかります。その後、65歳以降80歳までの15年間は、年金との差額分の２１４２万円（（ゆとりある老後生活費平均34万９０００円－公的年金額約23万円）×12カ月×15年）が必要になります。

これらを合算すると、４２３６万円。仕事をせず、資産運用もしないのなら、60歳時点でこれぐらいは貯めておかないと不安だということになります。

次に女性の場合、平均寿命が87歳と長いので、60歳から先の27年間の日常生活費が必要です。年金受給までは男性と同じ２０９４万円ですが、65歳以降の22年間では３１４１万円（（ゆとりある老後生活費平均34万９０００円－公的年金額約23万円）×12カ月×22年）とより多くかかります。合算すると、60歳時点で男性よりも多い５２３５万円が必要になります。

長生きするにも、やはりお金がかかるわけです。だからこそ、早い段階で何か手を打っておかないといけません。

銀行に預けると、運用益はわずか

では、どうやって、４０００万円も５０００万円ものお金を貯めるか。まず、多くの方がされていることは、銀行に預けて貯めていくということでしょう。「預ける」とはいっても、銀行に貸して利息をもらう、つまり運用しているわけです。

たとえば、ある銀行の場合、今スーパー定期預金300万円以上が利息0・01％になっています。これは現金1000万円を1年間預けて運用すると、投下資本1000万円に対して1000円の利息という名の運用益が加算されるということです。銀行なので流動性はもちろん非常に高いのですが、運用という意味はほとんどないに等しいといえます。

メリット大の不動産投資

だからこそ、不動産投資という資産運用の選択肢があるわけです。しかし、不動産投資といっても、メリットとデメリットがあります。

メリットは収入源が増えることです。たとえばサラリーマンの場合、月末に入る給与のほかに、違う日にも家賃収入が入ります。収入源がいくつかあると、気持ちの面でも、経済的にも大きいものです。さらに、毎月の収入を確保しているうちに、値上がり益が出る場合があります。1000万円で買った物件が、2000万円で売れることもあるわけです。

また、不動産投資は不動産担保融資が受けられるので、レバレッジが効くというメリットもあります。たとえば、100万円の自己資金で1000万円の不動産を買うことができます。

資本が少なくても、残りを借入れすることにより、大きい金額のものを買うことができるわけです。

そして、工夫次第で収益性を高めることができるのも、不動産投資の特長です。同じ投資でも、投資信託や株の場合、自分の裁量でできる範囲が非常に狭いです。これに対して、不動産の場合はリフォームや広告を工夫することによって、家賃や売却価格を上げることも可能です。勉強すればするほど、資産価値の向上につながりやすいのが不動産だと思います。

さらに、相続税で節税しやすいのも、実は不動産投資のメリットです。たとえば1億円現金を持っていると、その金額に相続税が課税されます。しかし、不動産の場合、その1億円で賃貸用不動産を取得した場合の相続税の評価額は、東京都内では約30%～40%ぐらいまで圧縮されます。とはいえ、相続税の圧縮効果にだけ目がいってしまい収益性を疎かにしないよう注意が必要です。

デメリットについても知っておきたい

不動産投資には、もちろんデメリットもあります。

まず、スタートするのにそれなりの資金が必要で、運用中にも維持費や修繕費用等のお金がかかります。また、いい物件情報はネットワーク次第というところもあります。不動産の場合、実は「インサイダー取引」は普通です。株式投資では禁止ですが、不動産の場合はインサイダーや川上で、どれほど物件の情報を押さえるのかが非常に重要になってきます。

流動性が低いのもデメリットで、今日買って、今日売るようなことはなかなかできません。ほかに、金利上昇や滞納、空室、賃料低下、災害などのリスクも当然あります。ですので、事前に、もしくは随時、それらに対するリスクヘッジが必要になります。

そして、短期の売買を繰り返すにはコストが高い、というのもデメリットのひとつです。1億円のアパートを買う場合、だいたい7%から8%ぐらい、700~800万円ぐらいの諸費用が必要になります。また、売主業者さんから直接購入される場合、仲介手数料不要となれば、諸費用は約5%ぐらいですが、仲介手数料の金額を上回る建築利益が売買金額に含まれていることも多いので、必ずしも総額で見て、割安で買えるとも限りません。一方、売却する場合も4%ぐらいのコストがかかります。値下がりした物件の売却の場合、ローン残債を売却価格が下回っていると、売却価格とローン残債の差額の資金を用意できなかったら、売却できずに塩漬けになってしまいます。

新築の投資用区分マンションなどで、このケースはよく見られます。たとえば、3000万円のマンションを購入しようとして全額融資を調達して一室を買い、思ったより儲からないので売りに出そうと思ったら、値下がりして2500万円になっていた。しかし、ローンがまだ

3000万円残っている。差額の500万円を用意しないと、抵当権を外せないので、売るに売れないという、こういう物件は山のようにあります。

そして、細かい分割がしづらいのもデメリットです。たとえば2階建てのアパートの場合、兄弟で所有するには1階部分は兄に、2階部分は弟にというのはなかなか難しいです。2分の1ずつ共有で持つ、という方法はありますが、親子間の共有ならまだしも、兄弟姉妹で共有という保有の仕方はおすすめできません。

兄弟で共有したのち、相続などでその子どもに共有者が移っているときには、その共有者のいずれかに相続が発生した際、さらに共有者がたくさん出てくる可能性があります。こうした場合、共有物を売却するには全員の同意が必要です。これがクリアできないと、そのまま売却できずに塩漬けになってしまいます。実は、ゴミ屋敷とかいわれる物件のなかには、こういう不動産も存在します。

リンゴを買うのか、リンゴの木を買うのか

お金を使うのは簡単です。1000万円あっても、毎月20万円使うとだいたい50カ月、約4年でなくなってしまいます。その1000万円を銀行に預けて運用しても、昨今の低金利下では4年後に利息がついたところでほとんど変わりません。ただ、その1000万円で、たとえ

ば8％の運用ができたら、毎月6万6000円ほどの収入になります。

不動産の場合、元本を取り崩さないで、果実は毎月享受できます。資産形成、資産運用としては最適です。いわばリンゴを買うのか、リンゴの成る木を買うのか。資産形成という点で考えると、木を買って、必要がなくなったら売却するというのは、非常に良いやり方だと思います。

お金は運用しないと価値が下がっていく

DCF法（ディスカウント・キャッシュ・フロー法）というものがあります。たとえば今1000万円ある場合、仮に10年間のインフレ率が2％なら、10年後には1219万円になっていないと損をします。

定期預金0・02％のときに銀行に預けると、10年後の利息は2万18円。インフレ率が2％だったならば、約217万円の損（219万円－2万18円）をすることになるわけです。さらにタンス預金なら、タンスに入れておいた1000万円は10年後に開けても10年前の1000万円の価値はなく、10年後には丸々219万円分目減りしているということになります。何も運用しないと資産価値は下がってしまうこともあるということを、知っておく必要があります。

DCF［discounted cash flow］の考え方

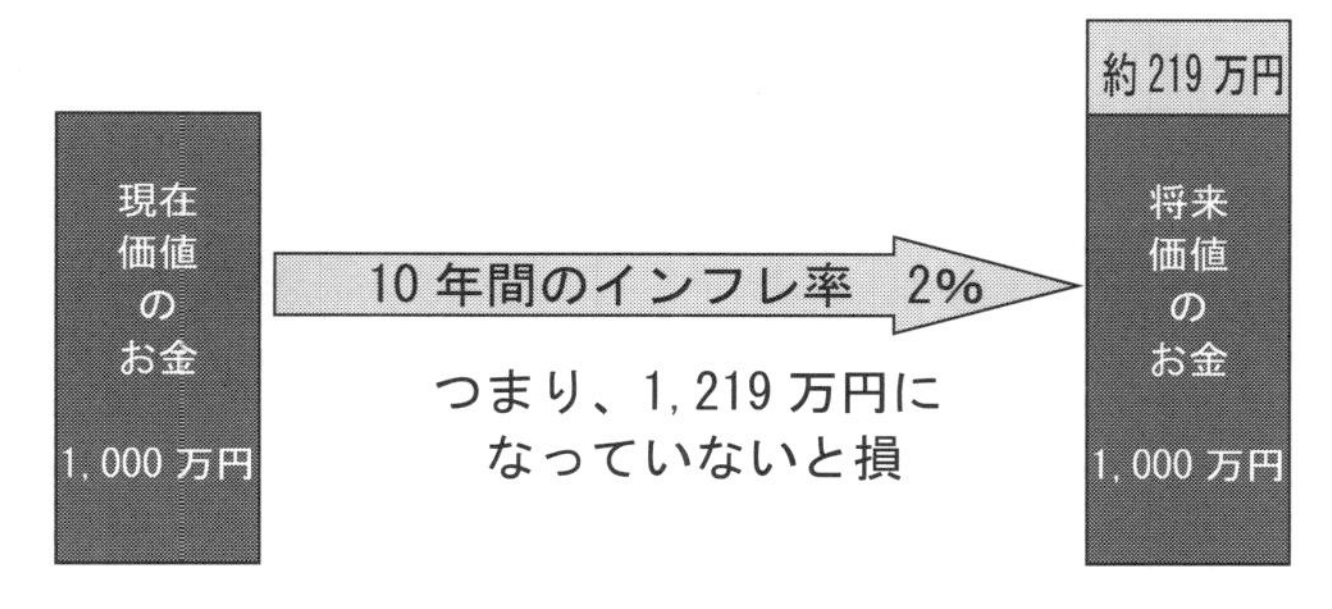

利息
約 2 万 18 円

約 2 万 18 円

過去、10 年前の定期預金は
0.02%

現在
価値
の
お金
1,000 万円

10 年間定期預金　利率 0.02%

将来
価値
の
お金
1,000 万円

つまり、銀行に預けて
おくと損が拡大！
219 万円－2 万 18 円
＝▲2,169,982 円

2 キャッシュフローツリーを知る

物件探しの前に銀行を押さえておく

キャッシュフローツリーについて、具体的に説明していく前に、オーナーまでの道のりは、基本的にはこのページの図のような流れで進むということを知っておいてください。ただし、現金購入でなければ先に資金調達を受ける銀行を押さえたうえで物件を探し、いい物件があったら投資分析し、見に行って買い付ける、という流れが現実的です。

このような手順を踏んでおかないと、他の

オーナーまでの道のり

（銀行事前審査）
①物件探し
②投資分析
③下見
④買付け
⑤銀行事前審査
⑥契約
⑦銀行融資本申込
⑧金銭消費貸借契約
⑨決済
⑩管理業務委託契約

買い付けと競合した場合、そちらを優先されることがよくあります。特に自分が良いなと思う物件は、他の投資家にとっても良い物件であることがほとんどですから、競合相手に勝つためにも事前の段取りである⑤の銀行事前審査が重要なポイントになります。

まず資金の総額を明確に！

不動産投資を行うにあたり、まず投資の総額（物件価格＋諸費用＋修繕費用）を明確にしましょう。投資物件だと、物件価格に対しての諸費用はだいたい7％から8％がひとつの目安です。修繕費用は物件の状況によって変わりますが、中古の物件を購入される場合には、あらかじめ修繕見積もりを確認しておくと良いでしょう。

たとえば、物件価格が５０００万円で、諸費用が４００万円、加えて、中古のアパートなどで鉄部の塗装や給湯器の取り換え費用が必要で１００万円の修繕コストがかかる場合、投資総額は５５００万円ということになります。

こうして物件金額、諸費用、修繕費用がわかり、投資総額が出たところで、いったい自分はどれほど借入れができるのかな、と通常は考えるところかもしれませんが、先ほど解説したとおり、できれば借入れできる金額は物件探しをする前に、先に押さえておきたいところです。

たとえば投資総額５５００万円のこの物件で４５００万円の借入れ（ＬＢ＝ローンバラン

CPM流投資分析（キャッシュフローツリー）

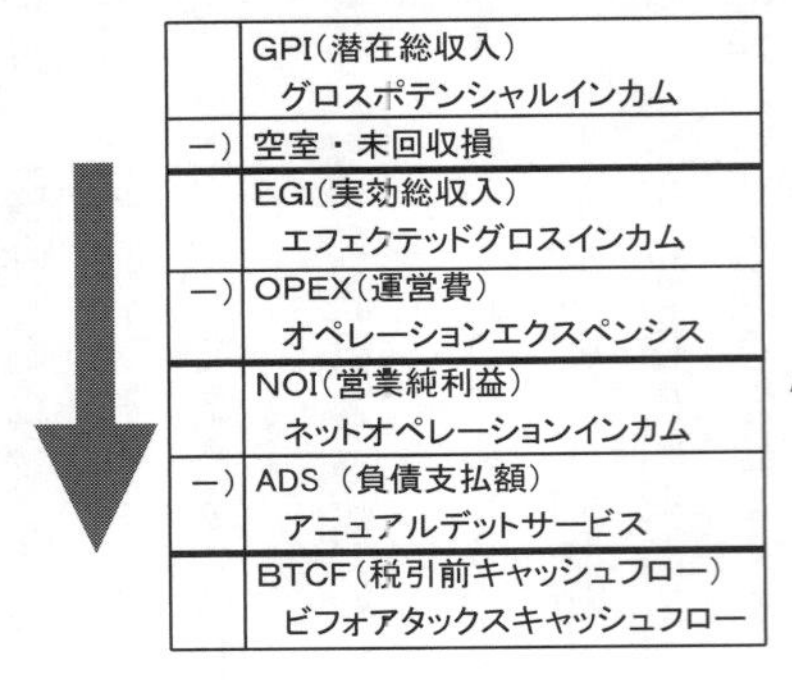

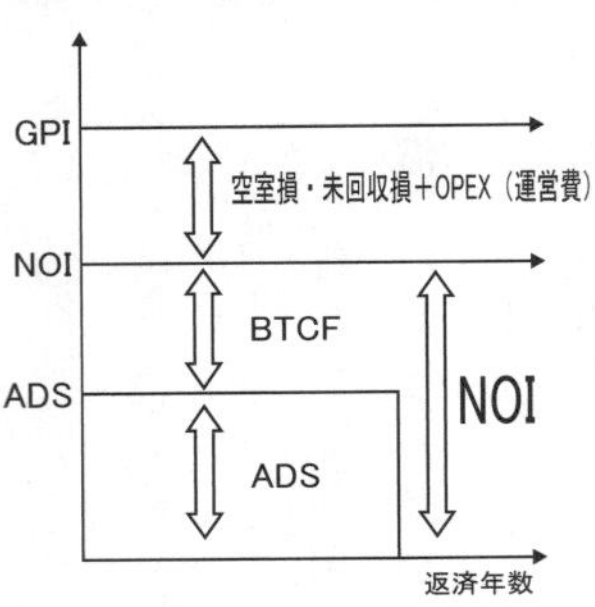

まず投資の総額を明確にする

①物件価格

+)②諸費用

(印紙代・仲介手数料・登録免許税・火災保険・不動産取得税)

+)③修繕費用

(設備・空室リフォーム代・外壁・屋根など)

=)④投資総額

=)⑤借入（ＬＢ）

＋⑥自己資本（Ｅ）

ス）をする場合、１０００万円程度の自己資本（エクイティ＝Ｅ）が必要になります。ところが、仮に自己資本が５００万円を前提で物件探しをされる方にとっては、そもそも５０００万円まで融資を受けられないのであれば、この規模の物件は購入できないということになります。つまり、自分が銀行からどれぐらいまで借りられるのか、ということを先に押さえておかないと、買える物件の上限がわからないのです。

まずは調達可能な融資額を把握したうえで、手元の自己資本をどこまで出せるのかによって、購入を検討できる物件価格の上限額が決まってくるわけです。

相場での収入を計算しておこう

物件購入後に引渡しを受けたその日、賃貸中の物件であったとしても、入居者全員が退去するということもあり得る話です。また、古くから住んでいた方などは今と比較して高い賃料で入居していることもありますので、次の入居者募集時には賃料が大きく下落してしまう等ということもありえます。こうしたケースを事前に想定し、潜在総収入（ＧＰＩ）といって、相場ではいくらで貸せるのかを出しておく必要があります。

そこから、エリアの空室率と未回収損のリスクを控除して実効総収入（ＥＧＩ）を出し、固定資産税や賃貸管理手数料、共用部の光熱費、区分マンションであれば管理費や修繕積立金などの運営費（ＯＰＥＸ）を引いて、初めて営業純利益（ＮＯＩ）がわかります。さらに、銀行からお金を借りている場合は負債支払額（ＡＤＳ）を引いて、税引き前の収入（ＢＴＣＦ）が残るわけです。

当然ながら売り手はなるべく高く売りたいので、利回りをよく見せようと、想定賃料を高くしがちです。しかし、買い手としては、賃貸業者をヒアリングしたり、賃貸系のサイトで相場を調べたりして、相場の賃料で計算する必要があります。

満室想定賃料と潜在総収入の違いは非常に大切です。たとえば、次ページの図のように、４世帯のアパートで、５万円、６万円、７万円で3室が埋まり、残り1室を５万円で募集している場合、満室想定賃料は月23万円、年２７６万円になります。こういう広告図面はよくあります。

しかし、この既存の居住者が部屋を出た場合はいくらで貸せるのか、ということを考えなければいけません。仮に相場賃料が5万円とすると、このアパートの潜在総収入は月20万円、年２４０万円という前提で計算していく必要があります。

身内を住まわせて、高く賃料を取っていることにして、少しでも利回りをよく見せようという「偽装入居」ということも過去にありました。そんなこともあるからこそ、今の居住者が退去した場合に、いくらで貸せるのかが大事なのです。

「満室想定賃料」と「潜在総収入（GPI）」の違い

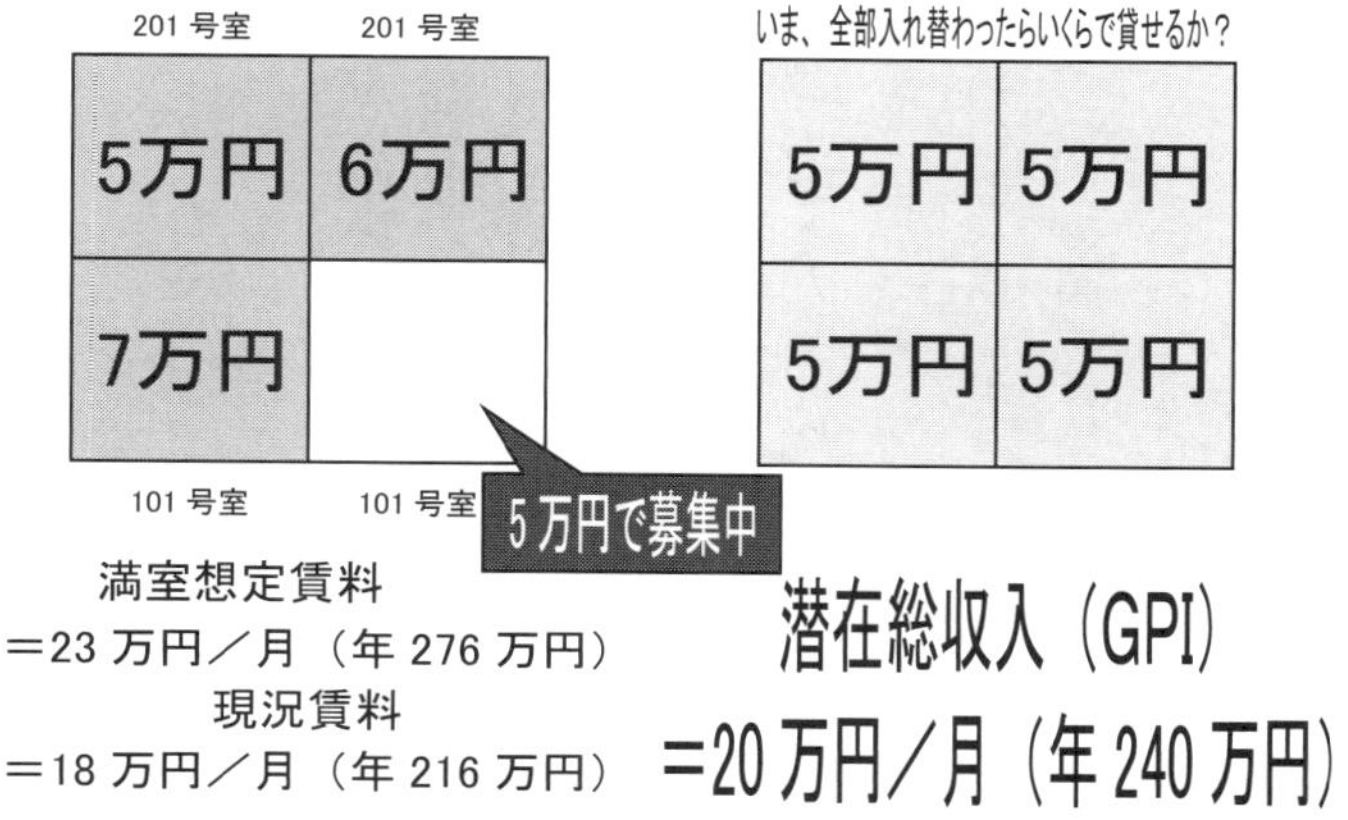

201 号室　201 号室

5万円	6万円
7万円	

101 号室　101 号室

5万円で募集中

満室想定賃料
＝23 万円／月（年 276 万円）
現況賃料
＝18 万円／月（年 216 万円）

いま、全部入れ替わったらいくらで貸せるか？

5万円	5万円
5万円	5万円

潜在総収入（GPI）
＝20 万円／月（年 240 万円）

レントロールの確認

部屋番号	賃料	管理費	備考
101	70,000	3,000	敷金１ヵ月
102	70,000	3,000	敷金１ヵ月
103	70,000	3,000	敷金１ヵ月
105	70,000	3,000	敷金１ヵ月
106	70,000	3,000	敷金１ヵ月
201	70,000	3,000	敷金１ヵ月
202	70,000	3,000	敷金１ヵ月
203	70,000	3,000	敷金１ヵ月
205	70,000	0	敷金１ヵ月
206	70,000	3,000	敷金１ヵ月
合計	698,000	27,000	725,000

（単位：円）

■現地を確認しないと、住んでいないこともある。

■知り合い（偽装入居）を住まわせていることもある。

■古くからの入居者、広告料 300%や、フリーレント２カ月、敷金・礼金ゼロゼロ等で、高めの賃料で入居させていることも。（※退去時の精算基準に問題ないか）

→GPI で考える事が大切。

1階中部屋は避けるのが賢明

新築アパートを企画する際などに賃料設定を考える場合、基本的には日当たりの良い上層階の角部屋を一番高く設定し、そこから順番に低くしていくのが一般的です。

通常は、賃料が一番安いのは1階の中部屋です。他の部屋に比べて入居付けにも苦労しがちなので、区分のワンルームを1戸だけ買いたい場合は、なるべく上の階で日当たりが良いところにするなど、こだわったほうが良いと思います。

未回収損には要注意！

賃料設定をしたら、空室率と未回収損について考えます。

空室率は自分で調べるしかありません。近隣の同じようなアパートを調べる手もありますが、早いのは、同じエリアの物件の稼働率について、管理会社にヒアリングすることです。ほかには、地場の業者に聞くといった方法もありますが、担当者によっては強気や弱気にバイアスがかかっている可能性もあるので、他の情報との整合性をもって検証する必要があります。

家賃滞納による未回収損も見ておきましょう。レストランでお金を払わなかったら通報されますが、家賃の場合、1カ月払わなくても警察はやって来ません。内容証明を送ったり、裁判手続をしたり、追い出すのに1年以上かかる場合もあります。しかも、裁判を起こして、強制執行をすれば、費用が100万円以上もかかってしまうこともあります。

とはいえ、手数料を負担すれば、滞納保証については賃貸管理会社がやってくれることが多いので、リスクヘッジする必要があります。

今は「保証人のかわりに、保証会社が連帯保証するケースもあるので、滞納があっても大丈夫だろう」と言う大家さんもいます。しかし、逮捕・拘留中や、事務所または店舗使用の場合は例外で、裁判費用もオーナー負担ということもあるので、前述の賃貸管理会社の保証内容とあわせて、こちらも注意が必要です。

実態に合う空室率は「賃料ベース」

空室率には、「時点ベース」「稼働ベース」「賃料ベース」があります。

まず、賃料表の現在のところを見て、アパートで10室中1部屋空いている場合、空室率10％で計算するのが「時点ベース」です。

実際、どれほど稼働しているかを見るのが「稼働ベース」です。10部屋ある場合、年間の稼働は12カ月を掛け算した120カ月（10室×12カ月）になります。このうち、空いていた期間が8カ月分あった場合、8カ月÷120カ月で稼働ベースの空室率は6・7％ということになります。

「賃料ベース」は、1年間通して入るべき賃料と、実際に入ってきた賃料から、空室率を割り出す方法です。今はフリーレントという引っ越し時の初期費用を少しでも安く見せようとする入居促進の手法で、「1カ月（以上の場合もある）分の家賃は要らないから入ってください」といったケースがけっこうあるので、これが一番実態に合っていると思います。中古の物件購入を検討する場合には、可能であれば売主側に直近数年分のレントロールを開示してもらうと良いかもしれません。

売る際には、付属書類と広告が肝心

売却するときのことを考えれば、購入時にもらった物件の付属書類（建築確認済証や検査済み証、設計図書など）はしっかり取っておくことをおすすめします。きちんと維持管理されていた物件であるという買い手への心証も良くなりますし、金融機関によっては、それらの付属書類の有無が取組み可否を分けるということもあります。

広告では図面も大事で、間取りは当然ながら、建物外観写真や固定資産税などの支出している運営費（ＯＰＥＸ）も記載したほうが、より買い手の検討スピードを速めてくれるでしょう。

また、自社の顧客で成約したいがために、インターネット広告で同業他社へ情報開示がされていないケースもあるようです。なかなか入居や売却が決まらないときは、しっかり広告されているか、広告に不備がないか確認したほうが良いでしょう。

広告していない空室はチャンスかも

買おうとしている物件が空室の場合、広告をしているのか、していないのかを調べる必要があります。広告をしていても空室になっているのは、その部屋に魅力がないか、設定賃料が高すぎるのか、または他に何か問題があるのかもしれません。

もし広告されていなかった場合、チャンスと見ることもできます。募集していないから空いているだけであって、しっかりした広告で募集をかければ埋まるはず、と確信できれば、前向きに検討してもいいでしょう。しかも、「空室だから、値下げしないと悪いかな」と思う売主も中にはいるので、値下げ交渉をする余地もあります。

頭に入れておきたいのは、空室の理由を尋ねたときに売主が「広告をしていないからですよ」という場合でも、実際にはそうではないことがあるということです。試しにインターネットで検索してみると、普通に募集していて、よくよく調べてみたら、入居者が決まらない理由は、広告のせいではなくマンション自体に何か問題があるというケースもあります。

言われたことを鵜呑みにしないで、自分で調べてみるようにしましょう。

賃貸する場合、鍵の保管場所に注意

賃貸に向けた話になりますが、鍵の貸し出し対応も重要なポイントです。

今でも同様の管理会社さんはいることかと思いますが、賃貸仲介の営業をやっていた時代に「お客様を案内したいので、部屋の鍵はどこにありますか？」と業者に問い合わせた際、「事務所に置いてあるので、ここまで取りに来てください」と言われるケースがよくありました。実際に物件が所在するエリアにある管理会社へ鍵を借りに行くならまだしも、かつて横浜の物件の内見依頼で業者さんに電話したら、「事務所は東京なんですよ。鍵は新宿まで取りに来てください」と、片道1時間かかるのに言われたことがあります。当初は部屋を見てみたいと言っていたお客様も、「それなら結構です」と苦笑いされたものです。

できれば鍵は近くのキーボックスなどで保管して置かないと、物件を案内してくれる業者も「あの管理会社の物件は面倒臭いから紹介するのはやめておこう」といったことが起こってしまいます。

すでに物件を持っているけれども、なかなか空室が埋まらない……こういう場合、ひょっとしたら、鍵をとんでもない場所に置いているということもあり得ます。十分気をつけてください。

物件での貼り紙にも注意が必要です。「ここでたんを吐かないでください」「おしっこしないでください」「痴漢に注意！」といった貼り紙があると、部屋を見に来た人、もしくは購入検討に来た人に対して何だか雰囲気が悪そうなイメージを与えてしまいます。入居マナーに対する注意喚起はできるだけ個別にポスティングするほうが望ましいでしょう。

室内も定期的に確認するようにしましょう。空室の状態が長期間続くと、排水管の封水が切れて、部屋まで匂いが逆流してくることもあります。

自販機などの雑収入も考える

不動産投資では、家賃収入以外にも、ほかに雑収入を得ることも考えましょう。敷地内に自動販売機やコインランドリー、駐車場、バイクガレージ、看板、中継局アンテナ、太陽光発電などを併設できるのであれば、賃料収入以外の雑収入を得ることができます。

このうち、最も頭に浮かびやすいのは自動販売機ですが、最近、設置条件が厳しくなってきています。背景には、コンビニの安くて味のいいコーヒーに顧客を奪われ気味で、自動販売機の缶コーヒーが売れなくなっていること等もあるようです。

しかし、ロケーション的に問題がなければ、このあたりに設置できないかと、自販機業者に聞いてみると良いでしょう。設置が可能であれば、自販機収入を継続的に上乗せすることができます。ほかにも、何らかの雑収入を取れないか、探ってみても良いでしょう。

固定資産税と都市計画税について知っておきたい

不動産を所有すると、運営費（ＯＰＥＸ）がかかります。いったい、どういったことにお金がかかるのでしょうか。

まず、維持費で大きなものは固定資産税と都市計画税です。たとえば、車を所有していると自動車税がかかり、毎年４、５月くらいに支払わなければいけません。不動産を持っていても同じです。地方自治体によって若干ずれはありますが、やはりそれくらいのタイミングで、固定資産税と都市計画税の納税通知書が届きます。

中古物件の購入を検討される場合には、売主側の仲介会社に「今年の固定資産税の納税通知書の写しをください」と依頼するのが良いでしょう。そこに金額が載っているので、運営費（ＯＰＥＸ）としてどれだけかかるかがわかります。

賃貸管理手数料を正確に把握する

賃貸管理手数料も、運営費（ＯＰＥＸ）の１つです。どこの管理会社に部屋の管理を任せるかによって違いますが、だいたい滞納保証付きで５％から７％ぐらいです。サブリース、空室保証の場合は10％から20％の手数料を取られる場合があります。

1棟アパートや1棟マンションでは、ＢＭ費用がかかります。これはビルメンテナンス費用、ビル・マネジメント費用とも呼ばれます。消防設備点検や、受水槽があるマンションでは受水槽法定点検や定期清掃、エレベーターがある場合は保守点検費用なども必要になります。

木造アパートよりも、1棟ＲＣ造マンションのほうが受水槽やエレベーターなどの機械設備が多いので、運営費（ＯＰＥＸ）は多めにかかります。こうした機械設備のなかでは、機械式駐車場は相当大きな金額が必要になります。

共用部分の光熱費や、散水栓にかかる費用なども必要で、区分マンションの場合は、マンションの管理会社への管理費や管理組合に積み立てる修繕積立金もかかります。

中古の区分ワンルームやアパート、1棟ＲＣ造マンションの購入を検討されているのであれば、「管理手数料はいくらですか？」と仲介会社や管理会社にヒアリングするのが良いでしょう。また、管理状態や入居状況が悪いなど問題がある場合は、管理会社を変えることをおすすめしますが、なかには簡単に管理を解約できない契約になっていることがあります。事前に今の所有者と管理会社との管理業務委託契約書を確認するようにしましょう。

手数料はいくらなのか、どういう契約を交わしているのか、解約するための条件など、そのあたりを確認しておくことが大事です。

ちなみに、当社グループ会社でもある管理会社のシーエフビルマネジメントの場合、無期限の滞納保証付き賃貸管理で7％の手数料をいただいています。無期限の滞納保証ですから、不良入居者や滞納者などの明け渡しに関する費用も、当社で負担させていただくことになります。そして、当社に管理をお任せいただいている会員の皆様は、通常の入居者管理・建物管理のみならず、さまざまなサービスを受けていただくことが可能です。それは、社内に弁護士・税理士・建築士・不動産鑑定士などの各士業が多数在籍している当社ならではの強みと考えています。もちろん、ご相談の内容によっては、私たち、不動産のプロであるＣＰＭやＣＣＩＭなどの国際ライセンスを保有するコンサルタントと社内の各士業が連携して、会員の皆様のご相談事に対応させていただくこともあります。各管理会社によってサービス内容はさまざまですが、管理手数料は単純にパーセンテージだけではなく、どのような付加価値が込められているのかを、管理会社選定の際には考えてみてください。

メンテナンスや植栽にも費用がかかる

ビルメンテナンス費用に関して1棟マンションの場合、東京都内で価格2億円以下の規模ぐらいのマンションなら、エレベーターがない前提で、受水槽の法定点検費用や日常清掃などを含めると、3万5000円から4万円程度です。もちろん、清掃頻度や清掃時間を長く確保したりすると費用はかさんでいきますし、機械設備が増えると点検費用も増えていきます。

また、地域によっては、アパートを新築すると、条例によって建物周りに植栽しなければいけないことがあり、これにもけっこう剪定や清掃などの維持費用がかかります。

ゴミ出しにも注意が必要です。以前、取引しようとした中古アパートの敷地内にゴミ置き場があったものの、実は収集車が回収には来てくれていなくて、管理会社が近隣のゴミ捨て場までゴミを捨てており、別途そのためのコストがかかっていた、という事例もありました。また、敷地内にゴミ捨て場がない場合は、近隣のどこにゴミを捨てているのか確認しておくことも大切です。単身者タイプの物件の場合、ゴミ出しのマナーで近隣とトラブルになるケースも多いため、新築アパートを企画する場合、可能であれば敷地内にゴミ置き場を設置したいところです。なお、木造の1棟アパートの場合、一般的には受水槽がないので、もう少しビルメンテナンス費用は低くなります。

掃き清掃と拭き清掃を月2回、1時間から1時間半ほどしてもらい、消防設備点検もしてもらった場合、平均で月1万5000円前後になります。清掃はもっと多くしたい、週に1回は入れたいといった場合は、もちろん費用がかさんでいきます。

OPEX比率を割り出してみよう

固定資産税、都市計画税、納税通知書については、実際の税額が載っている公課証明書や納税通知書をもらえればいいのですが、評価証明書しかもらえない場合もあります。

評価証明書とは、税金の元となる土地と建物の評価額金額が載っている書類です。この書類から、税金を計算することもできます。計算式については国税庁のホームページでも確認できますので参考にしてみてください。

ここまで運営費（OPEX）の項目について触れてきましたが、物件の種類（区分・アパート・マンション）や立地によって運営費比率は異なってきます。比較検討するためにも、運営費比率を把握することは大切です。これがその計算式なので、参考にしてください。

運営費（OPEX）÷潜在総収入（GPI）＝運営費比率（OPEX比率）

木造とRC、どちらを選ぶか

運営費がどう違ってくるのか、規模の小さな1棟マンションと1棟アパートを比較してみましょう。

次のページの上の図のように、価格や表面利回り、グロスの収入も同じだとします。しかし、運営費は異なり、たとえばマンションだと受水槽があることがほとんどなので、法定点検費がかかります。これに対して、木造は低層が多く2階・3階部分を直結して水道水が出るので、マンションでは必要とされる、この部分のメンテナンス費用がかかりません。

こうしたことから、このマンションの運営費は120万円と、アパートよりも70万円も多くかかってしまいます。これが響いて、営業純利益（NOI）もアパートよりもだいぶ低くなり、ネットの利回り（NOI÷購入価格）も1％以上低くなっています。

実際に、「希望はRCだけど、予算的に1億円はちょっと厳しいので、5000万円程度のRCにしようかな」といった場合、運営費を計算してみると、運営費比率が高く実質利回りが低くなることから、コスト倒れしてしまうケースがけっこう多くみられます。

規模が大きくなると、運営比率は下がる

次に、物件の規模によって、どのように運営費が変わるのか。ともにRC造の1棟マンションで、5000万円と1億円の2つのタイプを比較してみましょう。

表面利回りは同じ7％で、規模が2倍なので収入も2倍になっています。しかし、運営費は

■構造によって異なる運営費

規模の小さい１棟マンションと同価格１棟アパートの比較

１棟アパート	5,000 万円物件	１棟マンション
GPI　350 万円	表面利回り 7%	GPI　350 万円
EGI　332.5 万円	空室損　5%想定	EGI　332.5 万円
50 万円	OPEX	120 万円
NOI　282.5 万円		NOI　212.5 万円
5.65%	ネット利回り	4.25%

※固定資産税、受水槽設備やエレベーター等のコスト負担が大きいマンションは、規模が小さいと実質利回りを下げる原因となる。そのため、１棟マンションの場合、ある程度の規模の大きさがないと、相場並みの利回りで取得したとしてもコスト倒れしてしまう危険性が高い。

■規模が拡大すると下がる運営費率

5,000 万円の１棟マンションと１億円の１棟マンション比較

5,000 万円	１棟マンション	１億円
GPI　350 万円	表面利回り 7%	GPI　700 万円
EGI　332.5 万円	空室損　5%想定	EGI　665 万円
120 万円	OPEX	160 万円
34%	運営費比率 (OPEX÷GPI)	23%
NOI　212.5 万円		NOI　505 万円
4.25% ―	ネット利回り	⟶ 5.05%

※物件規模が大きくなることで、運営比率が下がる。単純に規模が倍になったからといって、運営比率までは倍にならない。となると、１棟マンションの場合、機械設備が多く運営比率が高くなりがちのため、一定規模以上でないと採算が合いづらい。

2倍になっていないところに注目してください。実は規模が大きくなっていくと、運営費比率は下がっていくのです。このため、ネットの利回りも、5000万円のマンションより1億円のもののほうが大きくなっています。

これに対して、規模が小さいと運営費比率が高くなるため、購入時の自己資本比率が低い場合、どうしてもコスト倒れしがちになってしまいます。最近のRC造は、ある程度規模が大きくないとコストを賄い切れないというのが相場観です。それくらい1棟マンションの価格が上昇していて、販売時の利回りが下がっているため物件をよく吟味しないと、運営費を払うとキャッシュフローが残らないような物件をつかんでしまうことになります。

不動産投資の大原則「V＝I／R」

運営費（OPEX）の洗い出しができると、それを実効総収入（EGI）から引くことにより、初めて営業純利益（NOI）が出ます。現金で買っていれば、もしくはローン完済できれば、税引き前のキャッシュフロー（BTCF）とイコール（NOI＝BTCF）です。しかし、銀行からお金を借りていると、次はお金を返さなければなりません。それで初めて、税引き前のキャッシュフローが出ることになります。

この営業純利益（NOI＝ネットの収入）を出す流れとあわせて、ぜひ知っておいていただ

不動産投資における大原則

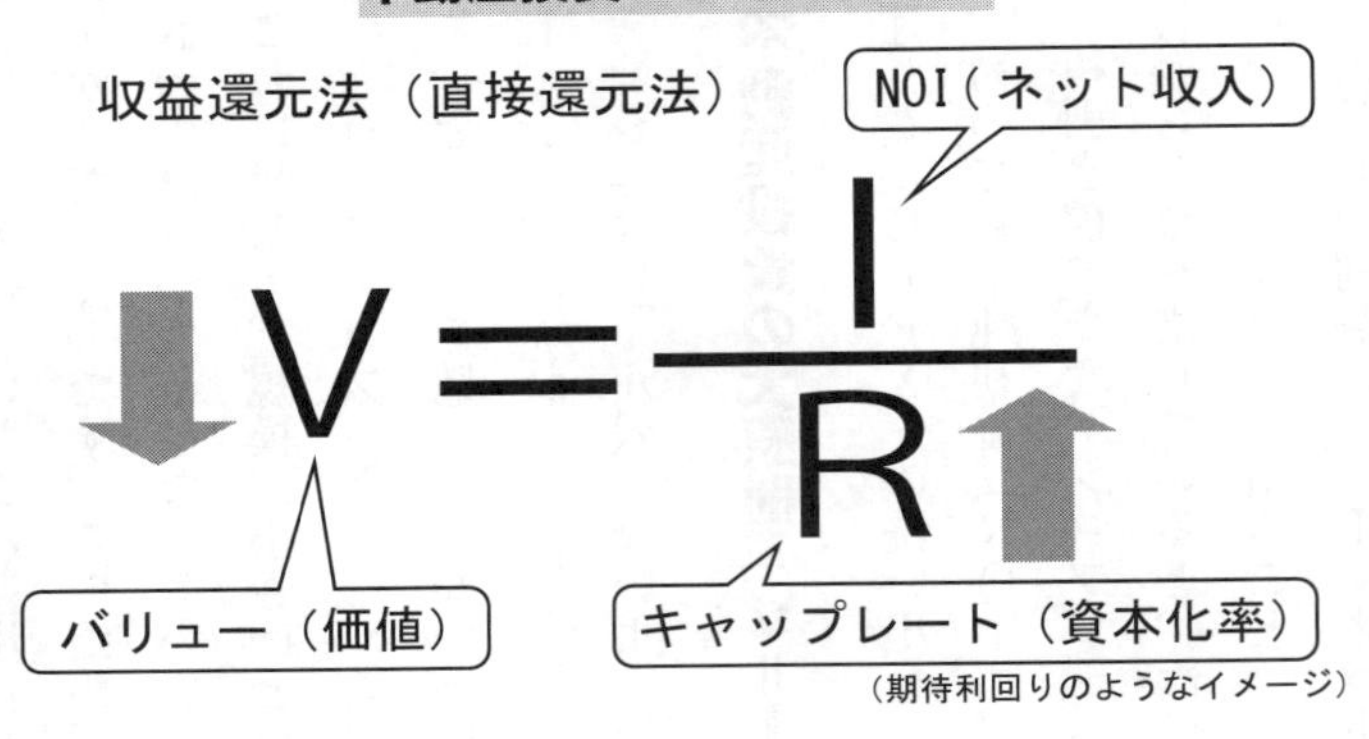

きたいのが、不動産投資における大原則である収益還元法（直接還元法）です。

その瞬間の不動産の価値を出す「V＝I／R」という計算式があります。たとえば、このアパートは今、いくらが適正価値なんだろうと思ったとき、この計算式で出すことができます。

そのエリアごとによる投資家が求める期待利回りをキャップレートといいますが、これは取引の積み重ねによって形成されていくもので、リスクの高いエリアほど求められるキャップレートは高くなり、リスクの低いエリアほどキャップレートは低くなりがちです。これから不動産投資を始めようとされる方の中には、利回りの高い不動産を購入することが目的になってしまう方も多いかもしれませんが、利回りにはリスクが反映されているということを理解する必要があります。そして、このエリアでは今、同じような物件の取引相場はどうなっているのか、どれくらいの価格で購入するのが適正なのか。どれくらいの金額で売却できそうなのか。こういったことを調べるとき、購入予定または売却予定の物件の営業純利益（ＮＯＩ＝ネットの収入）をキャップレート（資本化率＝相場の期待利回り）で割ると、適正な購入価格や売却想定価格が見えてくるわけです。この計算式はぜひ覚えておきましょう。

「ＬＴＶ１００％」、全額融資もありえる

不動産購入価格に対する借入金の割合を示すＬＴＶ（ローン資産価値比率）という不動産投資指標があります。要するに、物件金額に対して、お金を何％借りるのかということです。このＬＴＶは金融機関の融資状況によって変動しますが、金融機関によっては、以前は90％が上限だったのが、最近では１００％融資というケースも珍しくなくなってきています。

わかりやすく言うと以前は、たとえば1億円の物件に対して９０００万円まで貸してくれていたのが、融資を受ける方の属性（勤務先や年収、資産背景など）に影響を受けることにはなるものの、今では1億円の融資を全額受けられる場合があるということです。

図解すると

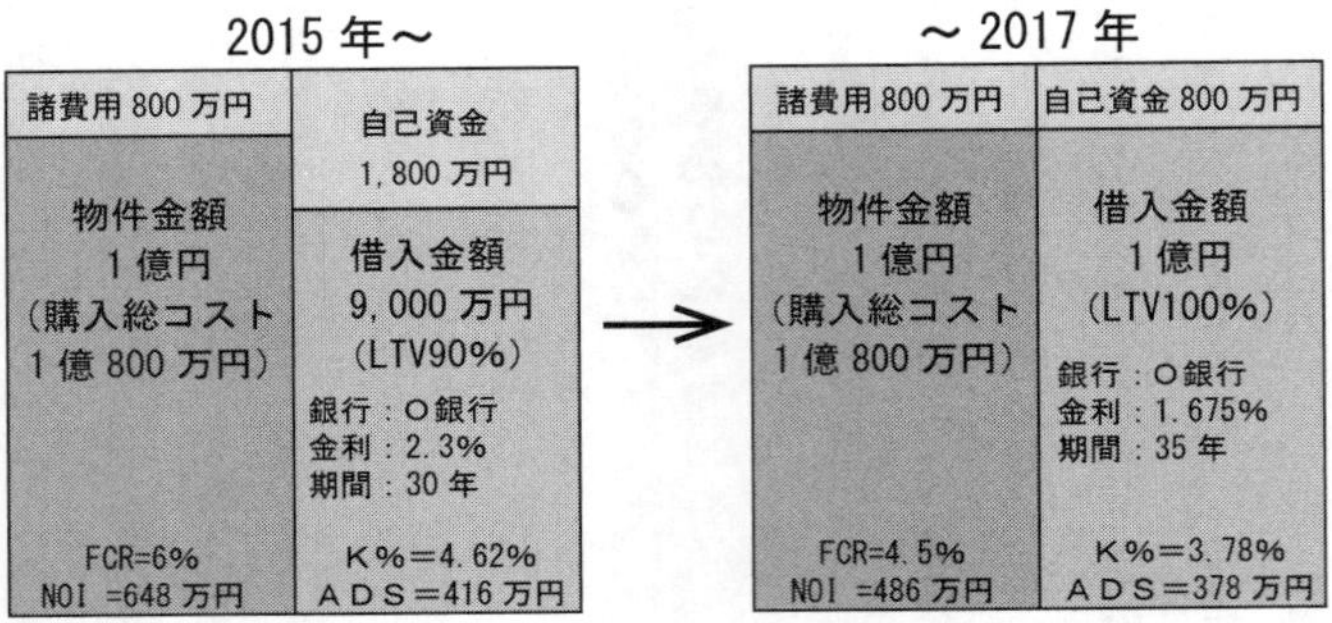

2015年～

諸費用800万円	自己資金 1,800万円
物件金額 1億円 (購入総コスト 1億800万円) FCR=6% NOI =648万円	借入金額 9,000万円 (LTV90%) 銀行：O銀行 金利：2.3% 期間：30年 K%＝4.62% ADS＝416万円

NOI 648万円
ADS 416万円
BTCF 232万円／E1,800万円＝CCR 12.9%

→

～2017年

諸費用800万円	自己資金800万円
物件金額 1億円 (購入総コスト 1億800万円) FCR=4.5% NOI =486万円	借入金額 1億円 (LTV100%) 銀行：O銀行 金利：1.675% 期間：35年 K%＝3.78% ADS＝378万円

NOI 486万円
ADS 378万円
BTCF 108万円／E800万円＝CCR 13.5%

DCR(NOI/ADS) も
考える必要がある。

DCR 1.56　　DCR 1.29

もっと具体的に、前ページに掲載した図の具体例のように、1億円のアパートを買おうとした場合で考えてみましょう。

LTV90%だと、頭金の1000万円に諸費用800万円を加えて、計1800万円の自己資本が必要でした。しかし、LTV100%なら、1億円の物件に1億円のローンがつくので、諸費用分の800万円の自己資本で取得できるということになります。つまり、融資条件が緩和されLTVが高くなると、比較的少額の自己資本で取得できるようになるため、投資家の購入意欲も高くなってきます。そうすると、売主側からすれば比較的売却しやすくなるため、それに伴い販売価格も上昇してしまいます。

たとえば、先ほどの1億円の物件を前提にすると、ある金融機関では数年前に必要な自己資金は1800万円。当時の私たちの取引データをもとに、FCRで6%を想定すると、ネットの収入（NOI）は648万円。9000万円を2・3%の30年返済で融資を受けたとすると、金融機関への年間返済額（ADS）は416万円。この金額を引くと、税引き前キャッシュフロー（BTCF）で232万円になります。

そのキャッシュフローを、1800万円の資本金で割り戻したのが自己資本利回り（CCR）となります。

昨今、物件の種類（区分・アパート・マンション）やエリアにもよりますが、東京においては利回りは低下傾向にあります。たとえば3年前と比較しても、FCRにおいては6％前後で取引できていたものが4・5％前後ぐらいになってきています。FCR4・5％前提であれば営業純利益（NOI）は486万円。ただし、3年前当時はLTV90％が上限で借入れが9000万円だったのが、LTV100％が可能になり、物件価格1億円に対して1億円の100％ローンが可能となっています。かつ、金利は1・67％で、最長35年（新築木造アパートという前提）という融資規定へと緩和されたので、借入額は9000万円から1億円へと増えたものの年間返済額（ADS）は下がるということになります。

返済が378万円なので、税引き前キャッシュフローは108万円。キャッシュフロー自体は下がっていますが、自己資金が800万円で済んでいるのがポイントで、自己資金のCCRでは13・5％に上がっています。とはいえ、融資条件や取引相場というものは常に変動するものということを理解する必要があります。

直近の事例では、この金融機関の金利は少し上昇し、LTVも以前ほど100％の案件は減ってきているようです。

そして、営業純利益（NOI）が返済（ADS）に対して何倍あるかという指標「DCR（負債支払い安全率）」も考える必要があります。

2017年の事例の場合、NOI486万円をADS378万円で割った1・29がDCRです。初めての投資の場合は、基本的に１・３は確保していただきたいと考えます。

キャップレートを把握しておく

最近はチラシや営業電話による売却の勧誘が本当に多くなっており、あの手この手で売却させようと営業活動をされている不動産会社さんもいるようです。融資が付きやすい市況になってくると、買いやすさ、売りやすさがあって、当然ながら値段が上昇して、利回りが下がってきます。

こうしたなか、把握しておきたいのは、購入や売却を検討しているエリアの直近のキャップレート（還元利回り）の目線の推移です。キャップレートは、営業純利益を不動産の取引価格で割り戻して出します（ＮＯＩ÷取引価格）。

過去の取引を振り返ってみると、エリアによって若干異なるものの東京都内においては、２０１３年ごろには中古のワンルームのキャップレートが６％前後でした。それが今では３・５％から４・５％まで下がっており、なかにはもっと低い利回りで取り引きされることもあります。タイプ別にみると、新築アパートは６％から６・５％でしたが、今では４％から５％。中古アパートは７％から８％でしたが、今では５％から５・５％、中古ＲＣ造マンションは５・５％～６％前後でしたが３・５％～４・５％という感じに、全体的に利回りが下がっていることを取引実務の現場で体感しています。

この傾向を知ると、「今は買いたくない」と思う人が多いかもしれません。しかし、しっかり投資分析ができないと、どんな市況の時にでも、やはり割高でも買ってしまいます。その逆に、全体的に相場が上がり、利回りが下がっているなかでも、割安で買っている人はいるわけです。

どのような相場のなかでも、現状を分析することにより、なるべく出口で損をしないような物件を取得したいものです。大切なのは、物件をしっかり見極めること。確かな投資分析ができることによって、価格に惑わされずに、良い物件を取得できる可能性が高まります。

データで見てもマンション価格は上昇傾向

不動産データの鑑定会社によるデータを紹介しましょう。東京23区内の区分マンションの価格は、2013年から2014年にかけて5・2%、2014年から2015年にかけて13%、2015年から2016年にかけて10・6%と、すごい勢いで上がっています。大阪でも2015年から2016年にかけて8・2%とかなり上昇しています。実際にデータで見ても、やはり区分マンションの価格はかなりの上昇傾向にあるわけです。

では、賃料も比例して上がるかというと、またこれは違う問題です。日本の法律では、すぐに家賃を上げるのはなかなか難しいので、価格が上がれば利回りが下がっていく傾向にあります。

売り手はもちろん高く売りたいので、問い合わせを受けやすいように、いろいろなところに広告を載せて、チラシを回して、物件の情報を流通させるようにしています。こうした広告やチラシを見ながら、「このあたりだと無理だな」「これぐらい価格が下がらないと」などと電卓を叩きながら相場などを見ながら分析に慣れることも大切です。

適正売却金額はキャップレートで決まる

営業純利益が同じでも、キャップレートが異なる場合、その不動産の適正な売却金額は違ってくることを知っておきましょう。

たとえば、2013年に営業純利益が60万円になる1000万円の区分マンションを購入できていた場合、キャップレートは6％となります（NOI60万円円÷価格1000万円）。その後、全体的に相場が上がり、2017年にはそのエリアのキャップレートも4％まで下がりました。売却想定金額は営業純利益をキャップレートで割り戻すと出ます（V＝I／R）。この1000万円で購入した区分マンションは、営業純利益60万円÷キャップレート4％＝1500万円（V）というわけで、今の売却想定金額は1500万円ということになります。ですから、やはり直近のキャップレートの把握は大切なのです。

とはいえ、日本において、一般の個人投資家が投資するようなエリアのキャップレートは未整備なため、なかなか情報の取得が難しいのが実状です。キャップレートの情報を入手するには、不動産投資に詳しい業者を何社かヒアリングするのも良いですが、当社の会員様向けのサービスにも、メールでの物件配信やＦａｃｅｂｏｏｋなどのＳＮＳを活用した収益物件下見速報がありますので、そちらで各エリアの投資物件のキャップレート情報に触れていただくのも良いかもしれません。

税引き前のキャッシュフローを洗い出そう

銀行からお金を借りると、ローンを返さなければなりません。負債支払額（ＡＤＳ）は借入額と金利と返済期間で決まります。今はローンの返済を計算してくれるサイトがいろいろあるので、すぐに調べることができます。１億円を金利１％の返済期間35年で借りた場合、月々いくら、年額いくらの返済となるか、といったことをすぐに計算してくれます。

負債支払額（ＡＤＳ）が確定して初めて、税引き前のキャッシュフローがわかります。

昭和60年築、10世帯、５０００万円の中古木造アパートで考えてみましょう。

具体的な計算（１棟物件）…BTCF

■物件概要　10 世帯木造アパート（昭和 60 年築）
■販売価格　5,000 万円
■諸経費　400 万円
■購入総コスト　5,400 万円
■借入　4,500 万円（LTV90%）
■自己資金　900 万円
■融資条件　4.3%・返済期間 30 年
■現況賃料　480 万円（年間）
■相場賃料　450 万円（年間）
■空室率　5%（滞納リスクは管理会社負担）
■ＯＰＥＸ（運営費）　65 万円（年間）

	ＧＰＩ（潜在総収入）	37.5 万円 ×12 カ月＝450 万円
ー）	空室・未回収損	450 万円 ×5%＝22.5 万円
	ＥＧＩ（実効総収入）	450 万円ー22.5 万円＝427.5 万円
ー）	ＯＰＥＸ（運営費）	65 万円
	ＮＯＩ（営業純利益）	427.5 万円ー65 万円＝362.5 万円
ー）	ＡＤＳ（負債支払額）	22 万 2,692 円 ×12 カ月＝267 万円
	ＢＴＣＦ（税引前キャッシュフロー）	95 万 5,000 円

まず、投資総額と資金計画を明確にすることが大切です。

銀行から借りられるのは４５００万円。諸費用が４００万円かかるので、９００万円の自己資金が必要です。融資条件は金利４・３%、返済期間は30年で、金融機関へ返済するのは２６７万円ということになります。

現況賃料は、相場の４５０万円よりも高い４８０万円ですが、この差額分はボーナスみたいなものだと思って、入り続けたらラッキーといった程度に捉えていたほうが良いでしょう。実際のキャッシュフローツリーは相場賃料の４５０万円で試算していくことが大切です。

空室率については、何社か管理会社をヒアリングして、このタイプのワンルームなら５%前後という情報を入手したので、５%に想定しています。潜在総収入

（ＧＰＩ）からこの空室リスク分の22万５０００円を引くと、実効総収入（ＥＧＩ）が４２７万５０００円になります。

ここからさらに控除する必要があるのは、固定資産税、都市計画税、賃貸管理手数料、ＢＭ費用、日常清掃、消防設備点検、共用部光熱費です。こうした運営費（ＯＰＥＸ）を洗い出すと65万円でした。この金額を引くことによって、初めて営業純利益（ＮＯＩ）が出ます。

営業純利益（ＮＯＩ）３６２万５０００円から、負債支払額（ＡＤＳ）２６７万円を引くと95万５０００円。これが税引き前のキャッシュフロー（ＢＴＣＦ）となります。

関係する数字を拾い出して、こういった流れで計算していきます。相場ではいったいいくらで貸せるのか、というスタートのところを間違えると、全然違う結果となってきますので注意が必要です。

税金の流れを知っておきたい

不動産投資をする場合は、税金のことも考えなければいけません。

不動産を個人で持つと、個人事業主ということになるので、1月～12月までの収益や経費を翌年の2月～3月に確定申告をして、4月末ぐらいには税金を納める必要があります。このため、税金はどれぐらいなのかというところを計算できるようにならなければなりません。

買ったのは良いが、出ていく税金のほうが大きかった……ということも実際にはあり得ます。

キャッシュフローの計算と、税金を計算する軸は別です。税金を計算する軸としては、経費を引いた営業純利益から、銀行に対するローン返済分の利息を引くことができます。元利均等返済の場合、最初は利息の割合のほうが大きく、後になればなるほど小さくなっていきます。このため、控除できる部分がどんどん少なくなっていきます。また、ローン返済の利息以外にも、税金の計算上、控除できるものがありますので順次見ていきたいと思います。

減価償却、専従者給与控除、ローン利息がポイント

次に、減価償却について説明します。不動産は、土地と建物に分かれます。たとえば、先ほどの5000万円のアパートの場合、中古なので建物は仮に1000万円としましょう。この場合、土地が4000万円ということになります。

建物はだんだん古くなっていくので、価値が下がっていく分、実際に支出になるわけではないけれども、これを経費として認めてあげよう、というものが減価償却です。

また、青色申告の届け出を税務署に提出すると、10万円の青色申告特別控除を認めてくれま

税引き「後」CF（ATCF）

キャッシュフローツリー

	GPI（潜在総収入）
―）	空室・未回収損
	EGI（実効総収入）
―）	OPEX（運営費）
	NOI（営業純利益）
―）	ADS（負債支払額）
	BTCF（税引前キャッシュフロー）
―）	納税額
	ATCF（税引後キャッシュフロー）

税金の計算

	NOI（営業純利益）
―）	ローン利息
―）	減価償却費
―）	青色申告特別控除 （10万円 or 65万円）
―）	専従者給与 （103万円以下の設定が多い）
	課税不動産所得
×）	税率 （所得次第）
	納税額

す。もし所有している物件の数が5棟または10室以上の事業的規模の場合には、貸借対照表を作成するなどの要件を満たすことにより、65万円の控除を認めてくれます。

また、専従者給与というものがあります。事業的規模になると、税務署に届け出て、たとえば不動産大家業を奥さんに手伝ってもらって給与を払えば、その分を経費化することができます。これを「専従者給与控除」といいます。

こうして初めて、課税対象となる不動産所得がはっきりします。それに税率を掛けて納税額が決まり、税金が引かれることにより、税引き後のキャッシュフロー（ATCF）がわかるというわけです。

減価償却については、より詳しく知っておくべき！

減価償却は重要なので、もっと具体的に説明しましょう。

ひと口に不動産といっても、木造や軽量鉄骨造、ＲＣ造といった、さまざまな工法があり、減価償却の期間はそれぞれで異なっています。次ページに計算式を載せているので、チェックしてください。

たとえば、先ほどの昭和60年築の木造アパートの場合、木造の法定耐用年数が22年なので、もう10年以上前にその年数を超えています。そうすると、償却期間経過後の物件は、「法定耐用年数22年×０・２」なので４・４。端数は切り捨てられるので、４年が減価償却期間ということになります。つまり、この建物１０００万円部分を４年かけて経費として計上してかまわない、というのが減価償却費の考え方です。

減価償却期間４年の減価償却率については、減価償却率表というものをみれば細かくわかりますが、「１÷減価償却期間」で手早く出すこともできます。この木造アパートの場合、「１÷減価償却期間４年」なので、減価償却率は０・25％。１０００万円×０・25％＝２５０万円が毎年の減価償却費です。

まとめると、営業純利益（ＮＯＩ）３６２・５万円から控除できる減価償却費が２５０万円。

減価償却費とは？

購入価格のうち、建物価格分は、取得した時に全額必要経費になるのではなく、その資産の使用可能期間の全期間にわたり分割して必要経費となる。平成10年4月1日以後に取得した建物の償却方法は、定額法のみとなり、毎期均等額の減価償却費用を計上する方法となる。

	ＮＯＩ（営業純利益）
ー）	ローン利息
ー）	減価償却費
ー）	青色申告特別控除 （10万円　or　65万円）
ー）	専従者給与 （103万円以下の設定が多い）
	課税不動産所得
×）	税率 （所得次第）
	納税額

減価償却期間は何年？（建物）

- 木造22年
- 軽量鉄骨3mm厚以下19年
- 軽量鉄骨3mm超27年
- 重量鉄骨34年
- ＲＣ47年

見積もり耐用年数（耐用年数省令3(1)）＝（法定耐用年数ー経過年数）＋（経過年数×0.2）

※償却期間経過後の物件は法定耐用年数×0.2

※１÷減価償却期間＝定額法の償却費

そして借入れ４５００万円の利息は、金利４・３％の返済期間30年だと、初年度は１９２万円となりますので、その金額も控除できることになります。あとは専従者給与控除を使うかどうかです。

建物金額を大きくするよう、購入時に交渉

減価償却費で不動産所得を圧縮できるのなら、建物価格をなるべく大きくしたい、と考える投資家は多いです。こうした場合、契約前に増額交渉を行うことも有効です。

たとえば、売買契約５０００万円で売主が個人の場合、現実的な範囲にはなりますが、多めの減価償却費が確保できるような建物金額の内訳を売買契約書に載せてもらえないか、と交渉する手があります。

では、売主が課税業者でもなく売買契約書に土地建

物の内訳を明記しない場合、個人が確定申告で税金の計算をする際の土地と建物の比率はどのように決められるのでしょうか？　内訳を決めずに「売買価格5000万円」などと、売買契約書を作った場合、確定申告に向けて、「減価償却の対象となる建物の内訳をどうしたらいいのか？」とよく質問されますので、ご紹介しておきます。

評価証明書の按分割合で決めるのが一般的だが

内訳をつけるには、何らかの根拠が必要になります。よく使われるのは、評価証明書の按分割合です。評価証明書というのは、固定資産税の元となる登録価格が載っている書類で、役所で入手できます。

たとえば、土地の登録価格が2000万円で、建物の登録価格が500万円だった場合、建物比率は20％になります。この物件の売買金額が1億円だとしたら、建物比率の20％を掛けた2000万円を建物価格として減価償却していくのが一般的です。

しかし、これは別に「こうしなさい」と税務署が決めているわけではありません。青色申告会などでは、この方法を勧められることが多いのですが、必ずしもこれでやらなければいけないわけではありません。

建築価格表をみて、再建築する場合の1㎡当たりのコストを採用する方法もあります。平成元年築の木造アパートの場合、1㎡当たり12万3100円なので、100㎡なら1231万円。建物金額をより多く取れる場合には、この方法を採用される方もいます。重要なのは、その建物金額を算出した数字の根拠が必要ということです。

税金計算で所得がマイナスになると、当然、税金はかからない

専従者給与についても、より詳しく知っておきましょう。奥さん等にも手伝ってもらって給料を払い、経費化して所得を圧縮する方法です。

所得税の対象外になるのは103万円以下の所得です。注意が必要なのは、この専従者給与を届け出ると、夫の扶養から外れて、配偶者控除を使えなくなることです。配偶者控除は現在38万円ですから、どちらを選択するのが得なのか、計算して照らし合わせる必要があります。

5棟10室以上の事業的規模で物件を所有されている方になると、青色申告特別控除の65万円に加えて、専従者給与を使うことも可能になります。

これまで何度か登場した、5000万円の中古木造アパートを例にして、具体的に計算してみましょう。営業純利益（NOI）の収入から、ローン利息、減価償却費、青色申告特別控除、専従者給与を引くと、マイナス247万5000円という課税不動産所得が出てきます。これがマイナスになると、税率が何%だろうが不動産所得部分には税金はかかりません。

具体的な計算（１棟物件）…ATCF

具体的な計算（1 棟もの）…ATCF

■物件概要　10 世帯木造アパート（昭和 60 年築）
■販売価格　5,000 万円（土地 4,000 万円・建物 1,000 万円）
■諸経費　400 万円
■購入総コスト　5,400 万円
■借入　4,500 万円（LTV90%）
■自己資金　900 万円
■融資条件　4.3%・返済期間 30 年
■現況賃料　480 万円（年間）
■相場賃料　450 万円（年間）
■空室率　5%（滞納リスクは管理会社負担）
■ＯＰＥＸ（運営費）　65 万円（年間）

	GPI	37.5 万円 ×12 カ月＝450 万円
ー）	空室率	450 万円 ×5%＝22.5 万円
	EGI	450 万円－22.5 万円＝427.5 万円
ー）	OPEX	65 万円
	NOI	427.5 万円－65 万円＝362.5 万円
ー）	ADS	22 万 2,692 円 ×12 カ月＝267 万円
	BTCF	95 万 5,000 円
ー）	納税	0 万円
	ATCF	95 万 5,000 円

減価償却期間
(~~22 年－26 年~~)＋(22 年 ×0.2)
建物価格 1,000 万円 ×0.25（1÷4 年）＝250 万円

	ＮＯＩ	362.5 万円
ー）	ローン利息	192 万円
ー）	減価償却費	250 万円
ー）	青色申告特別控除	65 万円
ー）	専従者給与	103 万円
	課税不動産所得	▲247.5 万円
	税率（所得次第）	0 万円
	納税額	0 万円

※土地取得に係る利息及び、青色申告特別控除は赤字所得部分は控除できません。

個人名義で物件を買っている場合、不動産所得は総合課税となりますので、ほかの給与所得や事業所得などと不動産所得のマイナス部分が相殺されることになりますので、ほかの所得で税金を払っていれば、逆に還付を受けることができます。

この仕組みを最大限活用するために大きな建物金額を確保できれば短期間で多くの減価償却費を計上できる法定耐用年数の過ぎた中古の木造アパートを節税用に購入し、4年間の減価償却を使い切ってから売却するといった、所得を圧縮する方法もあります。

青色申告で、赤字所得部分は控除できない

不動産所得がマイナスになった場合、土地所

得にかかる利息、および青色申告特別控除は、赤字所得部分は控除できません。

前ページの図では、ローン利息192万円を丸々計上していますが、不動産所得がマイナスになった場合、土地取得部分にかかる利息は認められないわけです。この木造アパートの場合、土地取得部分は「その年分の建物等と土地等を取得するに要した負債利子の額192万円×（土地等を取得するに要した負債の額3600万円÷建物等と土地等を取得するに要した負債の額4500万円）＝153万円」。つまり、153万円は経費にならないということです。青色申告の特別控除65万円も不動産所得がマイナスになったときは、ゼロ以上は引き切れないので、気をつけてほしいと思います。

事業的規模ではなく、9世帯しかなく減価償却が終わった場合、営業純利益（NOI）から控除できるのは、ローン利息と、青色申告特別控除10万円のみとなります。専従者給与控除はありません。そうすると、減価償却が終われば一気に課税不動産所得が増え、それに比例して納税額が増えることになります。

共有名義という方法もある

不動産投資で節税するには、いろいろな方法があります。1つは、奥さんとの共有名義にすること。たとえば2分の1ずつ所有し、2分の1ずつ所得を申告し、お互いに青色申告特別控除を使うようにする方法です。もちろん、事業的規模になれば、お互いに最大で65万円控除が利用できますので、所得を分散しつつ互いに控除の恩恵を受けることができます。

たとえば、ご主人の個人名義で投資用不動産を取得した場合、税金の計算上、現在のご主人の所得にさらに不動産所得が上乗せされることになるので、所得が上がれば税率も上がるという累進課税の構造上、どんどん税金が増えていきます。

このため奥さんが専業主婦だと税率がご主人より低くなるので、できるだけ奥さんの所得にしたいと思うでしょうが、9割が奥さんで1割がご主人、といった極端な持分割り合いにするのは避けましょう。ローンを借りたのがご主人であれば、奥さんの持分に対して贈与税の対象になることもありますので注意が必要です。

減価償却が終わると、課税対象が増える!

また、減価償却が終わるタイミングには注意が必要です。購入時に営業純利益（NOI）が200万円で、ローン返済（ADS）が150万円だったとすると、税引き前のキャッシュフロー（BTCF）は50万円ですが、この税引き前のキャッシュフローに対して、営業純利益（NOI）からローン利息や減価償却などを控除した不動産所得がマイナスであれば、税金は発生しないということになります。

減価償却費を多く計上できるような物件を買った場合、購入して、しばらくは不動産所得がマイナスのため税金が発生しなかったとしても、時間が経つにつれて家賃が下落することで税引き前のキャッシュフローは下がるにもかかわらず、税金の計算上で経費計上できる減価償却が終われば、大きく課税対象がアップして一気に税金が増えることになります。そうした時に、税引き前のキャッシュフローを納税額が上回ってしまうこともあるわけです。1月から12月までの収支を計算したら税引き前のキャッシュフローは２００万円であったのに、翌年3月に確定申告作業をしていたら納税額が３００万円で、税引き後のキャッシュフローがマイナス１００万円になってしまうという状態です。

こうした「デッドクロス」といわれる事態には備える必要があります。このため減価償却が終わるタイミングには、本当に注意しなければなりません。

デッドクロスはいつごろ来る可能性があるのか、事前に把握しておく必要があります。そうすれば、なるべく早い段階で対策が取れることになります。

デッドクロス対策としては、ローンの繰上げ返済や返済期間の延長で返済額の減額、自己資金を最初から多く入れてＤＣＲ（ＮＯＩ÷ＡＤＳ）を高くする、追加の物件購入で経費を計上したり事業的規模にすることで利用できる控除額を増やす、といったことがあげられます。もちろん、売却というのも1つの選択肢です。

不動産の取得は個人名義、法人名義のどちらがいい？

ここまでの話は個人名義を前提にしたものですが、目的や現在の所得によっては法人名義での取得を検討することも必要です。個人で不動産投資をする場合、不動産所得は総合課税のため他の所得と合算して税金を計算されるのは、すでに説明済みですが、給与所得などの不動産所得以外の所得が高い方にとっては、投資用不動産から得た儲けまで高い税率で課税されてしまうことになります。給与所得など他の所得が高い方にとっては、法人を設立してそちらの所得としたほうが低い税率で課税される場合があるわけです。

税金の計算の仕方については、個人も法人も基本的な流れは一緒です。ただし、法人の場合、接待交際費として認められる経費が大きかったり、経費化できる役員報酬を活用して家族などへ所得分散をはかりやすくなります。

たとえば、ご主人の個人名義でアパートやマンションを買った場合、不動産所得は給与所得や事業所得にプラスされますので、所得によっては所得税・住民税を合算すると55％の最高税率となっていきます。

一方、法人名義で取得した場合、個人より最高税率が低いということや、所得がマイナスになったとしても個人と違い土地に関するローン利息の部分も損金計上できたり、役員報酬を活用したりと、個人に比べて合法的に経費化しやすいものが多く節税をはかりやすいため、合計で支払う税金は個人名義で不動産を所有するよりも安く済む場合があります。

しかし、気を付けていただきたいのは、法人を活用するメリットがある方もいれば、いない方もいるということです。節税等を主にした所得対策で法人を設立する場合の一番のメリットは所得税と法人税の税率差ですが、個人の所得レベルがそこまで高くない方が法人化した場合には、個人より法人のほうが税率が高くなるという点です。また、法人で所有する不動産の売上規模によっては、法人に利益が出ていなくても支払う必要がある均等割税や顧問税理士への報酬など維持コストで、ほとんど利益が出ないこともありえます。あわせて、現時点での個人所得は高いものの、そう遠くないうちに定年退職される予定の方や、所得が下がることが予想される方など、あえて法人化せずとも、個人名義で所有しておいて、購入時の諸経費を確定申告することで税金還付を受けておいたほうが維持コストを考えると良いケースもあったりします。

したがって、不動産投資を始める前には個人名義で進めるのか法人名義で進めるのか、メリットとデメリットを含めて、よくよく検討が必要です。

3 収益性と安全性を数字で判断

「K%（ローン定数）」というお金のレンタル料

税引き後のキャッシュフロー（ATCF）まで計算したあと、今度は、その計算過程で算出できた数字を活用して、不動産投資における投資指標を分析することができます。ここでは、その各投資指標の意味と活用方法を知っていただきたいと思います。収益性と安全性を数字で判断するために必要なのは、次のページにあげた「不動産投資で知っておくべき9つの指標」となります。なかには、これまでに登場しているものもありますが、ひとつずつ説明していきましょう。

まず、「K%」（ローン定数）。融資金額の調達コストとか、ローンコンスタントなどといわれることもあります。要するに、金融機関から借りてくるお金のレンタル料のようなものです。

不動産投資で知っておくべき9つの指標

	投資指標	読み方	計算式
1	K%（ローン定数）	ローンコンスタント	ADS／LB
2	FCR（総収益率）	フリーアンドクリアリターン	NOI／総投資額
3	CCR（自己資本配当率）	キャッシュオンキャッシュリターン	BTCF／E
4	PB（自己資本回収期間）	ペイバック	E／BTCF
5	DCR(負債支払安全率)	デットカバーレシオ	NOI／ADS
6	BE%(損益分岐点)	ブレークイーブンポイント	(OPEX＋ADS)／GPI
7	LTV(ローン資産価値比率)	ローントゥバリュー	LB／V
8	NPV（正味現在価値）	ネットプレゼントバリュー	
9	IRR（内部収益率）	インターナルレートオブリターン	

このK％（ローン定数）という指標は、金融機関に対する負債支払額（ADS）がローン元金に対して占める割合となります。年間負債支払額（ADS）は、借入額と金利と返済期間で決まりますが、金融機関へ返済しているのは「利息」だけではなく、「元金＋利息」（ADS）ということになります。ですので、キャッシュフローの最大化が目的の方にとっては、利用すべき金融機関の優先順位としては金利の高い低いではなく、このK％で判断すべきとなります。

ちなみに、このK％に影響を与える「返済期間」ですが、金融機関の返済期間に対する考え方というのは、木造なのかRC造なのか鉄骨造なのかといった物件の構造や、新築なのか中古なのかといった築年数によって異なります。また、規定は各金融機関によってさまざまで、すでに法定耐用年数を超えた築25年の木造アパートでも返済期間30年が組める金融機関もあれば、あくまでも返済期間は法定耐用年数の範囲内としている金融機関も多く存在しています。

目的によっては必ずしもK%が低ければいいわけではない

たとえば1000万円を金利3・5%の10年返済で借りた場合、年間返済（ADS）は118万6630円となりますので、118万6630円÷1000万円＝11・86%となり、K%は11・86%ということになります。

金利が同じ場合、返済期間が延びると、返済額（ADS）が少なくなり、K%は下がっていきます。ということは、キャッシュフローを最大化するためには、なるべく長い返済期間で融資を調達したほうが有利になるということです。

実際にK%で比較してみましょう。A銀行は金利3%の返済期間20年、B銀行は金利4%で返済期間25年、C銀行は金利5%で返済期間35年、という融資条件の各金融機関から1億円を借りようとした場合、A銀行への返済は666万円、B銀行への返済は633万円、C銀行への返済は606万円となります。

実は、金利が一番高いC銀行が、返済額を一番圧縮できて、K%も一番低くなっています。

実際にK%での比較

※キャッシュフロー重視の場合、「金利」だけでは判断できない！

	借入	金利	期間	年間返済	K%
A銀行	1億円	3%	20年	666万円	6.6%
B銀行		4%	25年	633万円	6.33%
C銀行		5%	35年	606万円	6.06%

	GPI（潜在総収入）
−）	空室・未回収損
	EGI（実効総収入）
−）	OPEX（運営費）
	NOI（営業純利益）
−）	ADS（負債支払額）
	BTCF（税引前キャッシュフロー）

□「ローン」×「K%」＝ADSなので、K%が上がると、ADSも上がる＝CF下がる。

返済を引いた後のキャッシュフローを一番大きくしたいなら、K%が一番低いC銀行がおすすめです。

とはいっても、メリットがあればデメリットもあります。目的によっては、C銀行が断然いい、ということではありません。重要なのは、何を優先するのか。キャッシュフローの最大化を優先するならC銀行ですが、ローン元金の減少が一番速いのはA銀行となり、余力担保が生まれる速度があがり、その物件を共同担保に追加投資という選択肢もあります。ローン元金の減少が一番遅いのはC銀行ということになります。投資家の目的はさまざまで、キャッシュフローを最大化し再投資の効率も追求していきたい方もいれば、残り10年に迫った定年時にローン元金を返したあとのキャッシュフローで目標を達成しようという方もいることでしょう。

こうしたことから、どれを選択するのかは、自分が何を優先するのか、これからどう展開させていきたいのか、というところによって変わってきます。

実際には、たとえば1件目のローン返済期間を長く組んだら、2件目は短くして、元金をどんどん返していくといった複合的な組み立てを提案することもあります。

「FCR」を活用するには、相場観が必要

効率性をみるための指標が、ＦＣＲです。総収益率のことで、要するに、実質利回りと考えてください。

営業純利益（ＮＯＩ）を投資総額で割り戻したものがＦＣＲで、投資家から見た実質利回りです。投資総額というのは売買価格と諸費用や修繕費用をあわせた総額のことですが、諸費用の目安7％～8％に含まれるものは印紙代、仲介手数料、登記料、火災保険、銀行への融資事務手数料、固定資産税や都市計画税の精算金、不動産取得税となります。不動産取得税は物件の引渡し時には必要にならないものの、後日請求が来ますので忘れずに予定しておきましょう。

さて、購入を検討しているタイプの物件が、探しているエリアではどういった相場観なのか。

この肝心な点を把握できていないと、せっかくFCRを計算することができても、その数字がいいのか悪いのか、なかなか判断できません。

ＦＣＲの計算から、もう一歩踏み込んで、このエリアでは、新築アパートがどれぐらいのキャップレートで取り引きされているのか、中古のアパートはどうか、中古の区分ワンルームは、１棟ＲＣ造は？……といったように、ＦＣＲと比較できるための相場観も養う必要があります。そして、購入検討物件の営業純利益（ＮＯＩ）を投資総額（購入価格＋諸費用＋修繕費用）で割り戻すとＦＣＲになりますが、投資価値（購入価格）で割り戻すと（ＮＯＩ÷購入価格）購入時のキャップレートが出ますので、それを、そのエリアのキャップレートと比較すると良いでしょう。計算して指標が出ても、それを比べる物差しがないと、いい悪いは判断できません。たとえば、インターネットで物件情報に触れてみたり、不動産投資のセミナーや下見ツアーに参加するなど、最新の取引事例の把握や相場観を養うための経験を積むようにしましょう。

当社でも、「ミニフィールドワークセミナー」といって、定期的に投資物件を下見に行くツアーを開催していますので、お気軽にご活用ください。実際に世の中に流通している物件や水面下の物件情報、そして過去の投資実例案件を見に行くことで、最新の相場観や不動産投資がどのようなものか肚に落ちてくる感覚を掴んでいただけるのではないかと思います。実際に不動産投資をスタートする前に、そのような準備体操をしておくことが失敗しないためにも大切だと考えます。

ほかの利回りもチェックしておこう

ＦＣＲのほかにも、利回りはあります。

表面利回りは、グロスの利回りという場合もあります。現況賃料（空室があれば満室想定賃料）を物件価格で割り戻して計算します。ここで気を付けていただきたいところは、あくまでも「現況賃料」が計算のベースとなりますので、中古の物件であれば古くからの入居者が過去からの高い賃料で入居継続中のこともありますし、複数世帯のアパートで空室部分は相場賃料から掛け離れた設定賃料になっていることもあるでしょう、新築であれば想定賃料が相場より相当高い設定賃料になっていることもあります。したがって、表面利回りにはあまり惑わされないように気を付けましょう。

ネット利回りは、キャップレートです。ＮＯＩ（営業純利益）を物件価格で割り戻して出すことができます。繰り返しになりますが、購入検討物件の現況キャップレートを算出したら、投資エリアのキャップレートと比較してみましょう。そうすることで、購入検討物件が相場に比べて割高なのか割安なのかが見えてきます。

「ＣＣＲ（自己資本配当率）」は投資した資本の運用効率

次の指標はＣＣＲです。効率性をみるための投資指標ですが、自己資本の運用利回りで、税引き前のキャッシュフロー（ＢＴＣＦ）を投資した自己資本で割り戻して算出します。

さて、ここでの「自己資本」ですが、これは別に現金に限りません。たとえば、自分が所有している売却想定価格５０００万円の土地の上に、あらたに建築費５０００万円（諸費用込）のアパートを建築して、アパート建築費のうち４５００万円を借入れして現金５００万円を用意した場合。仮に営業純利益（ＮＯＩ）が８００万円で負債支払額（ＡＤＳ）が３００万円であれば、税引き前のキャッシュフロー（ＢＴＣＦ）は５００万円になりますが、ここでは、税引き前キャッシュフロー５００万円÷（土地価格５０００万円＋自己資金５００万円）＝９・１％が自己資本配当率（ＣＣＲ）ということになります。つまり、土地も自己資本として投資しているということになるからです。税引き前キャッシュフロー５００万円÷自己資金５００万円＝１００％（ＣＣＲ）ということではありませんので気を付けましょう。

また、このアパート建築のＦＣＲですが、営業純利益（ＮＯＩ）が８００万円のため、８００万円÷建築費５０００万円＝16％ということではなく、８００万円÷投資総額１億円（土地５０００万円＋建築費５０００万円）＝８％ということになります。

ここで、あわせて知っておいていただきたいことは、もし、このアパートを建築したエリアのキャップレートが20％だった場合、はたしてこのアパートの投資価値はどうなるか？　という視点です。「V＝I／R」の計算式にあてはめると、営業純利益（NOI）800万円÷キャップレート20％＝4000万円（価値）ということになり、アパートを建築したせいで、更地価格5000万円を下回る価格の賃貸不動産ということになってしまうこともあります。このように、高い建築費をかけて結果的に資産価値を下げてしまっている土地活用も見受けられますので注意が必要です。

さて、ここまでいくつか投資指標が登場してきましたが、自己資金の運用先として、所有不動産の繰上返済を選択するか、不動産投資に回したほうがいいか、といった判断を下すときに、K％とCCRで計算し、双方を比較したらわかりやすくなります。

たとえば、所有している物件の借入れがまだ残っていて、そのK％が5％、かつ、いま自分ができる新規の不動産投資でCCR10％の運用ができるという場合、手元に自己資金が1000万円あるとすると、所有している物件のローン残債に繰上返済するか、新規の不動産投資で運用するかの検討が必要です。単純にキャッシュフローの最大化なら、1000万円×10％（CCR）で運用できれば、税引き前キャッシュフローで100万円が手元に残ることになりますが、所有している物件に繰上返済をした場合、1000万円×5％（K％）は50万円なので、ローン返済額が50万圧縮できる結果、50万円手元に残ることになります。手元に残るキャッシュフローを多くするなら、新規で運用したほうが良いわけです。

また、K%どうしで比較することもできます。所有しているどの物件のローン残債に繰上返済したほうが、ローン返済の圧縮効果が高いかということが、このK%で比較できます。A物件のK%が5%、B物件のK%が6%の場合、自己資金1000万円を投下するのは、1000万円×6%（K%）＝60万円で、B物件のほうが手元に残るキャッシュフローが多くなるわけです。

なお、住宅ローンの金利はアパートローンに比べて相当低く、いまや0・5%という金利すら目にすることがありますが、仮に金利0・5%、返済期間35年の場合、K%は3・12%となります。手元に1000万円の自己資金がある場合、このK%の住宅ローンに頭金として入れると、年間住宅ローンの返済は、1000万円×3・12%（K%）＝31・2万円の圧縮ができ、それだけ手元に残るお金が増えるわけです。しかし、不動産投資という選択肢でCCR10%で運用できる方なら、1000万円×10%（CCR）＝100万円の税引き前キャッシュフローが残せます。仮に、区分ワンルームを現金購入してFCR5%で運用できたとしても、税引き前キャッシュフローは50万円残せるわけです。となると、低金利の住宅ローンに頭金を入れたり、繰上返済するのは、資本効率の面から考えるともったいないと考えます。

レバレッジの効果…

レバレッジとは何？
→借入れを上手く利用して、少額の自己資金で購入すること。

諸費用 800 万円	E（自己資金） 1,800 万円
物件金額 1億円 （購入総コスト 1億 800 万円） ＦＣＲ=6.5％ ＮＯＩ=702 万円	借入金額 9,000 万円 金利：2.8％ 期間：25 年 Ｋ％=5.56％ ＡＤＳ=500 万円

ＢＴＣＦ＝ＮＯＩ－ＡＤＳ
＝702 万円－500 万円＝202 万円
ＣＣＲ＝ＢＴＣＦ／Ｅ（自己資金）
＝202 万円／1,800 万円
＝11.22％

※自己資金 1,800 万円で、1億 800 万円の投資ができてしまう。仮に 1,800 万円を現金投資で FCR6.5％なら、117 万円。
※この購入総コスト1億 800 万円の物件を全額自己資金で購入していたら、ＣＦは 702 万円だが、それぞれ 1,800 万円の自己資金で 6 棟購入すれば、ＣＦは 1,212 万円（202 万円 ×6 棟）になる。
→これがレバレッジの効果。
（全く同じ条件の物件を購入したと仮定）

もちろん、銀行の定期預金に預けているよりは住宅ローンの繰上返済をしたほうが効率は良いですが……。こんな話をすると、「自宅のローン返さなきゃ良かったなぁ」なんて言われることもありますが、それはそれで、共同担保として活用する方法もありますので、組み立て方次第では有利な資産形成の手助けをしてくれますから大丈夫です。

「レバレッジ」の効いた状態、効かない状態に注意

指標の1つではありませんが、レバレッジ判定についても覚えておきましょう。

レバレッジとは、てこの作用のことですが、最近は当たり前のように、この「レバレッジ」という言葉が使われています。どう

いうことかというと、借入れをうまく利用して、少額の自己資金で購入し、自己資本に対する利益率をあげることです。レバレッジの効いているのは、「Ｋ％＜ＦＣＲ＜ＣＣＲ」という状態ですが、最近の中古のワンルーム市場で、これはいいという物件はレバレッジの効かないケースがほとんどです。これは、銀行からの調達コストが、実質利回りを上回っていることが多く、「Ｋ％＞ＦＣＲ＞ＣＣＲ」という状態になっているからです。

レバレッジの効いていない、いわゆる「逆レバ」の状態で投資する価値がないかというと、そういうことはありません。レバレッジが効いている時には、資本金を少なくすれば少なくするほど、資本効率（ＣＣＲ）は上昇していきますが、逆レバの時には、資本金を多くすることが資本効率を上昇させることになっていきます。

「ＰＢ（自己資本回収期間）」はＣＣＲの逆数

不動産投資で知っておくべき9つの指標の4番目は「ＰＢ」（ペイバック）です。これは自己資金回収年数を意味します。

たとえば、自己資金１０００万円を投資して年間のキャッシュフローが１００万円だった場合、投資した１０００万円を何年で回収できるかという効率性を見る指標となりますので、自己資金１０００万円÷キャッシュフロー１００万円＝10年ということになります。ＣＣＲが高いほど、このPBも短くなりますが、仮にCCRが20％だった場合、自己資金1000万円×20％（CCR）＝200万円となり、1000万円÷200万円＝5年なので、より効率性が高いということになります。

「DCR（負債支払安全率）」は最低でも「1・3」は欲しい

次の指標は「DCR」です。負債支払安全率のことで、ここは特に重要なので、しっかり理解してください。

ひと言でいえば、年間営業純利益（NOI）が年間負債支払額（ADS）の何倍あるか、ということを示す指標です。これが1・3以上ある状態が望ましいとされています。しかし、投資家によっては、リスク許容度が違うので、もっと高い数値が欲しいという方もいれば、もっと低くても良いという方もいます。自己資本比率を上げていく、つまり借入れ（LTV）を減らしていくことによって、負債支払額（ADS）は下がっていくので、DCRが向上してより安全性が高まっていくということになります。

なお、レバレッジが効いている状態の時には、効率性を見る指標であるCCRと安全性を見るDCRは両天秤の関係にあるので、安全性を求めてDCRを高めようと自己資本比率をあげると、効率性であるCCRは下がっていくことになります。逆に、効率性を求めて借入れ（L

ＴＶ）を増やして自己資本比率を下げていくと、負債支払額（ＡＤＳ）が増えるので、ＤＣＲは下がっていくことになります。

また、追加で取得する物件のＤＣＲが１・１だった場合、それをポートフォリオに追加しても、ポートフォリオ全体でのＤＣＲが１・５などになることもありますので、あくまでもポートフォリオ全体で判断することが大切です。

そして、ＤＣＲが1を下回っていると、返済のほうが大きいことを意味していますが、実際には1を下回っている物件はたくさんあります。

新築の投資用区分マンションなどは典型例で、基本的にマイナスキャッシュフローになってしまいます。営業純利益（ＮＯＩ）から負債支払額（ＡＤＳ）を引いたらマイナスですから、給与所得などから補填することになるわけですが、販売側のセールストークとしては月々数万円の支払いで、35年後にはローンが終わり、営業利益（ＮＯＩ）部分が年金代わりになるといった感じです。

しかし、この手の物件というのは諸費用まで含めてローンが調達できて、ほとんど自己資金を出さずに購入できたりしますが、キャッシュフローが出ないため他の所得から補てんしてローン返済しなければなりません。それが苦しくなって売ろうと思っても、そもそもが高値で購入してしまっているので値段はローン残債を大きく下回る値段でしか売れない可能性が高く、売値とローン残債の差額を用意できないと塩漬けとなりマイナスキャッシュフロー部分を支払い続けるしかなくなってしまいます。区分マンションの投資は中古が鉄則なので、新築の投資用区分マンションを検討されている方は、このＤＣＲを思い出してください。

「BE%（損益分岐点）」が低いほど、その物件の安全性は高い

次は「ＢＥ％」（損益分岐点）について説明します。物件を持っていると、運営費と銀行へのローン返済（借入れがあれば）でお金が出ていきます。ＢＥ％とは、その運営費と銀行返済が、グロスの収入（潜在総収入＝ＧＰＩ）に対して占める割合のことです。

これは安全性をみるための指標で、空室や家賃の未回収にどれほど耐えられるかということがわかります。低ければ低いほど、安全性は高くなると覚えておきましょう。

たとえば、所有している10世帯のアパートで、ＢＥ％が60％という指標が出たとします。この場合、時点ベースで考えると6世帯が稼働していれば、キャッシュフローはマイナスにはならない、ということになります。逆にいえば、6世帯を超えた入居がないと黒字にはなりません。この指標で、その境目もわかります。

「ＬＴＶ（ローン資産価値比率）」は購入時以降も定期的にチェック

「ＬＴＶ（ローン資産価値比率）」という指標もあります。価格に対して借入金額の占める割合のことで、ローン額を購入価格で割って出します。

考え方は簡単で、低ければ低いほうが、もちろん安全性は高くなります。ただし、覚えておきたいのは、低くなれば安全性が上がる一方で、自己資本比率はあがっていくことになりますので、レバレッジが効いている状態ではＣＣＲは逆に下がっていきます。

これもやはり安全性と効率性を天秤にかけたようなもので、どちらを取るかが問題になってきます。安全性を追及すると、効率性は下がっていく。効率性を求めると、安全性は下がっていくということになります。

また、ＬＴＶについては、購入時点だけではなく定期的に所有物件の市場価格を把握しながら、現時点でのＬＴＶも気にするようにしておきましょう。

整理:「7つの指標で見る効率と安全性」

CPM 流キャッシュフローツリー

	GPI(潜在総収入)
−)	空室・未回収損
	EGI(実効総収入)
−)	OPEX(運営費)
	NOI(営業純利益)
−)	ADS(負債支払額)
	BTCF(税引前キャッシュフロー)

押さえておきたい7つの指標

儲かっているか？

①資金の調達コストを知るK%=(ADS÷ 借入額)

②収益力は？=物件の力を知るFCR=(NOI÷ 投資総額)

③自己資金の利回りはどのくらい？CCR=(BTCF÷E)

④投資したお金は何年で戻るの？PB=(E÷BTCF)

安全か？

①ローン返済が多すぎないか？を知る
DCR=(NOI÷ADS)・・・1.3 以上は欲しい

②どのくらいの空室まで耐えられるかを知る
BE%=((Opex+ADS) ÷GPI)

③借入れの割合が多すぎないかを知る
LTV=(LB÷V)

前出の具体的な計算を投資分析すると…

■物件概要　10 世帯木造アパート（昭和 60 年築）
■販売価格　5,000 万円（土地 4,000 万円・建物 1,000 万円）
■諸経費　400 万円
■購入総コスト　5,400 万円
■借入　4,500 万円（LTV90%）
■自己資金　900 万円
■融資条件　4.3%・返済期間 30 年
■現況賃料　480 万円（年間）
■相場賃料　450 万円（年間）
■空室率　5%（滞納リスクは管理会社負担）
■OPEX(運営費)　65 万円（年間）

	GPI	37.5 万円 ×12 カ月=450 万円
一)	空室率	450 万円 ×5%=22.5 万
	EGI	450 万円−22.5 万円=427.5 万円
一)	OPEX	65 万円
	NOI	427.5 万円−65 万円=362.5 万円
一)	ADS	22 万 2,692 円 ×12 カ月=267 万円
	BTCF	95 万 5,000 円
一)	納税	0 万円
	ATCF	95 万 5,000 円

FCR	6.71%
CCR	10.61%
PB	9.42%
DCR	1.36%
EB%	73.78%
K%	5.93%
レバレッジ判定	+(プラス)
LTV	90%

共同担保

単独で不足する部分だけでカバーできれば可能。
残債が減って単独評価でＯＫとなればはずせる。

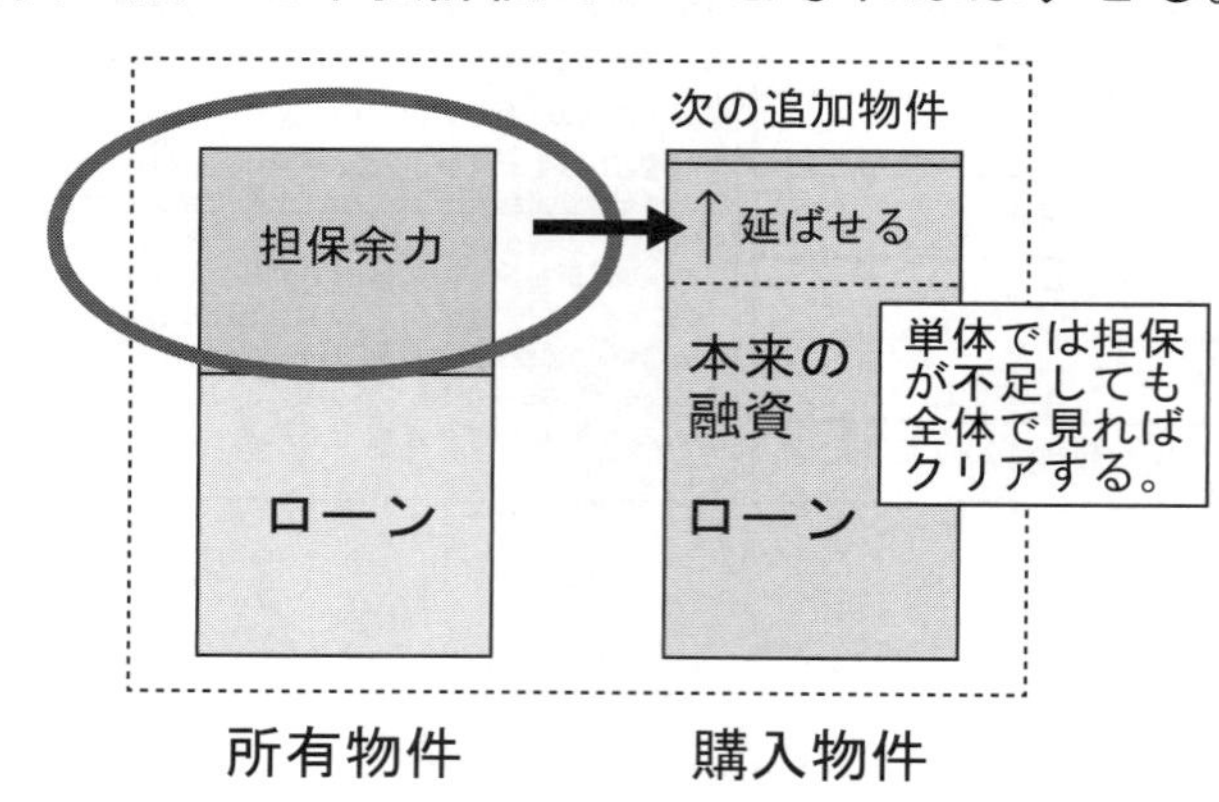

ほかの不動産を担保にする「共同担保」

共同担保についても、ぜひ知っておいてください。

たとえば1億円の良い物件があったので、できれば購入したい。しかし、1億円の融資を受けるのは難しい……こういったケースはあるでしょう。こうした場合、何かほかに不動産を持っていれば、金融機関の対応が違ってきます。

たとえば住宅を持っていて、借りている住宅ローンがだいぶ減っている。あるいは、昔買ったワンルームマンションは、もうローンがほとんどない。こういった場合に、これらを担保にして、買おうとしている物件の融資を延ばすという方法があります。これが共同担保です。ただ、気になる点としては、その共同担保に入れた不動産を売却したい時にどうなるか、という部分もあるかと思います。この場合、金融機関側としては、融資対象の物件の評価次第では、その売却資金の一部を繰上返済することで、共同担保の解除に応じてくれるケースも多いです。ただ、この「その時点での評価次第」というのが難しいところで、評価次第では、「売却資金は全額繰上返済に充当してください」と言われる可能性もありますので注意が必要です。とはいえ、ローン残債を減らせばキャッシュフローやＤＣＲも向上しますので、当然ながら良い面もあります。もちろん、売却せずとも、手元の資金で繰上返済することで共同担保の解除に応じてもらえるケースもあります。

表面利回りだけでは判断できない

不動産投資を判断する指標を有効に使うには、やはり、最近のほかの取引と比較検討してみることが必要です。

数字だけをみても、それがいいのか悪いのかは、なかなかわかりません。いろいろな不動産の取引事例の情報を入手し、相場を知っておくようにしましょう。

不動産投資の知識がないうちは、利回りばかりを気にしがちです。しかし、投資分析が理解できると、ほかの大事な部分がたくさんみえてきます。

投資分析が理解できると…

一見、高利回りに見える木造中古（築古）1棟アパート

■表面利回り 15% のつもりが…

表面利回り	15%
物件価格	500 万円
自己資金（E）	500 万円
＋借入（LB）	0 万円
月々家賃	6.25 万円
満室想定賃料	75 万円
▲空室	現況満室
実効総収入	75 万円
▲運営費	想定せず
営業純利益	75 万円
▲ローン返済	0 万円
税引き前 キャッシュフロー	75 万円

物件価格	500 万円
諸費用	30 万円
修繕費	100 万円
投資総額	630 万円
自己資本（E）	630 万円
＋借入（LB）	0 万円
月々家賃	4 万円
年間の収入	48 万円
▲空室（30%）	14.4 万円
実効総収入	33.6 万円
▲運営費	20 万円
営業純利益	13.6 万円
▲ローン返済	0 万円
税引き前 キャッシュフロー	13.6 万円

■実質利回り（FCR）2.16%

たとえば、このページの上の表のような高利回りの木造中古アパートがあるとしましょう。表面利回りは15%と、そちらのほうに目がいってしまうかもしれません。けれども、本当に良い物件なのかどうかは、これだけではわかりません。

販売図面に記載されている賃料も、実際に相場と照らし合わせてみると、実はずいぶん違うというケースがあります。もちろん、空室率のチェックも必要ですし、ほかに修繕費や運営費などもプラスしなければいけません。

物件価格が５００万円、表面利回りが15%で、75万円の収入があるはずだったのに、実際には諸費用や修繕費用を見落としていて投資総額６３０万円まで跳ね上がり、空室率や

運営費（ＯＰＥＸ）を落とし込んでいくと実際の税引き前キャッシュフローは13・６万円にしかならず、ＦＣＲ（総収益率）においても、２・16％にしか過ぎなかった、なんて事例はよくありますので気を付けましょう。

自己資金が少ない場合は、大きな物件はＮＧ

不動産投資をする人のなかには、ある程度規模の大きなものにこだわる人がいます。そうした人の中には、不動産を買うことが目的になってしまっている方もいるようです。不動産を所有するにあたって、やはり収益を無視するわけにはいきません。自己資金ゼロで買えるから、銀行が融資してくれるから、サブリース会社が賃料保証してくれるから、色々と美味い話に見えることもあるでしょう。ただ、不動産投資は保有中もそれなりに資金が必要になる事業です。1棟アパートや1棟マンションにこだわるあまり、自分の自己資金で耐えられる範囲を超えて投資してしまう方もいるようです。少額の自己資金の場合、アパートやマンションよりも、立地の良いところで中古の区分マンションを所有したほうがリスクが低かったりもします。資本金が少ないのであれば、物件規模を下げて自己資本比率をあげることで無理のない投資を進めることができるわけです。買える物件と、自分が買うべき物件というのは、人それぞれ違うということを理解する必要があると思います。

「NPV（正味現在価値）」で、期待する利回りに対しての投資価値を見る

不動産は運用期間中の収益だけではなく、売却時の損益も含めて投資を考える必要があります。たとえば、5000万円で買ったアパートが3000万円まで下がり、ローン残債を売値が下回って売るに売れない状態になることもあります。

そこで、買うときには、いくらぐらいで売れそうか、ということも含めて考えなければいけません。

たとえば、1000万円を投資して、1年後に400万円、2年後に800万円が入り、3年後には売却益も含めると1000万円になる投資があったとします。総支出1000万円に対して総収入2200万円（400万円＋800万円＋1000万円）となる場合、現在のお金の価値と3年後のお金の価値が全く同じならば、総収入2200万円－総支出1000万円＝1200万円が、そのままNPV（正味現在価値）ということになります。

ただし、お金は銀行に預けたり、不動産をはじめ何かしらの投資商品を購入したり、時間をかけて運用すれば増やすことが可能です。また、インフレの可能性だってあるわけです。もちろん、早く手にすれば、増やすチャンスも多くなります。5年後に1000万円もらうよりも、今500万円をもらったほうが、上手に運用することによって、5年後にはもっとお金が増や

せるという人もいるでしょう。

たとえば、投資するなら年間10％はリターンが欲しい、もしくは確実に10％で運用できる方にとって、1年後の400万円は、今の価値にすると、400万円÷110％＝363万円と同じ価値ということになります。期待する利回り・目標利回りで将来の収益予想を今現在の価値に割り戻してくる必要があるわけです。

このようにして、3年間の総収入を現在の価値に期待利回り10％で割り戻すと、総収入は1775万円ということになります。ここから投資した1000万円を引くと775万円。これが期待利回り10％でのNPV、すなわち「正味現在価値」です。確実に年10％で運用できる方にとっても、この投資をすることは期待額・目標額よりも775万円の利益になるということですから、投資適格ということになります。

仮に期待利回りが2％なら、1年後の400万円÷102％＝392万円、2年後の800万円÷102％÷102％＝768万円、3年後の1000万円÷102％÷102％÷102％＝942万円という現在価値になりますから、総収入2102万円から1000万円をマイナスすると、NPVは1102万円ということになります。

NPVがゼロ以上になれば、期待したリターン、あるいは目標としたリターンを確保できるので投資適格ですが、逆に、NPVがマイナスになるということもありえます。その場合には

まずはNPVから、たとえばこんな投資の場合…

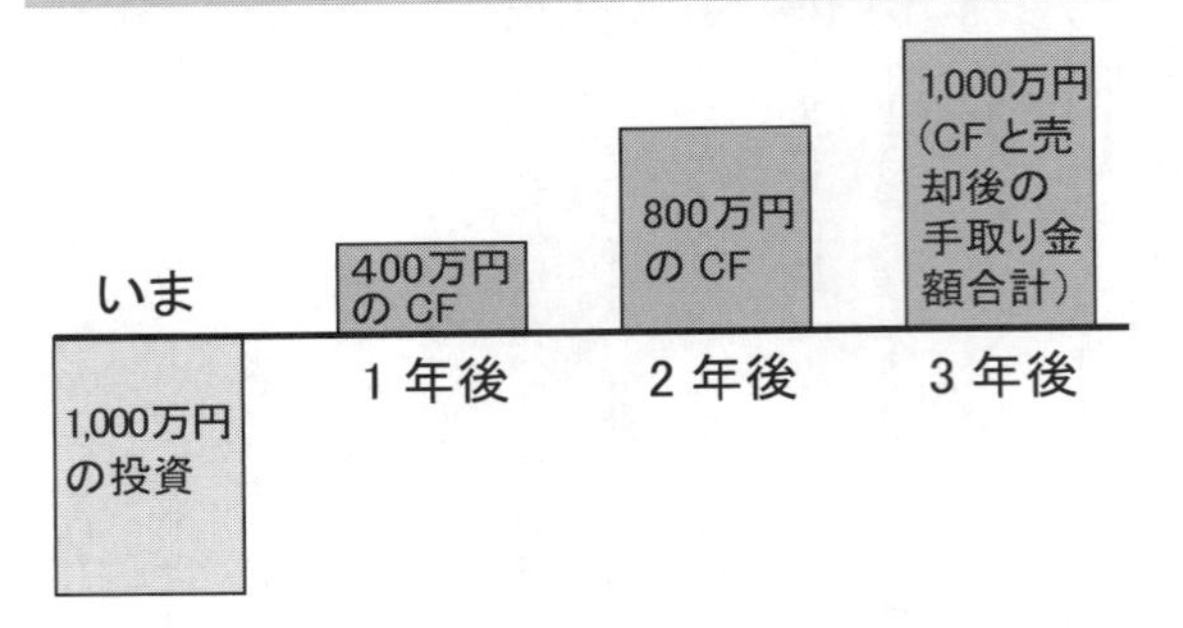

投資不適格となりますので、期待したリターンは得られないため投資を止めるか、目標の下方修正をするか、投資資金の変更や収益の改善をしていく必要があります。

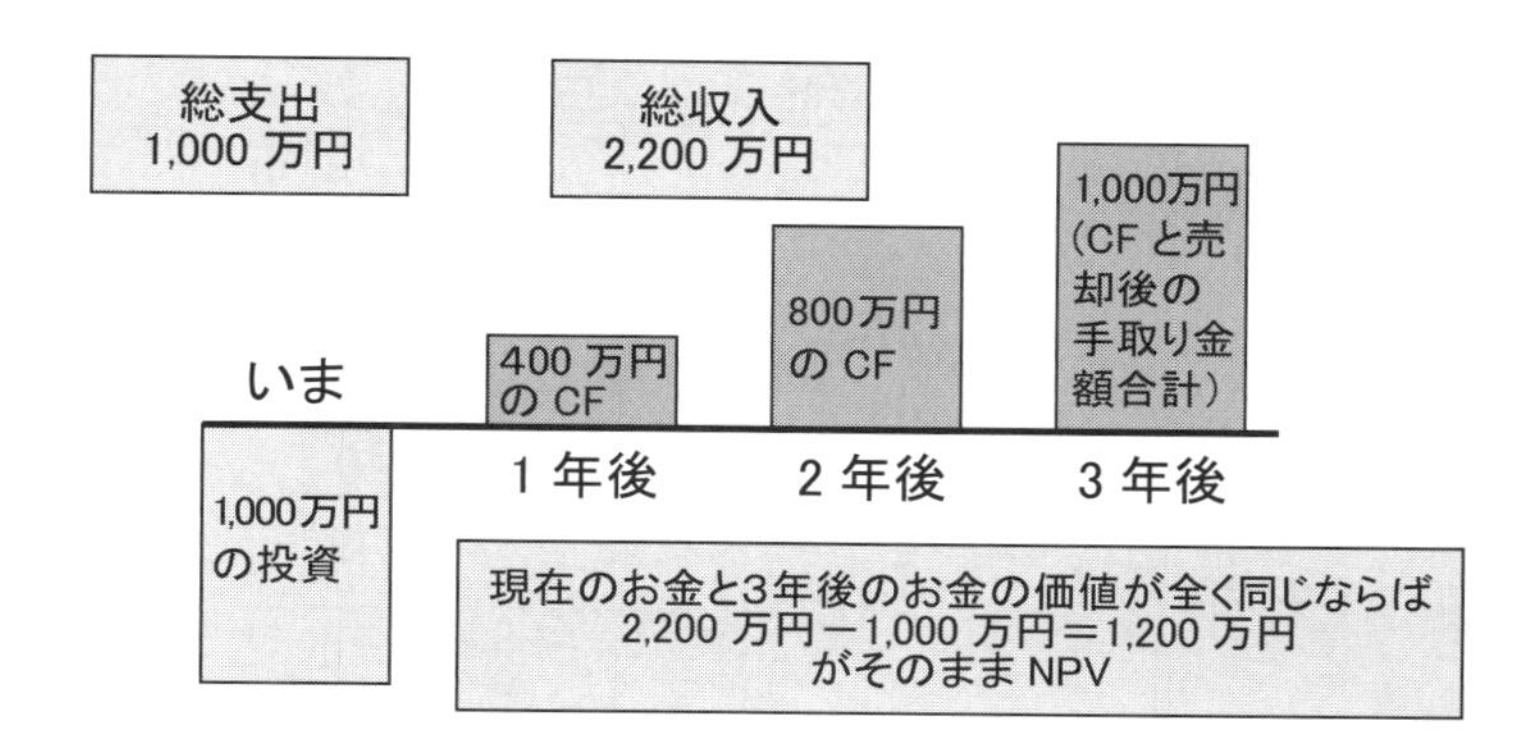
総支出
1,000 万円
総収入
2,200 万円
1,000万円
(CF と売
却後の
手取り金
額合計)
800万円
の CF
400 万円
の CF
いま
1,000万円
の投資
1 年後
2 年後
3 年後
現在のお金と3年後のお金の価値が全く同じならば
2,200 万円－1,000 万円＝1,200 万円
がそのまま NPV

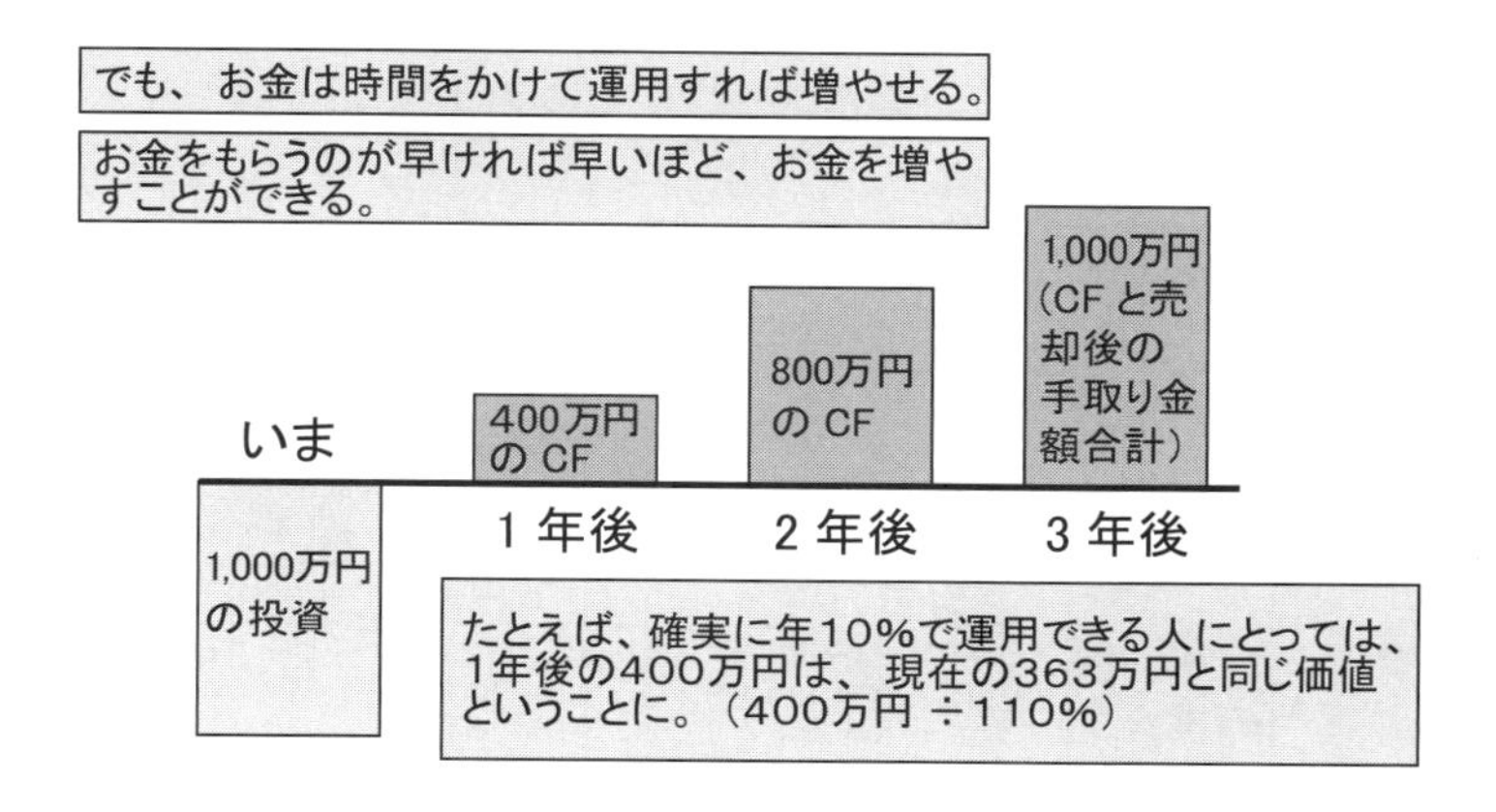
でも、お金は時間をかけて運用すれば増やせる。
お金をもらうのが早ければ早いほど、お金を増やすことができる。
1,000万円
(CF と売
却後の
手取り金
額合計)
800万円
の CF
400万円
の CF
いま
1,000万円
の投資
1 年後
2 年後
3 年後
たとえば、確実に年10%で運用できる人にとっては、
1年後の400万円は、現在の363万円と同じ価値
ということに。(400万円 ÷110%)

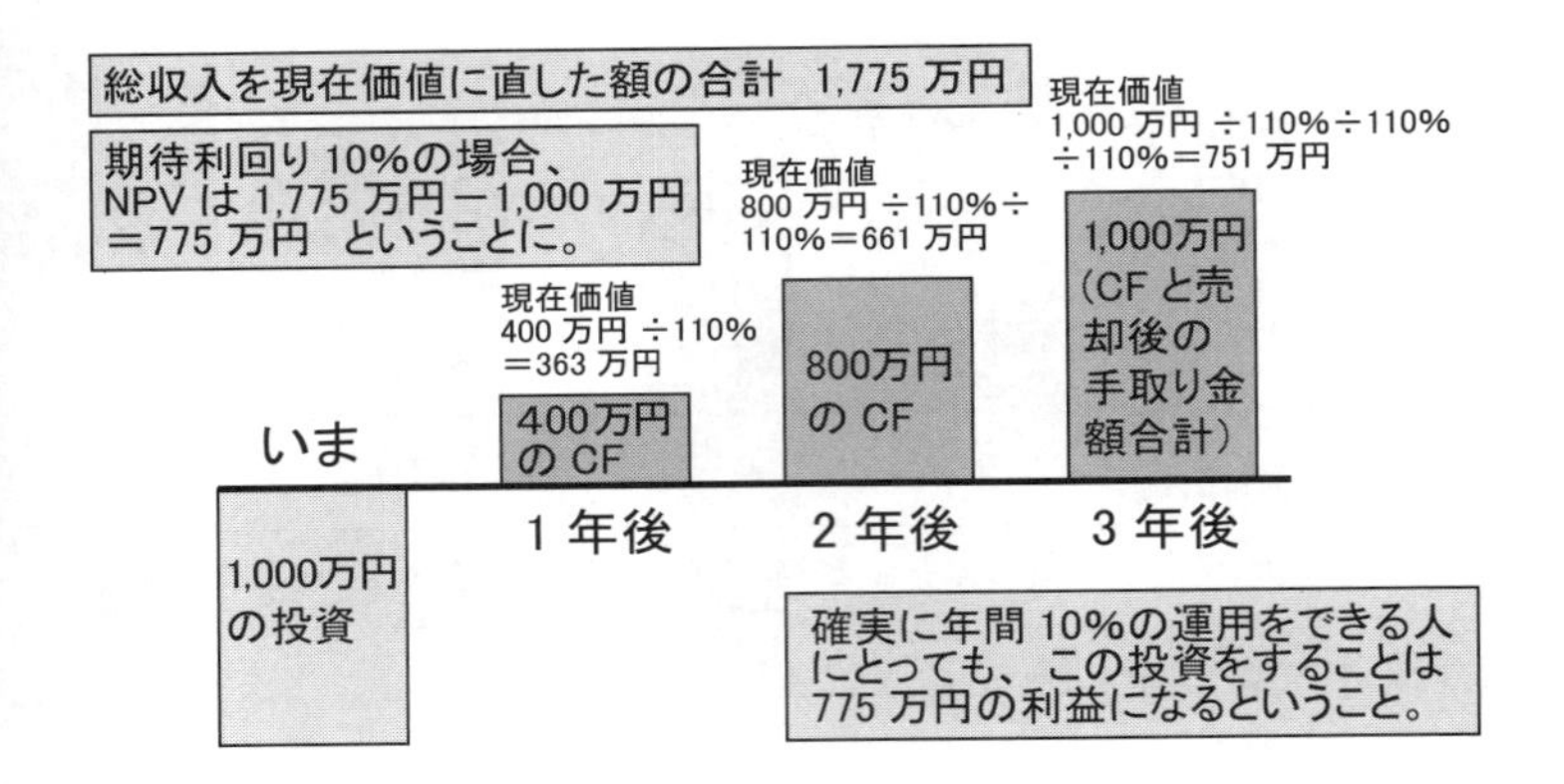
総収入を現在価値に直した額の合計　1,775 万円
期待利回り 10%の場合、
NPV は 1,775 万円－1,000 万円
＝775 万円　ということに。
現在価値
400 万円 ÷110%
＝363 万円
現在価値
800 万円 ÷110%÷
110%＝661 万円
現在価値
1,000 万円 ÷110%÷110%
÷110%＝751 万円
いま
400万円
の CF
800万円
の CF
1,000万円
（CF と売
却後の
手取り金
額合計）
1,000万円
の投資
1 年後
2 年後
3 年後
確実に年間 10%の運用をできる人
にとっても、この投資をすることは
775 万円の利益になるということ。

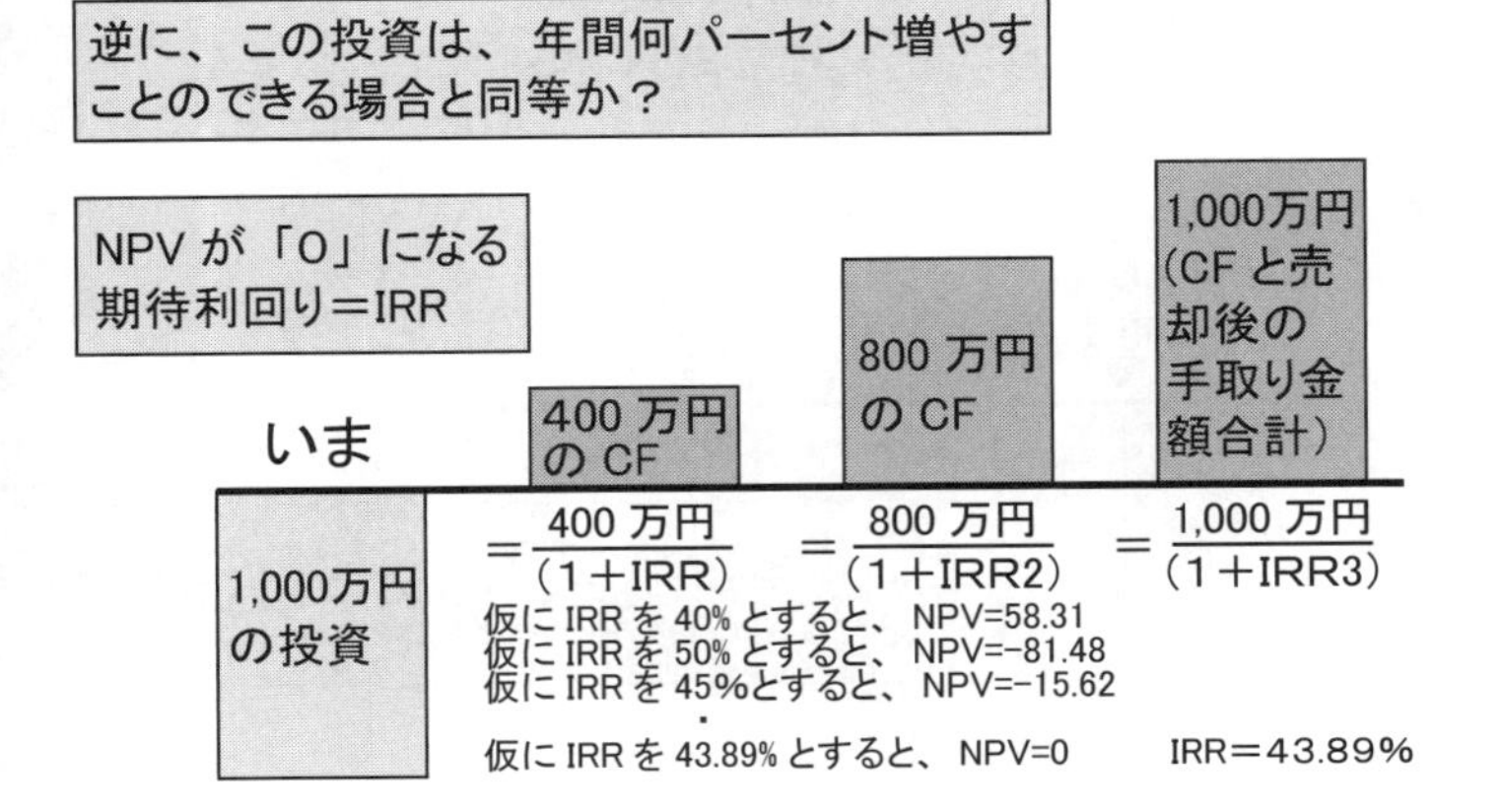
逆に、この投資は、年間何パーセント増やす
ことのできる場合と同等か？
NPV が「0」になる
期待利回り＝IRR
いま
400 万円
の CF
800 万円
の CF
1,000万円
（CF と売
却後の
手取り金
額合計）
1,000万円
の投資
＝400 万円／（1＋IRR）
＝800 万円／（1＋IRR2）
＝1,000 万円／（1＋IRR3）
仮に IRR を 40% とすると、NPV=58.31
仮に IRR を 50% とすると、NPV=-81.48
仮に IRR を 45%とすると、NPV=-15.62
・
仮に IRR を 43.89% とすると、NPV=0
IRR＝43.89%

「IRR」で結局何%のリターンなのかを考える

それでは実際、この投資は結局何%増やすことができるのと同等かということも気になるところでしょう。先ほどの例では、10%の期待利回りで、775万円のプラスになりました。となると、もっと高い利回りを期待できるということになります。こうした何%のリターンを得られるのかを示す指標が「IRR」、すなわち内部収益率です。つまり、NPVが「0」になる利回りがIRRということになります。

将来入ってくるであろう収益と売却想定益まで含めないと、最終的な利回りは確定しません。たとえば、1億円の物件を表面利回り12%で買ったとします。利回りは高いほうが良さそうですが、その反面、利回りが高いということは空室率も高くてリスクも大きくなります。次第に家賃が下がり、売却時も購入時と同じ表面利回り12%想定で売却する場合、大きく値段を下げてしまうことになります。結局は、この物件の賃料が800万円になってしまったとすると、1億円で買った物件が6666万円(8000万円÷12%)でないと売れなくなってしまい、表面利回り12%という高利回りを手にしたはずが、実はIRRを計算してみたら約3・4%にしか過ぎなかったということになります。

一方、空室リスクの低いエリアにおいて、同じ1億円で、表面利回りが7%と先ほどの物件

IRR（内部収益率）・6,666万円、9,714万円の図

ＩＲＲ（内部収益率）

※一番知っておいて欲しいことは購入時の表面利回りだけでは分からないということ。最終売却益まで想定して判断しないといけない！

「NPV（正味現在価値）をゼロにする割引率」・・・つまり
その投資は何パーセントの割引率で考えておけば成り立つ投資なのか？
①投資に使った資金（現在の価値）を計算
②保有期間中の（税引き後・ローン返済後の）手取り金を現在の価値に直して計算
③売却時の（税引き後・元金完済後の）手取り金を現在の価値に直して計算

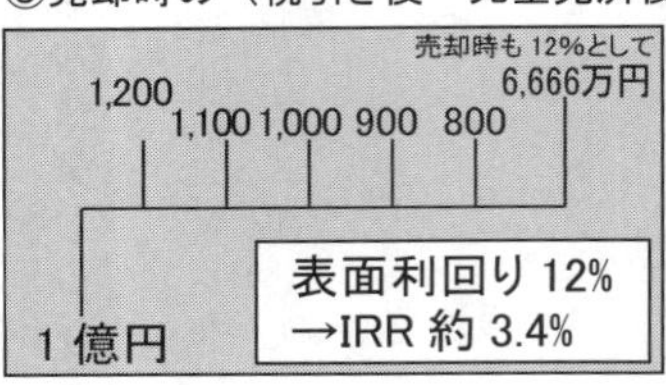

より低い利回りの物件を買った場合。立地が良いために家賃はあまり下がらず、売値もそれほど下がらない可能性が高いです。そうすると、ＩＲＲは約５・５％と、こちらのほうが高くなります。

ここで知って欲しいことは、購入時の表面利回りだけでは投資の中身はわからないということです。保有期間中の収益と売却時の損益を想定してＩＲＲを計算してみることで、表面利回りだけに惑わされず、投資の判断をすることができるようになります。

売却時の税金はどうなる？

賃貸用不動産を売却した時、どれだけ手元に売却損益が出るのかを試算するには、まずは譲渡所得税の計算をする必要があります。

売却時の税金の対象は？

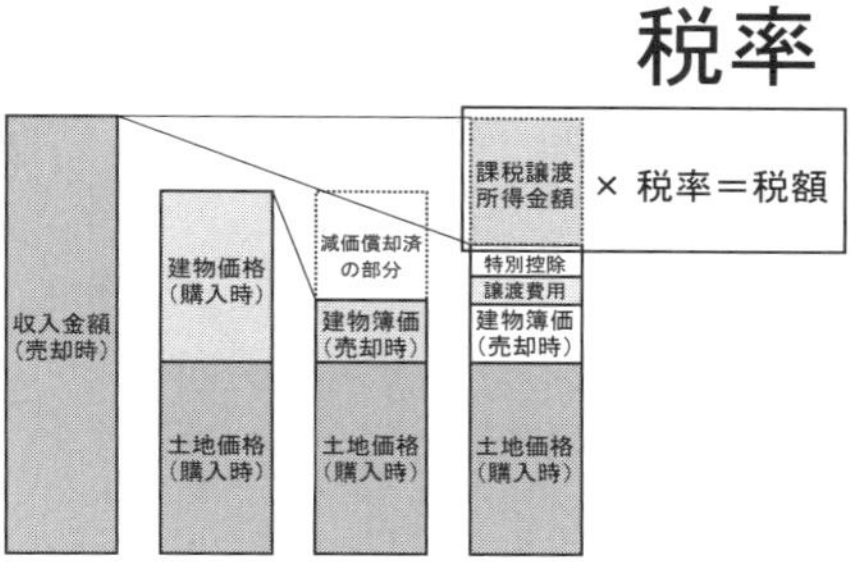

税率

収入金額（売却時）

建物価格（購入時）
土地価格（購入時）

減価償却済の部分
建物簿価（売却時）
土地価格（購入時）

課税譲渡所得金額 × 税率＝税額
特別控除
譲渡費用
建物簿価（売却時）
土地価格（購入時）

	課税譲渡所得金額
×	譲渡所得税率
＝	譲渡所得税

区分	所得税	住民税
長期譲渡所得	15%	5%
短期譲渡所得	30%	9%

注１：マイホームを売ったときには、税率を軽減する特例があります。
注２：確定申告の際には、所得税と併せて基準所得税額（所得税額から、所得税額から差し引かれる金額を差し引いた後の金額）に2.1%を掛けて計算した復興特別所得税を申告・納付することになります。
（※長期譲渡税率　２０．３２％　短期　３９．６３％）
注３：譲渡した年の１月１日現在の所有期間が５年を超える土地や建物を売ったときは「長期譲渡所得の税率」、５年未満の場合には「短期譲渡所得の税率」が適用される。

税金の計算としては、売却価格から購入時の取得費用（土地＋建物簿価）と譲渡に関する費用および特別控除を引いた金額が「課税対象」となります。注意が必要なのは、取得費用として控除できる建物部分に関して既に減価償却している部分は認められないという点です。要は保有中に経費として認められているわけなので、売却した時の経費には認めてもらえないわけです。譲渡に関する費用は、仲介手数料や契約書の印紙代、抵当権の抹消費用などがありますが、建物の解体をして土地を引き渡す場合などは、解体費用や、実施すれば測量費用なども譲渡費用となります。特別控除に関しては、購入年度によっては一定額の控除を認めてもらえる場合もありますので、くわしくは国税庁のホームページか税務署へお問合せください。

そうやって計算した課税対象の譲渡所得に、保有期間が5年未満なら短期譲渡税率として約39％、5年超なら長期譲渡税率の約20％という税率を掛けて税金を算出します。5年超または未満の判定としては、購入した時点から6回以上お正月を迎えていれば長期譲渡、迎えていなければ短期譲渡と考えてください。こうして出た税金を、売却価格からローン残債と譲渡費用を引いた残りから控除すると、ようやく手取りの売却損益が出ることになります。

なお、個人名義で所有している不動産の譲渡ですと、短期と長期によって税率が異なりますが、法人名義で所有している不動産を譲渡した場合は、保有期間に関係なくあくまでも期中の利益に対して法人税が課税されます。ある意味、税率にとらわれず売却の時期を逃さずにすむ可能性もありますし、個人保有の譲渡だと分離課税といって、他の所得の影響を受けずに、あくまでも不動産の譲渡損益だけで課税の判定をされますが、法人の場合は他の所得の損益と不動産の譲渡損益を相殺できるので、税金を圧縮できる場合もあります。

次のページで具体的な例を紹介しますので、参考にしてください。

売却(出口)するときに…
先に減価償却した分は、あとで控除できず

売却価格　１億円（ローン残債無し）
購入価格　１億円
土地　　9,000 万円
建物　1,000 万円
（減価償却期間４年）
例）
５年間保有して長期譲渡した場合
売却価格　１億円　譲渡費用　400 万円
（4%想定）

	収入金額	１億円
ー）	取得費用	土地 9,000 万円 建物簿価 0 万円
ー）	譲渡費用	400 万円
ー）	特別控除	0 万円
＝	課税譲渡所得金額	600 万円
×	譲渡所得税率	20.315%
＝	譲渡所得税	122 万円

→

	収入金額	１億円
ー）	残債	0 万円
ー）	譲渡費用	400 万円
ー）	譲渡所得税	122 万円
＝	売却手取り	9,478 万円

先に減価償却した分は、あとで控除できず

売却価格　１億円（ローン残債無し）
購入価格　１億円
土地　1,000 万円
建物　9,000 万円（減価償却期間４年）
例）
５年間保有して長期譲渡した場合
売却価格　１億円　譲渡費用　400 万円
（4%想定）

保有中に減価償却させてもらった分は、売却時にきっちり課税される。

	収入金額	１億円
ー）	取得費用	土地 1,000 万円 建物簿価 0 万円
ー）	譲渡費用	400 万円
ー）	特別控除	0 万円
＝	課税譲渡所得金額	8,600 万円
×	譲渡所得税率	20.315%
＝	譲渡所得税	1,747 万円

→

	収入金額	１億円
ー）	残債	0 万円
ー）	譲渡費用	400 万円
ー）	譲渡所得税	1,747 万円
＝	売却手取り	7,853 万円

売るか持ち続けるかの見極めも大事

不動産投資において、保有期間中の自己資本配当率（ＣＣＲ）は変動します。購入当時はＣＣＲ15％で運用できていたものの、５年後にはＣＣＲ10％と下落してしまうこともあれば、逆にＣＣＲ20％と上昇することもあります。これは、キャッシュフローも毎年のように変動すれば、市況やローン元金の減少によって売却手取り金額も変動していくものだからです。自己資本配当率（ＣＣＲ）というのは、税引き前のキャッシュフローを自己資本で割り戻した、投資効率を確認するための指標です。したがって、その年のキャッシュフローによって変動します。定期的に市場価格を把握して売却損益を試算してみながら、その時点でのＣＣＲを検証してみることが大切です。現時点で売却を確定させた場合のＩＲＲと比較検討したうえで、利益を確定させるのも１つの選択肢です。特に立地が弱含みで、今後、値上がりの見込みが立てづらいエリアであれば、ＩＲＲの指標的にはあまり良くなくても、売れるタイミングで利益を確定させてしまうのが良い時もあります。

また、そんなに儲かるなら売却しよう、で進めず、売却したあとの選択肢がどうなのかを検討することが大切です。レバレッジをかけて再投資をするならば、はたして希望の融資が受けられるのか事前に金融機関に打診が必要ですし、最近の市況下で現実的なＣＣＲはどの程度になるのか、情報を集めて資産組み換え後のキャッシュフローの増減についての見通しも必要です。逆にレバレッジをかけず、借入れを減らすため現金投資するにしても、投資できる自己資金の範囲内でのFCRの把握が必要になります。そして、資産の組み換えをするよりも、他の物件のK％を確認してローン残債を減らすほうがキャッシュフローの増加が大きくなる場合もあります。もちろん、売却して現金化したあと何もしない、という選択肢もあるでしょう。いずれにせよ、このあたりは投資家の目的や目標によって、どの選択肢を取るのが最適かは違ってきます。ですので、何年後に、どれくらいの収入を必要とするのか、このあたりを不動産投資をスタートする前にある程度の目標を立てておきたいところです。そして、その目標と現実を定期的にチェックする必要があるでしょう。

最後になりますが「何でそんな物件買っちゃったんですか、買う前に相談に来てくれれば良かったのに……」と言ってしまうようなご相談も、実はいまだに少なくありません。

不動産投資の世界では、ライバルは確実に増え続けていますが、まだまだ勉強した人が勝ちやすい世界だと思います。投資分析の仕方を理解し、かつ相場観をしっかり把握しておけば、まず失敗はないと思います。耳障りのいいキャッチコピーに惑わされないで、ちゃんといい不動産を選べるようになれば、不動産というものは堅実な資産形成の手伝いをしてくれることでしょう。

そして不動産投資とは、「投資」と名はつくものの、その実は「貸家業」であり事業でありま す。そのため、ひと晩にして大きく儲けたり、元手も無しに一気に億万長者になれたりといった夢のようなモノではありません。

地味なモノであります。

ただ、そのかわり、時間をかけてコツコツと進めていくことで、最も手堅い資産を築け、そして安定的な収入の形成に寄与してくれるのは間違いありません。

そして事業ですので、株式投資のように誰かが損するから得するようなゼロサムでもなく、借り手の満足度を上げることが貸し手の利益にもつながるわけです。

世界中で行われていることですが、気付いていた人たちはコツコツと不動産の取得を進め、それらを活用することで生まれる家賃収入という収益を生活資金へ、または事業資金の補足として活用してきた事実があります。あわせて不動産には、それを担保としてさらに資金調達できるというメリットもあり、資産拡大が加速されるのです。

この本を読んでいただいている方々は、少なくとも不動産投資に興味を持ち「アパートやマンションを買って家賃収入を得たい」「給与収入以外の収入源を確保しておきたい」「老後の収入を確保しておきたい」「自己資金を効率的に運用させたい」「相続対策として家族に資産を残したい」など、皆様それぞれの経緯があったことと思います。

では、具体的に不動産投資を進めていくには、何から始めたら良いのでしょうか？

まずは書店へ足を運び、「不動産投資」と名のつく書籍を買ってみる。もしくは、インターネットで情報を集めてみる。または、最近増加傾向にある不動産投資専門業者の開催しているセミナーに参加してみる、といったところでしょうか。

ただ、インターネットを始めとしてこれだけ情報収集が容易になると、「何が正しい情報なのか」「本当に有益な情報は何なのか」ということを「選択」するということが、非常に難しい時代なのだと思います。

ある人が「良い」といったことに、ある人は「ダメ」だと言う。書籍やインターネットもしくは大家さん同士の勉強会などのいろいろな媒体から得られる、それらの複雑なアドバイスのような、時には無責任な情報が絡み合い、結局「何をどうして良いのか」わからなくなる。そして最後に、私たち宛にご相談に見える方が少なくありません。それならまだ良いのですが、すでにスタートを切った方が失敗された後にハタと気付いて駆け込んでこられることも数多くあります。

成功するためには、この投資分析を含めて「普遍的な」、これを学べば失敗しないという理論を知ることが大切です。

そして、他者の成功体験が、いまこの瞬間の市況や資金調達状況において、皆様自身にあてはまるかどうかは別です。しかも、「何年後にいくらぐらいのキャッシュフローが欲しい」といった目標とするゴール、あわせて「投下できる資金」や「資金調達力」というものは、各人の個人属性（勤務先・年収等）や資産背景によって大きく異なります。だからこそ、他者が「できる」ことと、自分が「できる」ことは違うということ、あわせて自分が「やるべき」ことも違うのだということを理解しなければなりません。

資金調達編

山内 真也

1

資金調達の基礎知識

一般的な1棟物件の資金調達イメージは？

現金にレバレッジをかけて、効率よく資産形成をしていく。これが不動産投資の醍醐味であり、そのために必要なのが資金調達です。

本書の投資分析編の復習も兼ねてお話しすると、資金調達のイメージは、たとえば新築の木造アパート、価格が1億円、諸費用が800万円の1棟アパートの場合、仮にローン金額が9500万円、金利が1・8%、融資期間が35年として、自己資金が1300万円必要になります。

表面利回りが6・8%だと、年間の家賃収入は680万円。空室リスクは、5%の34万円。運営費は木造のアパートの場合、家賃の15%として102万円ほどになります。これらを引いたのが、一般的によくいわれるネットの収入、営業純利益です。年間家賃収入680万円から

物件収支

諸費用 800 万円	自己資金 1,300 万円
物件金額 10,000 万円 （購入総コスト 10,800 万円）	ローン金額 9,500 万円 金利：1.8% 融資期間 35 年

680 万円	年間家賃収入（GPI）
▲ 34 万円	空室率・未回収損
646 万円	実効総収入（EGI）
▲102 万円	運営費（OPEX）
544 万円	営業純利益（NOI）
▲366 万円	年間返済額（ADS）
178 万円	キャッシュフロー（BTCF）

FCR5%
CCR13.6%
DCR1.49

空室率34万円と運営費１０２万円を引いたものが営業純利益５４４万円になります。

ローン９５００万円の支払い額は、金利が１・８%、融資期間35年で年間３６６万円。これを引くとキャッシュフロー、手残りは１７８万円。税引き前の収支としては上の図のようなイメージになります。

投資効率としてはネットの収入が５４４万円で、購入総費用が１億円と諸経費８００万円の１億８００万円。するとＦＣＲ、つまりネットの利回りは５４４万円÷１億８００万円＝５%ということになります。

では、自己資金１３００万円の投資効率を見てみましょう。自己資金が１３００万円で、年間のキャッシュフローが１７８万円ですから、１７８万円÷１３００万円。計算すると、自己資金の利回りは13・6％。本来、この物件を現金で購入していれば、総額1億800万円に対して544万円のキャッシュフローなので、自己資金の利回りは5・04％でした。それが融資を組むことによりレバレッジ効果が働いて、結果13・6％まで投資効率が上昇したということになります。

これが不動産投資のレバレッジ効果なのですが、現金でコツコツと購入していくよりも資産形成スピードが大幅に上がっているのがわかります。ポイントは3つ、①物件価格に対する融資割合、②金利、③融資期間。これらによって大きく自己資金の回収期間に変化があるということです。仮に、自己資金を1000万円投入して年間100万円のキャッシュフローであれば利回りは10％。ということは10年で自己資金の回収ができるということです。それよりもさらに低金利で、かつ長期間の融資を受けたとすれば……自己資金1000万円投入して、仮に年間200万円のキャッシュフローであれば、資金の回収期間は5年に縮まります。第2章の投資分析で触れたような投資の安全性を見る必要はあるものの、それだけ資金調達の重要性というものがわかってもらえることかと思います。

評価の対象は個人属性と物件

では、どのようにして資金調達ができるのか。まず重要なのは、個人の属性です。勤めている会社の信用力や年収、保有している資産、既存の借入れなどがそうです。もう1つは物件の評価で、積算評価や収益還元評価、周辺の取引事例などが判断の基準になります。

その結果、「この投資家さんなら金利は何%優遇しましょう」「本来、この物件だと融資期間は25年のところ、個人属性の評価が良いので30年融資しましょう」などなど、総合的に判断されるということです。

金融機関が融資する基準は、「人」と「物」の評価、とにかくこの2つに限られます。

勤務先の信用力が大きなポイント

人物評価について、細かくみていきましょう。まず重要視されるのは、勤務先の信用力です。自営業者などはどうしても評価が下がってしまいます。

ここ最近の評価基準では、とくに資産、預貯金がポイントです。物件購入に際しての自己資金投入額というのももちろん大切ではあるのですが、どのくらい預金、貯えがあるのか。本質的な資産形成の事実が重要なのです。預貯金以外にも有価証券や生命保険の解約返戻金等々、世帯すべての総資産を重要視しているように思います。これは日本の人口減少からくる空室リスクの上昇など、投資リスクが高まっているという見方があるのかもしれません。私のオーナーさんから繰上返済についての相談を受けることもよくあるのですが、今後再投資を検討す

人物評価

人物評価

- ☑勤務先の信用力
- ☑勤続年数
- ☑年収（過去3年分の実績）
- ☑保証人の有無とその属性
- ☑住まい（持ち家・賃貸・居住地）
- ☑資産（自己資金・所有物件の担保余力）
- ☑負債（既存借入額）
- ☑投資実績（物件収支）
- ☑その他プラス材料（親の属性、保有資格等）

るなかで、たとえばワンルームマンション1000万円のローン残債を返すよりも、1000万円多く現金で持っているほうが、銀行の審査が通りやすいように感じています。現金を寝かしておくのはもったいないという投資家さんの気持ちもわかりますが、返済する前にまずは事前にご相談いただければと思います。

資産はすべて明らかにしてプラス材料に

住まい、持家、賃貸、居住地などの基準については、地方に住んでいる方が、首都圏の物件を買う場合、融資を受けられる銀行は限られてきます。地銀や信金では、支店のあるエリアに居住していないと融資が受けられないなど規定が設けられていますので、属性どうこうの前に、まずはそのあたりをクリアする必要がでてきます。ただし、最近では地方の銀行が東京に支店を出すケースが多くなりました。これは地方銀行として融資先を拡大するための策だと考えます。今後日本は私たちが思っている以上のスピード感で、二極化を迎えることになります。地方の過疎化は進み、これまでと同じ営業エリアでは地方銀行も衰退していくことでしょう。よって、地方在住の方が首都圏の物件で融資を受ける場合、それがひとつのチャンスとなる可能性があるのです。実際に私のオーナーさんでも地元の銀行が東京に支店を出すことによって融資を受けられたケースがありました。それも、一般的なアパートローンよりも好条件にて借入れをすることができましたので、そこはダメもとで挑戦してみる価値はあると思います。

持家か賃貸住まいかということでは、今はどちらかというと、賃貸の方のほうが融資を受けやすいと考えて良いでしょう。「年収の10倍、あるいは15倍が総借入れに対する融資上限額」なんて規定を設ける銀行が多く、持家の場合は住宅ローン残債がアパートローンの融資枠を削ってしまうことになるのです。よって、まずは収益物件の拡大を優先する方であれば、住宅購入については後回しにしたほうが賢明でしょう。

資産についてはもちろん、自己資金と所有物件の担保余力等で、銀行の見る目が大きく変わります。銀行の申込書には、預貯金の額、株の購入遍歴などを記入する欄がありますが、銀行にすべての資産を知られたくない、握られたくないという方もなかにはいるかもしれません。しかし、とにかくすべてをさらけ出すことが大切です。できれば、奥さんの預貯金等、世帯総額を出すようにしてください。親御さんに資産がある場合は、それらもアピールしたほうが良いでしょう。資産は少しでもあるほうが、プラス材料になります。

要は銀行の融資担当者が、審査部に対して、どういうプラス材料が出せるのか、その内容によって、融資条件がかなり変わってくるということです。

あとはそのほか、親の属性がプラス材料になることもあります。たとえば公務員などの場合、源泉徴収票の写しを提出する、あるいは実家の住宅ローンがない場合は謄本を添付する、といったプラス材料を見つけるようにしましょう。これは親を保証人にするとか、実家を担保に差し出すということではなく、あくまで何度も言っているプラス材料、審査部に対するアピールです。融資が付くか付かないかの瀬戸際で、押しの一手となる可能性があるのです。

あとはそれ以外にも、仕事に関連する資格を持っている場合は、それらを提出することで好印象を与えることができます。私も宅建や建築士など、いろいろな資格を持っていますから、融資を受ける際には必ず添付するようにしています。

土地と建物をシンプルに評価する積算評価

次は、物件評価の部分をみていきましょう。

まずは「積算評価」です。土地の面積と前面の路線価から、その土地を評価します。そして建物の評価は、延床面積に1㎡単価を掛けて算出、築年数によって評価は変わりますので、法定耐用年数から築年数を差し引いた残存年数で割り戻すということになります。

今では「収益還元評価」を重要視

しかし、積算評価とは、路線価や1㎡単価から計算されるものなので、肝心の収益性とは関係がありません。

この計算方法だけを重視することによって、それほど収益価値のない物件対しても高額な融資を行ってしまい、結果、これまで投資家のローン返済が滞るという事例も実際にあったようです。よって、今では多くの銀行がこの積算評価よりも収益還元評価を重視する方向に移行しています。

収益還元評価とは、物件の収益性からその価値を評価するものです。このため、入る家賃によって、物件の評価は変わってきます。ネットの収入をキャップレートで割り戻して計算する

物件評価

積算評価・・・

物件評価

土地：土地面積 × 路線価
建物：（建物延床面積 × ㎡単価）
÷ 耐用年数 ×（耐用年数－築年数）

木造：17 万円　鉄骨造：18 万円　RC 造：20 万円

※金融機関によって計算方法は異なる

土地 100 ㎡　延床面積 200 ㎡
木造 2 階建て　築 20 年のアパート
路線価　25 万円

土地　100 ㎡ ×25 万円＝2,500 万円
建物　（17 万円 ×200 ㎡）÷22 年
×（22 年－20 年）＝309 万円

積算評価＝2,809 万円

収益還元評価

収益還元評価・・・　人物評価

物件の収益性からその価値を評価

実質の家賃収入（NOI）をキャップレートで割り戻したもの。

NOI 800万円 ÷ キャップレート8％＝10,000万円

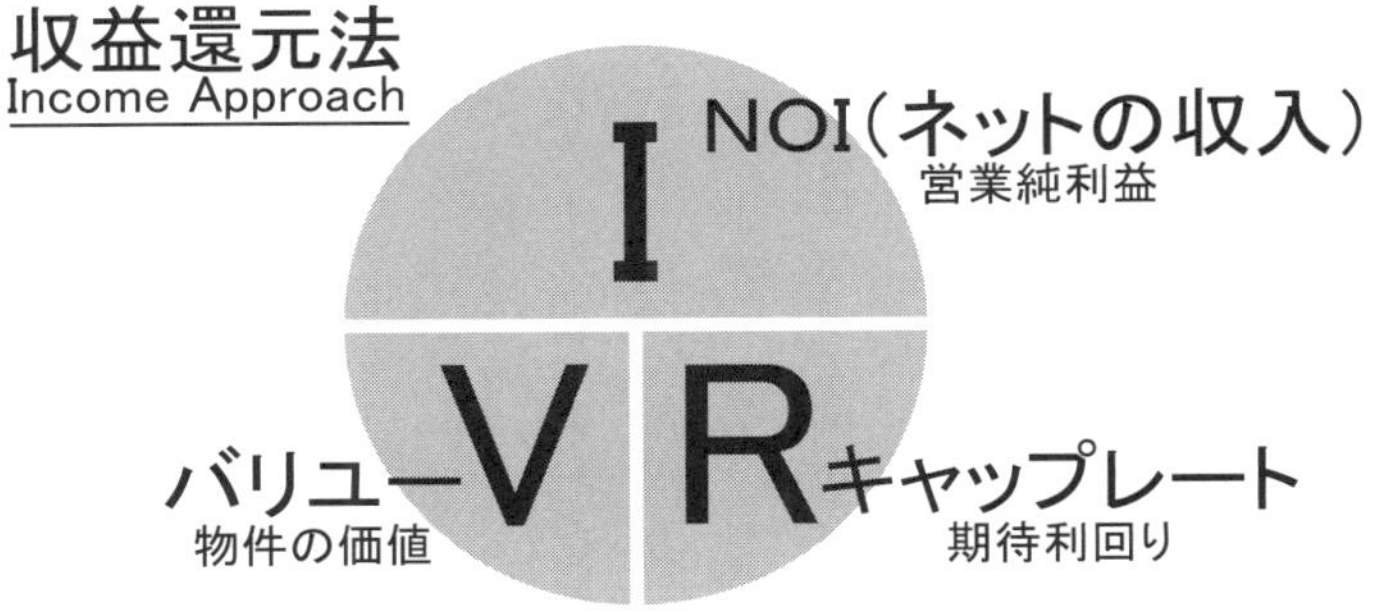

収益還元法
Income Approach

I　NOI（ネットの収入）
営業純利益

V　バリュー
物件の価値

R　キャップレート
期待利回り

投資物件を購入するうえでの大前提は、
キャップレートを維持できる地域、
できれば下がると期待される地域を選択する

もので、仮にそのネットの収入が８００万円、キャップレートが８％だった場合、物件の価値は1億円ということになります。

「キャップレート」とは、ネットの利回り、期待利回りのことです。投資家がその収益物件を買うにあたって、どれぐらいの実質利回りを求めるか、期待するかということです。

たとえば、都心の1等立地の場所では、４％の期待利回りで売れるかもしれません。しかし、物件が過疎化しているようなエリアにある場合、投資家としてはそれだけ空室や家賃下落などのリスクを負うことになるので、４％ではなく、たとえば８％の利回りを期待するかもしれません。そうなることによって、一方は８００万円の４％で2億円の物件価値があるところ、もう一方は８００万円の８％で半値の1億円にしかならないということです。

このように、家賃とそのエリアの期待する利回りによって、物件の評価が大きく異なってくるのが収益還元評価ということです。

この点から、投資物件を購入するうえでは、このキャップレートを維持できる地域、できれば、これから下がると期待されている地域を選択するということが重要になります。

たとえば今後、再開発が始まるような投資リスクの下がるエリアなどに注目します。投資物件を検討するうえでは、こういったキャップレートの下がるであろうエリアに投資するというのが非常に大切です。運用時や売却時のリスクがそれだけ低いということにつながり、安定性・

資産性に優れているということがわかります。

キャップレートはさまざまな条件で補正する

実際に各銀行もこのキャップレートから評価出しを行い、そのエリアごとにレートがそれぞれ決まっていて、さらに、駅からの距離などによってプラス・マイナスで補正していきます。駅から遠くなればその分、キャップレートはプラスで補正され、それだけ価値が下がるという事になります。また築年数によっても補正されます。当然、新築ならリスクが低く、10年・15年と古くなるにつれてプラス補正、旧耐震なら大幅にプラスとなりキャップレートが上がっていくのです。

構造によっても違いがあって、木造よりもＲＣ造のほうがキャップレートは下がる計算です。あとは、これらに加えて建物の㎡数、検査済証があるかないかなど、銀行によってその評価方法は異なりますが、さまざまな細かい規定が設けられています。

積算評価が高い物件は、リスクが高くなりやすい

積算評価に話を戻します。最近でこそ、重視される度合いは小さくなってきましたが、以前は銀行の評価が出やすいということから投資家は積算評価の高いものにこだわる傾向がありま

した。積算評価が出る＝フルローンやオーバーローンなど融資割合が増えて、自己資金を少額で抑えることができる、というイメージが非常に強かったのです。

そんな積算評価が出やすい物件というのは、基本的に安くて広い土地というのが中心。また、RC造やS造の建物なら、1㎡単価が高いので評価が出やすいということです。

しかし、東京などで考えると、土地の広い物件はそもそも価格が高く、投資としては収支がなかなか合いません。好立地エリアは積算評価が低く、物件価格の5割から良くても6割くらいのイメージではないでしょうか。それに比べ、地方圏は比較的評価が出やすくなり、少ない自己資金で購入できることを思えば、魅力的に感じるかもしれません。しかし、積算評価が出やすい物件というのは、投資リスクの高い物件が多く、土地が広いだけに運営比率が高くて、エリアも都心部から離れることにより、空室リスクも高くなりがちだということです。気をつけていただきたいのは、銀行が評価をするからすべてが収益性に優れた安全性の高い物件というわけでは決してありません。特に今お話ししました積算評価が高いということは、それだけ投資リスクも高くなるケースが多いということをくれぐれも忘れてはいけません。

気をつけたい個人信用情報

金融機関の見る個人信用情報の裏側についても知っておきましょう。

個人信用情報機関

☑負債の確認

☑所持カードの確認

☑滞納履歴の確認

☑照会履歴の確認

一般社団法人
全国銀行協会
JBA JAPANESE BANKERS ASSOCIATION

CIC 割賦販売法・貸金業法指定信用情報機関
CREDIT INFORMATION CENTER

登録情報	全国銀行個人信用情報センター TEL：03－3214－5020 http://www.zenginkyo.or.jp/pcic/index.html 主に金融機関とその関係会社を会員とする個人信用情報機関	株式会社シー・アイ・シー TEL：0120－810－414 http://www.cic.co.jp 主に割賦販売等のクレジット事業を営む企業を会員とする個人信用情報機関
氏名、生年月日、性別、住所（本人への郵便不着の有無等を含む。）、電話番号、勤務先等の本人情報	下記の情報のいずれかが登録されている期間	下記の情報のいずれかが登録されている期間
契約金額、契約日、完済予定年月等の本契約の内容およびその返済状況等（延滞、代位弁済、強制回収手続、解約、完済等の事実を含む。）	本契約期間中および本契約終了日（完済していない場合は完済日）から5年を超えない期間	契約期間中および契約終了後5年以内。債務の支払いを延滞した事実は契約期間中および契約終了後5年間
銀行ならびに保証会社が加盟する個人信用情報機関を利用した日および契約またはその申込みの内容等	当該利用日から1年を超えない期間	当該利用日から6ヶ月間
不渡情報	第1回目不渡は不渡発生日から6ヶ月を超えない期間、取引停止処分は取引停止処分日から5年を超えない期間	
官報情報	破産手続開始決定等を受けた日から10年を超えない期間	破産手続きの開始決定日より7年以内
登録情報に関する苦情を受け、調査中である旨	当該調査中の期間	当該調査中の期間
本人確認資料の紛失・盗難等の本人申告情報	本人から申告のあった日から5年を超えない期間	情報発生年月日より5年以内
与信自粛申出、その他の本人申告情報		情報発生年月日より5年以内

登録情報	株式会社日本信用情報機構 TEL：0120－441－481 http://www.jicc.co.jp/ 主に貸金業、クレジット事業、リース事業、保証事業、金融機関事業等の与信事業を営む企業を会員とする個人信用情報機関
本人を特定するための情報（氏名、生年月日、性別、住所、電話番号、勤務先、勤務先電話番号、運転免許証等の記号番号等）	下記の情報のいずれかが登録されている期間
契約内容に関する情報（契約の種類、契約日、貸付日、契約金額、貸付金額、保証額等）および返済状況に関する情報（入金日、入金予定日、残高金額、完済日、延滞等）	契約継続中および完済日から5年を超えない期間
取引事実に関する情報（債権回収、債務整理、保証履行、強制解約、破産申立、債権譲渡等）	当該事実の発生日から5年を超えない期間
延滞情報	延滞継続中
延滞解消および債権譲渡の事実にかかる情報	当該事実の発生日から1年を超えない期間

融資を受けるときに、銀行の申込書に「個人信用情報に同意します」といった欄があり、サインをして印鑑を押すように促されると思います。

その裏面をよく見てみましょう。そこには登録情報として、全国銀行協会などの信用情報機関の名称が書かれています。

実は、個人情報はこうした信用情報機関に掲載されているのです。たとえば、今どういう借入れがあるとか、どこのキャッシュカードを持っていて、融資枠がいくらあるか等々、細かな情報が載せられています。

銀行は個人情報の同意をしてもらって、信用情報機関に問い合わせ、融資を申し込んだ投資家さんの個人情報をチェックするということです。すると、過去にローンの滞納等の情報があれば、たちまち融資は否決されてしまうということです。それだけこの個人情報というものは大切であり、どれだけ個人属性が良かったとしても、過去の返済履歴によって融資の結果は大きく異なってきます。

銀行に申し込むたびに、照会履歴に追加される

照会履歴も気にするようにしましょう。一度にあまり多くの銀行に融資審査を申し込まないほうが良いという話を聞いたことはないでしょうか？　たとえば、A銀行に申し込んで、この個人情報に同意すると、A銀行は申込者の情報を照会して履歴を見ます。この時点で、A銀行に申し込んだことが、個人情報に新しく載ってしまうということです。次にB銀行に申し込んだらB銀行。さらにC銀行に申し込んだらC銀行……という具合に、次々と個人信用情報にその融資を申し込んだ履歴が載っていくということになるのです。

このため、それ以降に審査をした銀行というのは、皆さんがこれまでにどの銀行に申し込んできたのか、という情報を簡単につかむことができるのです。

以前にあるお客さんから「住宅ローンを組みたい」と依頼されたことがありました。物件の評価も出ているし、個人の属性も良かったので、特に問題はないだろうと思っていたのですが、いざ申し込みをしてみると、なかなか融資の承認がおりません。

銀行の担当者に聞いてみると、個人信用情報で照会履歴が10件ぐらいあり、個人属性には問題がないのに、どうしてそれほど多くの銀行に申し込みをしているのか、と疑われてしまい、このことがネックになっていると知らされました。

そのお客さんに聞いてみると、実は当社に来る前に少しでもいい条件で借りようと思い、多くの銀行に申し込みを行っていたらしいです。

このように照会履歴が残ることによって、銀行からよからぬ疑いをかけられることもありますので、仮に融資相談をするにしても個人信用情報欄にはサインをせず、まずは融資窓口担当者への軽い相談程度で抑えておくことをお勧めします。

滞納履歴があれば、それだけでアウト！

先ほども少し触れましたが、ローンの支払いについて、一度滞納すると、一定期間（一般的には5年から7年といわれている）について返済遅延の情報が載り続けることになります。

たとえどれだけ社会的地位が高くて、資産や年収があっても、滞納履歴があるだけで融資の通らない可能性は限りなく高くなるのです。

口座にお金を入れるのを忘れていて、数週間返済が遅れてしまったという程度ならまだ問題はないかもしれませんが、仮に支払いがたったの数千円であったとしても、1カ月、2カ月という期間支払いが遅れてしまっては、滞納履歴として個人情報に載ってしまいますので、くれぐれも気をつけるようにしてください。

会社は5段階評価で、「Cランク」以上が目安

会社の評価については、信用情報機関の帝国データバンクが、業歴や資本構成、規模、損益、経営者、企業活力などで評価します。基本的に「A＝86～100」「B＝66～85」「C＝51～65」「D＝36～50」「E＝35以下」の5段階評価です。

私の経験では、今までに見た一番評価の高かった会社が80点弱という点数でした。ですから、Aランクというのはかなり評価が高く、またBランククラスでも十分銀行の見る評価は高いと考えます。不動産投資をするうえでは、この帝国データバンクの点数は50点以上というのが1つの目安になります。それ以下だと、金利の高いノンバンクくらいしか融資を受けられる可能性は少ないでしょう。ついでに住宅ローンの場合は、もう少し審査条件が緩和されますので、評価が50点以下でも、低金利で借りられることができると思います。

余談ですが、私たちサラリーマンはもっともっと自身の勤める会社の評点を気にしないといけません。とにかく仕事を必死に頑張って、この評点が1点でも高くなるよう努力すべきなのです。そうすることにより会社の業績は上がり、私たちの所得も上がり、結果、銀行の見る人

物評価が大きくプラスへと成長、変化していきます。時間はかかるかもしれませんが、コツコツ個人属性を上げていき、不動産を買い足し実績を作る。そして、これをまた何年も何十年も繰り返すことによって、資産の形成・安定化、そして人として成長し、結果これが社会貢献へとつながっていくのだと思います。

2 某金融機関の評価方法

2017年の後半から首都圏でも金融庁の監視強化によって融資の引き締めを感じるようになりました。とくに2018年に入ってからは、各銀行の投資家に対する融資枠が大幅に減少しているように思います。事前審査が通ったとしても本審査で覆されるというケースが続出しています。これほどまでに読みづらい融資審査というのは過去5年を振り返ってみてもまずありません。

区分マンションと1棟アパート、金融機関のそれぞれの融資条件について、具体的にご紹介していきましょう。

ワンルームマンション投資

O銀行はフルローンが魅力的

O銀行の区分マンションの事例です。金利は2・675%、融資期間は「55－築年数」です。ポイントは、価格に対して100%融資、フルローンでも対応してくれるということです。ここ10年ぐらいでいえば、ワンルームマンションに対してフルローンでの融資をする銀行は数えるほどしかありませんでした。

マンションの総戸数は20戸以上となっています。私たちも総戸数の少ない規模の小さなマンションというのはあまりお勧めしませんが、銀行も同じく消極的だということです。規模が小さければ、管理費や修繕積立金などの負担割合が増えるので、やはり総戸数が多い、大規模マンションを狙いたいところです。また、マンション全体の修繕積立金が少ない場合も避けたほうが賢明です。物件の価値を維持するためには継続した修繕工事が必要でありそれだけコストもかかってきます。修繕積立金が不足していれば、マンションの老朽化は避けられず、収益還元法については前述しましたが、家賃の下落から物件の価値も下がり、投資リスクが高くなるということです。

その他、O銀行では自主管理のマンションや事務所登記されているマンションも融資は不可となっています。

年収については500万円以上です。まず、ここをクリアする必要があります。勤続年数については、会社の規模にもよりますが、基本的に3年以上になっています。

融資額の上限は、ほかの債務も含んで、年収の5倍から7倍以内。たとえば年収500万円の場合は、上限で3500万円程度です。資産管理法人への融資は区分マンションでも可能です。

ワンルームマンション投資

融資期間が長めのS銀行

次はS銀行で、金利は2・575%です。新耐震物件のみで旧耐震は受け付けません。融資期間は「67－築年数」なので、他行と比較しても長期間での借入れが可能です。

自己資金は、10%プラス諸費用のため、9割融資が上限です。最近は物件の評価が伸びないために、少し自己資金を多めに入れることがあります。O銀行と同じく事務所登記の物件は取り扱いが不可、また資産管理法人に対する融資も基本的にはしてくれません。

ワンルームマンション投資

A銀行は年収300万円からOK

A銀行は、いま融資に非常に積極的です。

クレジットカード作成などの条件がつきますが、金利は2・7%。団体信用生命保険を付けるのであればプラス0・25%になります。

融資期間は築年数ではなく「75－年齢」で、最長は25年です。ポイントとしては、自己資金の必要がほとんどありません。事務手数料は融資額の2・7%と少し高めですが、その費用のみを現金で用意すれば、それ以外の諸経費（登記費用や仲介手数料等）についても借りることが可能です。このようにワンルームマンションの融資でオーバーローンのできる銀行など、ここ10数年で聞いたことがありません。

物件対象エリアは東京23区、横浜、川崎市内、山手線ターミナル駅から電車で30分以内の、最寄り駅から徒歩10分以内。それ以外のエリアになると、融資期間を短縮されることがあるようです。

融資額は500万円から、一人の投資家さんに対して3000万円までが上限。以前は旧耐震物件への融資も行っていましたが現在は新耐震物件のみということです。借換えは基本的にできません。

注目すべきは、多くの銀行が年収５００万円以上と設定しているのに対し、最低年収が３００万円以上だということです。最近は20代の若い投資家さんも増えていることから、まずはＡ銀行を使って少ない自己資金で買い進めることができます。

その他、融資の担当者が強調していたのは、「属性ももちろん大事だが、それと同じぐらい大事なのが仲介業者」。案件を持ってくる不動産業者によって、大きく審査結果が変わると言うのです。

Ａ銀行は、前述した帝国データバンクのデータを見て、「評点が50点以下の不動産業者には融資をしない」と言っています。投資家さんの実績ももちろん重要なのですが、銀行からするとそれ以上にパートナーである不動産業者によってローン回収のリスクが変わってくるというのです。帝国データバンクの評点が高ければ、その不動産会社が優良な物件を紹介するとは限りませんが、本人の属性は問題なくても、仲介する不動産業者によっては、ただそれだけで融資不可ということになる可能性があるということです。

ワンルームマンション投資

アパートローンの審査が緩いM銀行

次はM銀行について。これは区分でも1棟でも、基本的に融資条件は変わりません。金利は4・3％で、団体信用生命保険を付けなければ3・9％です。ここ数年で変化があったのはある一定の融資額になると、金利が下がるということです。1棟物件などで融資額5000万円を超えると金利は2％台になります。基本的に、融資期間は「75－年齢」です。自営業者でもOKです。きっとアパートローンで他行と比較した際に、このM銀行が一番審査が緩いと思います。

ただし、新築に対する評価は厳しいので、新築のワンルームマンションや新築アパートなどの場合、自己資金比率を上げないと融資はしてくれません。低価格帯の区分マンションや、3000万円ぐらいの中古アパートを得意にしています。

他行が取り扱わないような案件が得意とのことで、借地や、建ぺい率・容積率のオーバーしている物件でも融資は可能、他行で断られるような案件でも、融資の通る可能性はありそうです。

1棟アパート投資

O銀行は、金利3%で融資枠拡大

ここからは1棟アパートについてです。O銀行の金利は変動で3・675%、固定3年で3・3%、固定5年で3・5%。なぜか変動金利より固定金利のほうが低くなることから、ほとんどの方が固定金利型を選択。また、3年固定3・3%から、基本的には1%の優遇処置がありますので、固定の3年で2・3%となり、さらに属性次第ではそれ以上の優遇を受けられることもあります。

融資期間に対しては、木造が「40－築年数」、鉄骨造が「45－築年数」、RC造が「55－築年数」です。これも以前より融資期間が延び、最長は35年までできるようになりました。

基本的には、自己資金は売買金額の10%プラス諸費用ですが、属性や資産背景によっては95%やフルローンなどの対応が可能です。

融資枠は既存の借入れを含めて、年収の10倍から15倍ぐらいまででしょう。

よって、持ち家よりも賃貸住まいのほうが融資の取り組みはしやすくて、また複数棟保有している方よりも、1棟目から多くても2棟目くらいまでの購入で融資を利用するイメージでしょうか。

資産管理法人での融資も積極的に扱ってくれます。その時の審査方法としては、資産管理法人としての実績ではなく、個人名義での購入と同じ、要はサラリーマンとしての個人属性で融資条件が決まります。よって新設の法人で融資を受けることが可能であり、決算書がなくても特に問題はありません。

その他、通常よりも金利を上げることによって融資枠の増える可能性があります。先ほどの年収倍率を超えたような場合、ひとつの目安としては金利を3％ぐらいまで上げることによって、融資枠を増やすことが可能です。

あとは団体信用生命保険をつけるというのが、O銀行の条件になりますが、従来は提携する団体信用生命保険会社が2社でそれぞれ1億円ずつ、よって融資枠は2億円が上限でしたが、今はさらにもう1社の保険会社と提携したことから、融資枠は1億円伸びて3億円までということです。

1棟アパート投資

今後の動きに注目、S銀行

S銀行は、金利が2・575%、融資期間は「70－年齢」です。物件の評価次第ですが、自己資金は1割から2割ぐらいが必要になってきます。

中古アパートでも融資期間が長目に取れることや、O銀行ほど既存借入れに対して厳しくはないなどメリットもあります。ただ、1物件につき1億円が融資上限となります。当社のように提携している不動産業者からの案件については、金利優遇が受けられます。少し気になる噂としては、今後1棟物件への融資条件を見直す可能性があるかもしれません。ここ数年の当社の融資実績を見ても、持ち込む案件数はかなり減っています。また審査スピードが以前よりも遅く、それだけ融資に対して慎重になってきているのかもしれません。

1棟アパート投資

実質金利が非常に低いR銀行

R銀行の場合、基準金利が2・475%になっていますが、実際の金利はぐっと低くなり、優遇を受けて1%前半から後半くらいでしょう。アパートローンにしては非常に低金利です。融資を受けるポイントとしては、預金や有価証券等の余力資産です。他行以上にこれが融資のポイントとなります。既存の借入れに対しては細かな規定はなく、まだ柔軟に対応してくれている印象です。

とにかく物件評価は収益性から算出。購入物件と保有している物件の収益性を見たうえで審査を行うということです。よって利回りの低い物件に対しては、それだけ自己資金が必要になってきます。

融資期間は耐用年数からで、木造であれば「22年－築年数」、鉄骨造で「34－築年数」、鉄筋コンクリート造で「47－築年数」ということになります。自己資金は評価次第で、首都圏では上限が９割融資くらいでしょう。木造アパートの場合、融資期間は22年が最長ですが、住宅性能評価の劣化等級２級を取得すれば、30年まで融資期間の延長ができます。劣化等級２級を取るための費用は規模にもよりますが１００万円弱くらいが目安なので、できれば取っておいたほうが良いでしょう。

先ほど９割融資が上限というお話しをしましたが、劣化等級２級を取得せず、耐用年数である22年の融資期間だと、その分、返済比率が高くなるので、自己資金は２割程度必要になるでしょう。

また資産管理法人の融資にも積極的ですが、法人に対しては団体信用生命保険がつきません。よって昔の病歴などで保険に入れない投資家さんの場合、法人を設立してR銀行で融資を組めばクリアできる可能性はあるということです。

なお、投資家さんの居住地にR銀行の支店がないと取り扱いはできません。

1棟アパート投資

SS銀行は、融資期間と既存借入れには柔軟に対応

金利は変動で2％前後で、融資期間は最長35年。自己資金は、基本的に2割必要です。ただし、担保余力のある物件を持っている場合、その分、上乗せもできるようなので、その評価次第ということになります。

築年数が古くても、評価次第で融資期間は柔軟に対応するので、木造やS造などの築古のものでも、長期間の融資を受けることは可能です。ただし、旧耐震の物件は、評価が厳しくなってしまいます。

注意が必要なのは、基本的に支店のエリア内での融資に限ること。居住地か勤務先が東京でないと、基本的に融資はできないことになります。

物件評価は収益性から算出します。私が入手した情報によると、地方物件を所有していると、審査が厳しくなるということです。

既存の借入れも柔軟で、担当者は「要は、資産と負債のバランス次第」と言っています。資産管理法人の融資も可能です。団体信用生命保険については、基本的に加入不要です。ただし、加入希望者がいれば、金利は０・５％から０・７％ほど上がってしまいます。

１棟アパート投資

融資枠が非常に大きいＳ銀行

皆さんご存知のＳ銀行。金利が３・５％から４・５％、昔は大変お世話になりました。今の情勢で４％前後の金利だと収支がほとんど合ってきません。ただし、その分融資枠は非常に大きくて年収の20倍が上限となっています。また、このご時世ではめずらしく資産管理法人への融資は行っていないことから、高所得者などの案件の持ち込み数は限られてきます。最近もシェアハウス問題等、何かと世間を騒がせていますが、ピンチはチャンスという言葉もあるように、これを機にまた私たちの求めるＳ銀行独自の新しい風を吹かせてほしいところです。

個別にご相談ください

区分マンション、1棟アパートの融資について、金融機関別にご紹介しました。

これはあくまでもほんの一部であり、ほかにもアパートローンに積極的に取り組んでいる銀行は数多くあります。皆さんの居住地や勤務先、物件のエリアによって諸条件が合えば驚くような条件提示をしてくれる銀行もありますので、そこは個別にご相談頂ければと思います。

リーマンショックや東日本大震災当時であっても融資をしてくれる銀行は多くありましたし、融資規定というのはあくまでも表向きの話し。皆さんのこれまでの実績、また不動産会社の信用力によって、思ってもないチャンスが転がってくるかもしれません。

3 金融機関を利用するうえでの優先順位

金融機関で異なる融資額の上限

金融機関を利用する際に覚えておかなければならないのが、金融機関によって異なる融資額の上限規定があるということです。これを考慮したうえで金融機関の優先順位を考えていけば、もっとうまく買い足せていけたのではないかというケースも見受けられます。

前述したようにO銀行は年収の10~15倍、S銀行は年収の20~30倍。一方、R銀行は、特にそのような規定はありません。

そこで、最初にR銀行を使ってしまうと、融資上限規定のある銀行は使えなくなる恐れがあります。特にO銀行の場合は属性によって少額の自己資金で購入できる可能性もあることから投資効率に優れ、できれば早めに使いたい金融機関の1つです。このようにして利用する金融機関の順番を考えながら買い進めていかなければなりません。

実際に私たちが1棟物件を紹介するときには、まずO銀行を利用して、レバレッジを最大限に使い自己資金の効率化を求めます。そうすることによって、なるべく早く次の2棟目を買い足すことができるようになり、さらにキャッシュを厚くすることが可能です。

そして、次に利用したいのはS銀行。同じく長期融資でレバレッジを効かせた2棟目の投資として使います。

さらに、もう1棟買い足す場合は、R銀行です。低金利で長期融資。既存の借入れが多くとも融資枠を確保しやすく、さらにレバレッジを効かせた投資が可能です。また、既に2棟目を買い足したことによって、キャッシュフローに余裕があるのであれば、あえて3棟目は融資期

間を短縮し、元金返済スピードを速め、将来のリスクを下げていくという選択肢を取るのも良いでしょう

仮に22年で組み、10年保有すれば、ローン残債は半分近くまで減っている計算です。レバレッジを効かせ、ある程度リスクをとって膨らませた後に、リスクを下げていく作業を進めていくということです。

3棟から4棟ほど買い足していければ、年間で1000万円ぐらいのキャッシュフローが手にできると思いますので、その後はワンルームマンションを現金で買い足してリスク分散する投資家さんも多くいらっしゃいます。

その時の情勢によって方向性は異なってきますが、今の融資環境で、かつ低いリスクをもって効率よくある一定規模まで資産形成を進めていきたい方は、このような融資手順で買い進めていくことをお勧めします。

住宅購入を検討する場合は

賃貸住宅に住んでいる投資家さんに、先に住宅を買うのか、それとも収益物件を先に買い進めていくのかという、相談を受けることが多くあります。

たとえば、ある投資家さんがO銀行に事前相談をしたところ個人属性から1億円まで融資枠

住宅購入を検討する場合

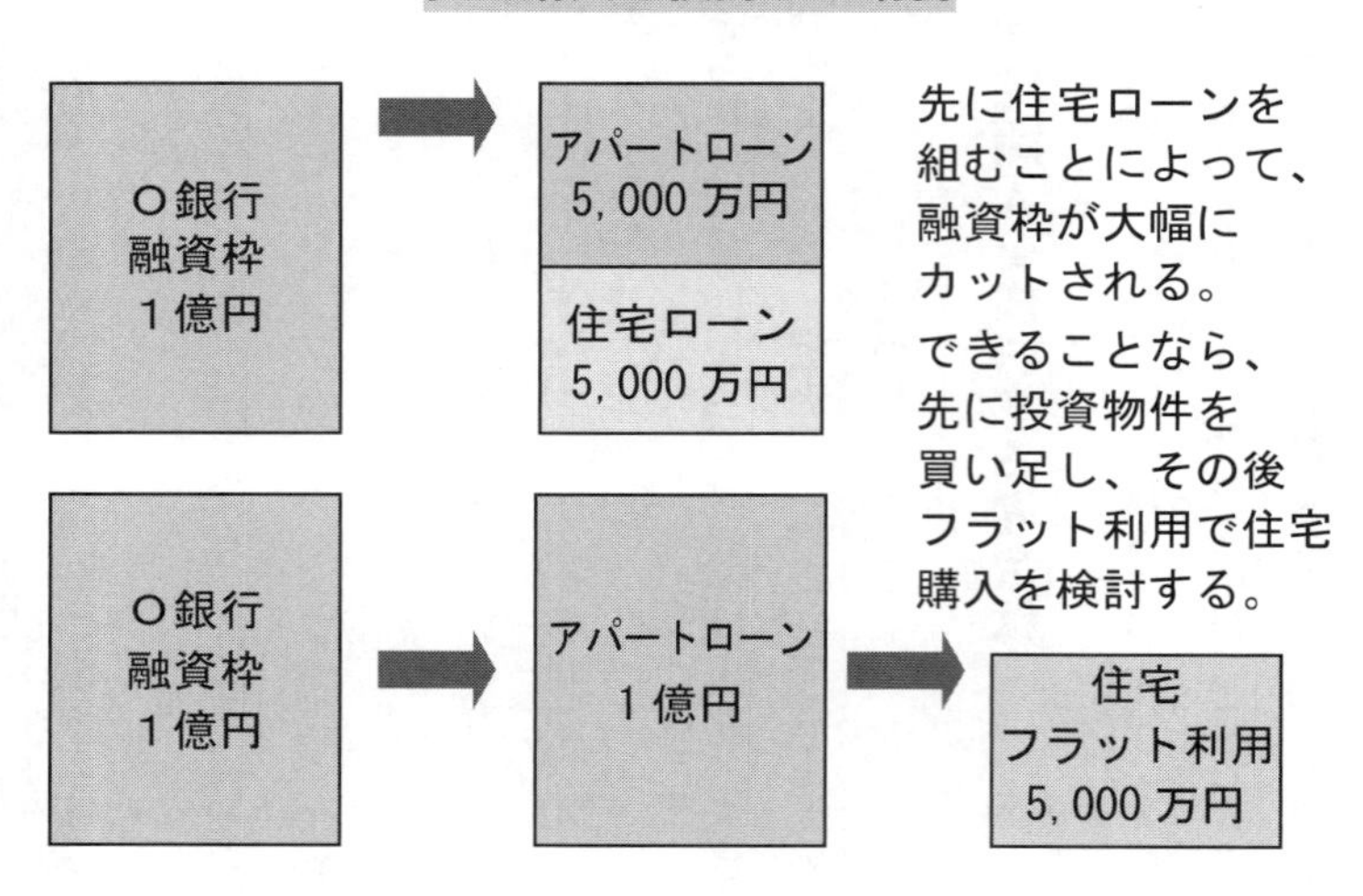

を取ることができました。その後、先に住宅ローンで5000万円の融資枠を使ってしまった場合、O銀行は既存の借入れを含めた融資枠ということになるので、アパートローンは残り5000万円分の融資しかできなくなってしまいます。

よって、最初に住宅を購入するのではなく、まずは融資枠1億円分をアパートローンとしてフルに使ったほうが規模の拡大がしやすくなるのです。そこで気になるのは、アパートローンを組むと、住宅ローンが使えなくなるのではという心配をされる方もいます。今は「フラット35」を使うことで、アパートローンの借入れに関係なく融資を受けることが可能です。一般的な住宅ローンでは、アパートなどの借入れがあると、返済比率がオーバーし融資を受けることができませんが、フラット35はアパートローンの返済比率を計算に入れる必要のないことから、ローンを組むことができてしまうのです。

だから、効率よく投資物件を買い足していきたい、また住宅取得は急がない、という方であれば、まずは収益物件を買って、その後、住宅はフラットを利用すれば、融資枠を目一杯アパート購入に使うことができるのです。

4 今できる不動産投資は自己資金次第で決まる

自己資金の金額で投資物件は決まってくる

不動産投資の対象になるのは、区分マンションと木造アパート、RC造・S造の3つに大きく分かれます。取り扱いの多い価格帯は、区分マンションでは800〜1000万円、木造アパートは6000万〜1億円、RC造・S造のマンションは1億円以上といったところです。

融資はだいたい、9割からフルローンが一般的です。そこで諸費用を含めて必要になる自己資金は、区分マンションだと30～200万円、木造のアパートは500～1800万円、RC造・S造マンションでは、1800～2000万円が必要になります。

地主や資産家のように担保があれば別ですが、今できる不動産投資というのは、用意できる自己資金によって必然的に決まってきます。

一から取り組める分割融資実行型の魅力とは

アパート投資は、建売アパート投資と土地購入からのアパート投資の2種類があります。

建売アパート投資は、アパート完成時に引き渡し、一括で融資を実行する「一括融資実行型」です。対して、土地購入からのアパート投資は、土地と建物それぞれで引き渡しとなる「分割融資実行型」です。

分割融資実行型は、まず土地購入の段階で土地の融資を受け、建物着工時には30％の融資、同じく上棟時にも30％の融資、そして最後、建物完成で残り40％の融資を受ける、という工程で進みます。

分割融資実行型には、メリットとデメリットがあります。

メリットとしては、まず賃貸運営を意識した間取りづくりができる点と、自由にプラン・設備変更ができる点があげられます。土地から仕入れて間取りを考え、駅からの距離などエリア

分割実行の流れ

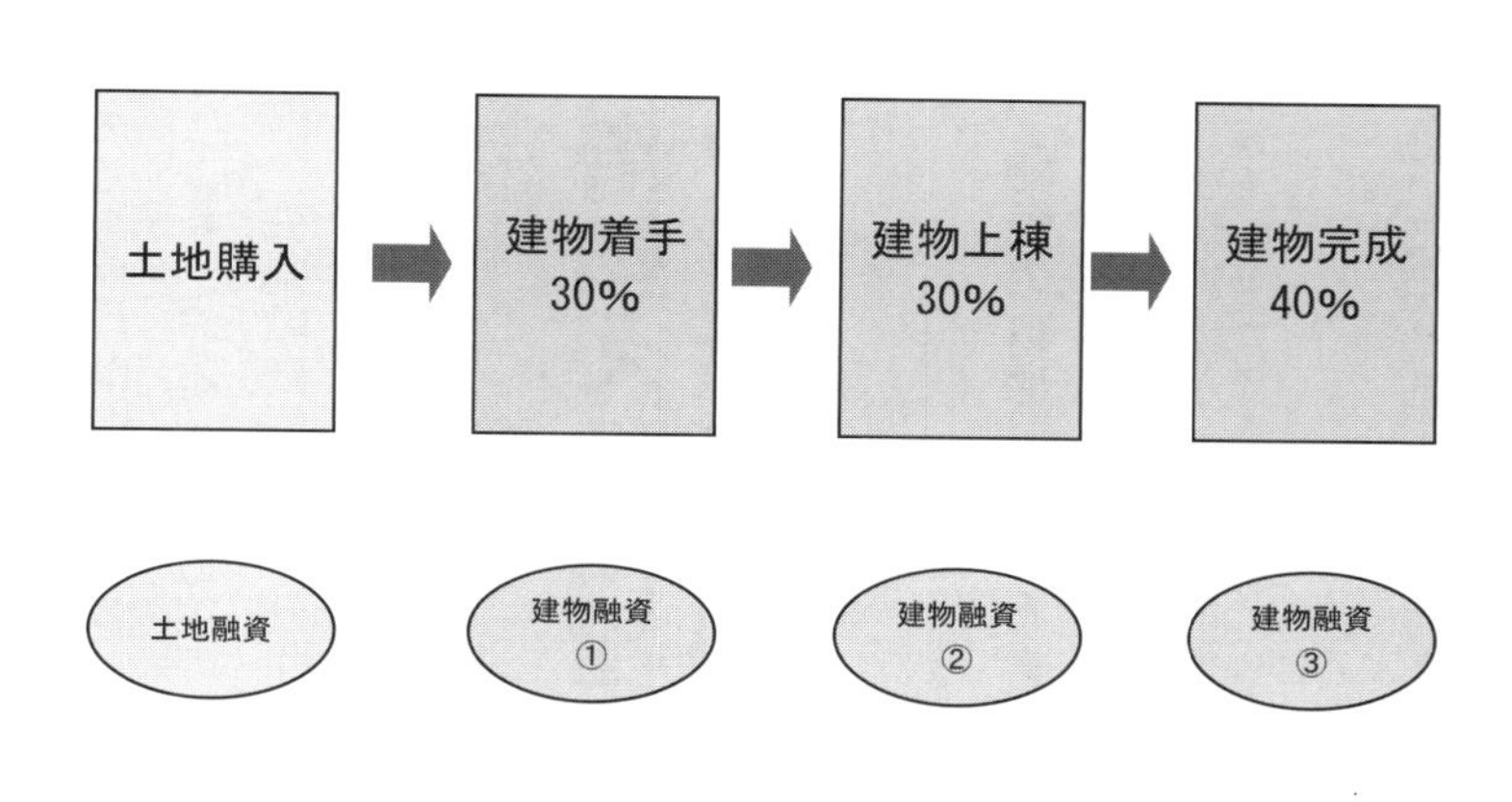

によって各部屋の広さを調整するのです。長期的に運用することを考えてみても、そのほうが間違いなく安定した賃貸運営をしやすくなるということです。このように、一から取り組めるメリットは大きいといえます。

一方デメリットとして、融資手続が増えます。土地融資を受ける際に銀行との手続を行い、建物着手・上棟時でまたその手続が必要となります。その他、分割での融資というのは融資先が限られてしまうことや、先行して利息がかかることもデメリットです。

たとえば、土地3000万円の融資を受けて、仮に金利3％で完成まで半年だと、利息だけで45万円。建物着手時に900万円の融資を受けるとすると、完成まで5カ月で、11万円の利息。建物上棟時にも900万円の融資で完成まで4カ月かかるとすると利息は9万円です。総額4800万円の融資を先行して受けることにより、おおよそ65万円のコストがかかることになります。

ちなみに、分割融資実行型を利用できる金融機関として、O銀行、R銀行等が積極的に取り扱ってくれています。

5 借換えに積極的な金融機関のウラ話と金利交渉

今後、融資の可能性のある金融機関で実績作りを

物件が増えてくれれば、さらに効率をあげるためローンの借換えも検討したいところです。これまで借換えをしたことにより、金利が約半分以下に下がったなんていう事例も少なくありません。

新規案件には消極的でも、借換えには積極的な金融機関はよくあります。銀行は今までの実

績を見てリスクを図ります。たとえば金利2・5％で収支上問題のない1棟アパートだとすれば、借り換えたことによって金利はさらに下がります。ということは返済余力が残るわけですから、銀行としては実績ある物件に対してリスクの低い投資ができることから、借換えには積極的に動いてくれます。問題は、各銀行の融資期間に対する規定です。たとえばR銀行の場合、耐用年数から築年数を差し引いたものが最長の融資期間になりますので、築10年の木造アパートだと12年しか貸してもらうことができません。したがって、金利が下がったとしても収支上はマイナスになり、融資に見合う評価の出ない可能性が高くなるのです。イメージとしては、R銀行は築浅の木造アパート、または中古のRC造やS造で耐用年数の残っている物件が狙い目。O銀行であれば築10年の木造アパートだとしても、規定上は30年借入れのできる可能性があることから、意外と使い勝手が良いというわけです。

そして、借換えよりも優れているのは、既存の銀行に対する金利交渉です。借換えというのは別途諸経費がかかりますが、金利交渉であれば基本的には無料であり、借換えのような各手続を行う手間もかかりません。金利交渉のポイントとしては、月々の返済を滞りなく納め、安定運営ができていることはもちろん、そのほか、定期預金をするなど銀行とのつき合いを深めておくことも大切です。結局、その銀行にどのくらい預金があるのか、500万円か3000万円か5000万円か。それによって「お得意様」としての扱いが大きく変わってきます。

少し話は変わりますが、以前にこんなことがありました。ある地方のオーナーが、金融機関に「金利を下げてほしい」と交渉をしたところ、全くもって相手にされなかったのです。そこで、他行に当たり融資相談したところ前向きに借換えの検討をするということだったので、その旨を再度今の金融機関に伝えたところ、即答で金利を下げてくれたのです。他行で借換えできるということになれば、金利交渉に応じてくれる可能性は高くなります。ただ銀行によっては、他行で借換えできる証明書を求めてくるケースもありますので、そういった証明があれば、なおさら交渉に応じてくれる可能性は高くなります。

以上のことから、借換えや金利交渉をうまく進めるためには、実績づくりに取り組むことが肝心です。また、遊ばしているお金があるのであれば、今後利用する可能性の高い金融機関に移しておいたほうが良いでしょう。R銀行は別として、メガバンクと呼ばれている都市銀行から融資を受けられるのは、地主か資産家のみです。不動産投資で融資を受ける可能性のある金融機関に預金をシフトしたほうが賢明でしょう。また、居住地周辺の地銀などで実績づくりをしておくことが、今後、融資・借換え・金利交渉などで優位に進む可能性があると思います。

借換え実例で投資効率はこう変わる

実際に取り組んだ借換え実例で、投資効率はどのように変わったかを紹介します。

区分マンションのローンで、ローン総額が借換え前654万円で金利が4・65%、融資期間は28年でした。それが借換え後はローン総額660万円で、金利は1・775%まで下がりました。銀行では借換えを提案するための試算表（次ページの図）を提出してくれます。借換え前と後のローン残高や適応金利、年間返済額、支払予定額などと、事務手続費用などが載っています。

融資期間については、「耐用年数－築年数」で決定されるため、短くなるケースが多いようです。事例の場合も、ローン期間は28年から19年に短縮されました。毎月の返済額は3万5000円から、借換え後は3万4000円と、金利が下がったと言っても、実質、毎月の負担軽減は1000円弱ということです。

ただし、元金と利息の内訳はガラリと変わります。それまでは約7割が利息の支払いだったのに対し、借換えすることによって利息が3割、元金分が7割と逆転し、将来のリスクがぐっと下がっていることがわかります。ワンルームマンションの660万円という少額ローンであっても、借り換えることによって総支払予定額は380万円も下がるということです。以上から、それだけ将来リスクの下がっていることがわかります。

借換え前と借換え後の元金と利息の関係がどれぐらいのインパクトがあるかは、201ページの棒グラフで表すとよくわかります。将来のローン残債額も大きく数字が変わってくるの

試算表

ローンの種類　1, 住宅ローン　2, アパートローン	2
前回増額返済月からの経過月数	

お借換えによるご負担軽減額（円）	3, 802, 711

ローンお借換えご試算票	①

	単位	お借替え前	お借換え後	ご負担軽減額
ローン残高	円	6, 544, 521	6, 600, 000	*********
うち毎月分	円	6, 544, 521	6, 600, 000	*********
うち増額分	円			*********
適用金利	%	4, 650	1, 775	*********
残り返済期間		28	19	*********
毎月分返済額	円	35, 072	34, 123	949
増額月加算額	円	0	0	0
増額月返済額	円	35, 072	34, 123	949
年間返済額	円	420, 864	409, 476	11, 388
総支払利息	円	5, 099, 355	1, 180, 044	3, 919, 311
総支払予定額	円	11, 643, 876	7, 780, 044	3, 863, 832

借換えに必要な諸費用の概算

契約書印紙代	円	10, 200
保証会社保証料	円	0
保証会社事務取扱手数料	円	0
抵当権設定登記関係費用	円	106, 400
未払利息清算	円	0
お借入れ充当分	円	マイナス　55, 479
諸費用合計	円	61, 121

借換え前と借換え後の元金、利息、残高の棒グラフ

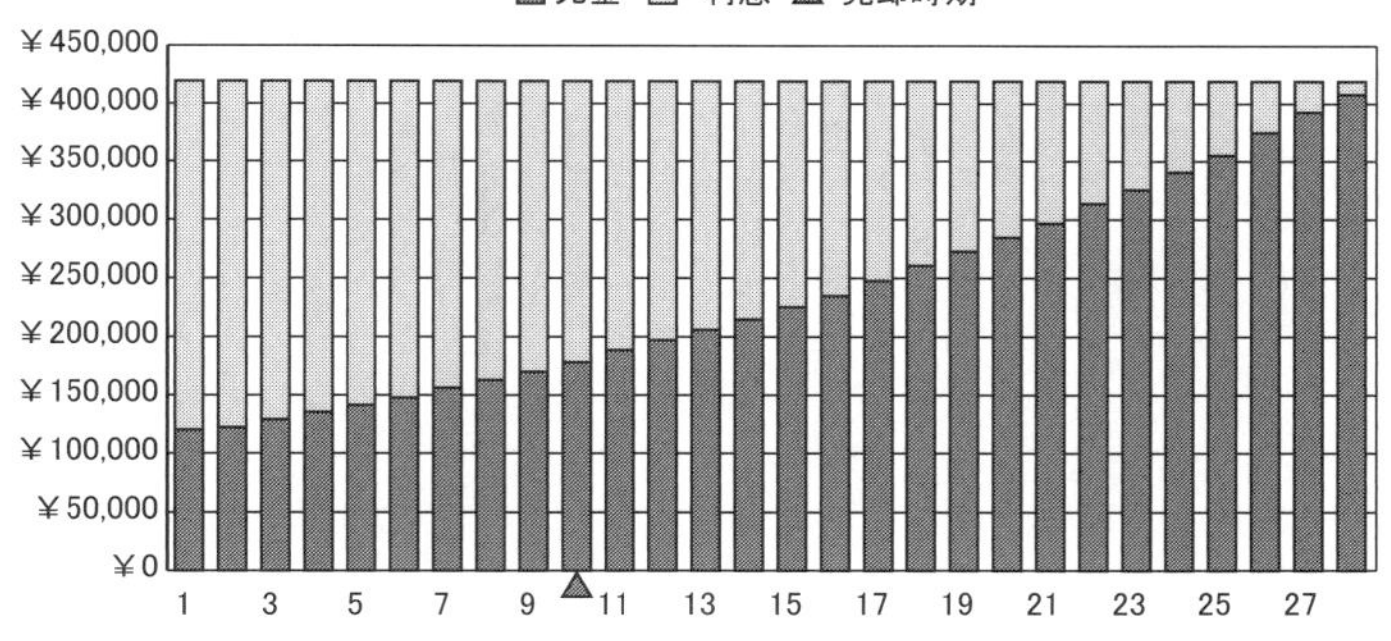

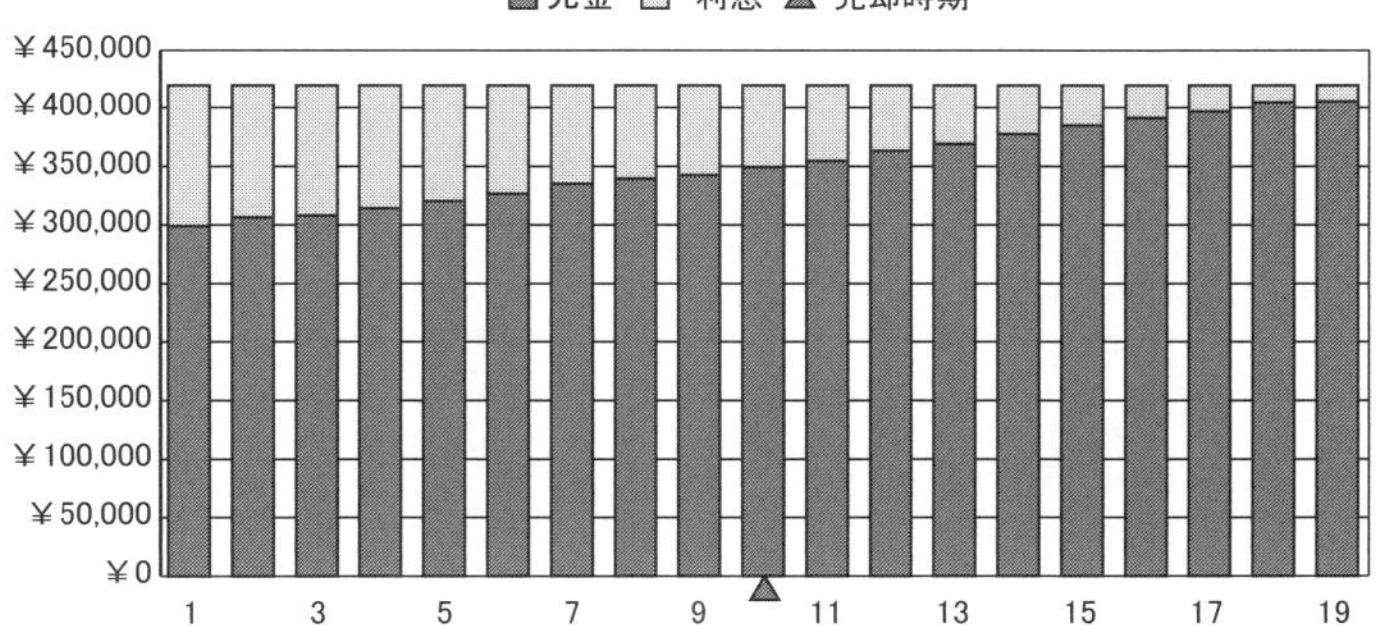

で、元金と利息の変化に注目してください。

借換えで2000万円の負担軽減になることも

当社のオーナーであるA様の売買履歴で、借換えについて考えてみましょう。

A様とは、平成22年に自宅を売却させていただいたときからのお付き合いです。その後、川崎で新築アパートを購入。平成23年には横須賀で、平成25年には横浜で新築アパートを購入しています。さらに平成26年には区分マンション2戸を現金で購入しています。借換えは、アパート3棟のローンに対してでした。

1棟目は金利が低かったため、借換えには意味がなく、やめることにしました。残り2棟に関しては、借換えの提案が銀行側から提示されました。2棟合わせて9000万円弱の借入れで、修繕積立金として毎月5万円ぐらいの積立などの条件が付いていました。1つの事例で金利4・5%、返済期間28年のローンを借り換えて、金利1・975%になる代わりに融資期間は21年まで短くなるというものです。諸経費も一緒に借してもらい、4150万円のローン残債が、借換え後は4280万円の新規借入れになります。

約4000万円の借換えをしただけで、2000万円も負担が軽減されることになります。2棟で4000万円分の支払い利息が減ってきます。この瞬間から、大幅に投資スピードが上がっていくのです。

また、借換え物件は収支が安定していることが前提です。空室が多いときは借換えではなく、まず空室を埋めることを考えることが大切です。

また、過去に中古のＲＣ造・Ｓ造のローン借換えを依頼した時、これまでにどのような修繕を行ったかという修繕履歴を求められたことがありました。修繕をしていない場合、今後かかるであろう修繕費用をカバーできるだけの自己資金が別途必要になることがあるので注意が必要です。

また、借換えの相談は新規物件の融資案件と同時に持ち込むのが得策です。単純に融資が高額になれば、それだけ融資担当者としては力が入ります。あと区分マンションの借換えについては、基本的に数戸程度では難しいとお考えください。戸数が多くなれば、それだけ借換えのできる可能性は高くなるでしょう。

融資事前承認の案内

融資事前承認のご案内

株式会社 シーエフネッツ　山内　様

銀行　〇〇〇〇部
担当：〇〇〇〇
TEL00-0000-0000

以下条件で融資承認されましたので、ご案内致します。

■賃貸アパート借換資金　（単位：千円）

案件概要	実行金額	期間	変動金利	マンション名
アパートローン借換	42,800	21年	1.975%	
アパートローン借換	46,100	20年	1.975%	
計	88,900			

※詳細は借換シュミレーションを参照ください。

■取扱予定店　担当　融資様　TEL
■保証人　なし
■団営　付保（団信料は借入金利に含む）
■担保　住所　担保設定額　土地　建物

	住所	担保設定額	土地	建物
借換アパート土地建物		42,800千円	97.69㎡	97.78㎡
借換アパート土地建物		46,100千円	175.40㎡	157.82㎡

■諸費用　抵当権設定費用（実費）、印紙代および不動産担保手数料¥73,500×2を別途頂戴致します。

【金利条件】

変動金利　優遇幅0.50%）（店頭金利からの優遇幅）は最終返済日まで変更ありません。

【依頼事項】

大阪営業部で事前面談願います。（今後の投資方針について確認）
検査済証（写し）を提出
火災保険付保確認
当該マンション家賃を当社返済口座へご入金ください
修繕積立金として毎月51千円以上のお積立をお願いします。（担保ではありません）
相続予定者確認

アパート2棟の借換え提案

条件付きの場合もあり

融資事前承認の案内

様

ローンお借換ご試算票

	単位	お借換え前	お借換え後	ご負担軽減額
ローン残高	円	41,582,585	42,800,000	########
うち毎月分	円	41,582,585	42,800,000	########
うち増額分	円			########
適用金利	%	4.500	1.975	########
残り返済期間	年	28	21	########
毎月分返済額	円	216,812	207,627	9,185
増額月加算額	円	0	0	0
増額月返済額	円	216,812	207,627	9,185
年間返済額	円	2,601,744	2,491,524	110,220
総支払利息	円	31,916,683	9,522,004	22,394,679
総支払予定額	円	73,499,268	52,322,004	21,177,264

お借換えに必要な諸費用の概算

契約書印紙代	円	20,200
手数料 2%	円	831,652
提携会計事務所取扱手数料	円	73,500
抵当権設定登記関係費用	円	321,200
未払利息清算	円	0
お借入元金分	円	マイナス 1,217,416
諸費用合計	円	29,137

ローンの種類 1.住宅ローン 2.アパートローン	
初回増額返済月からの経過月数	

お借換えによるご負担軽減額（円）	21,148,127

お客様へ

上記のご試算は、お借換え後の金利が全期間かわらないものとして計算されておりますので、ご検討に際してはその旨お含み置き下さい。
また、諸費用は概算金額となりますので、実際のご負担金額とは異なる場合がございます。

金利
4.5%→1.975%

月々の返済は
ほとんど変わらない

約 4,000 万円の
借換えをしただけで
約 2,000 万円の負担が
軽減される！

6 よくある質問

Q：年収が少ないのですが、どのような投資をしたら良いですか？

A：不動産投資をする場合の年収の目安は、500万円以上です。ただし、前述したようにA銀行の場合は、年収300万円以上から土台に乗せることが可能です。もし所有物件に担保余力があれば、年収が300万以下であったとしてもそれらを共同担保に入れることによって融資をしてくれる銀行もあります。

もし融資の見込みがなさそうであれば、まずは現金でワンルームマンションを購入するのも選択肢の1つです。現金での購入だと、もちろんレバレッジは効きませんので投資効率は下がってしまいます。しかしながらコツコツと運用を進めていくことで、キャッシュフローは貯まります。そして個人の所得も上げていくことにより、それらが実績として認められ、融資が受けやすくなるケースはよくあることです。現金を寝かせておく時間はもったいないですし、またそれを担保に融資を受けて資産拡大も狙えます。ワンルームマンション投資のデメリットはスピード感にあり、特にスタートを切った当初、ある程度の戸数に増えるまではどうしても忍耐が必要です。ワンルームでも5戸、6戸まで買い足していければ、それはもう1棟アパートと同規模であり、区分マンションの「リスク分散」というメリットが加わります。私自身も同じように最初は区分マンションを現金で購入して、そこから融資を使い数件のワンルームマンションを買い足してきました。その後、信用力も付いたところで1棟アパートを買い進め、投資効率を上げていったのです。一番最初に現金で買った区分マンションは気付けば長期譲渡にもなっていますので、タイミングを見て売却をすれば大幅な利益を手にすることができます。またその利益を使って資産拡大していけるのも、あの時、今自分にできる不動産投資を進めていこうと考え実行したからこそなのです。

その時の選択は、やはり間違ってはいなかったと思っています。

Q：保証人は必ず必要でしょうか？

A：かつては保証人を立てることは当然で、特に配偶者を保証人にするよう求められることが一般的でした。しかし現在は、保証人を求めてくることはほとんどありません。

ただ、融資額が増えてくると、保証人が必要になるケースも増えてきます。そのため早い段階から、奥様やご主人様に不動産投資について少しでも興味を持っていただくことが大切です。家族が協力的であれば、それだけ融資も受けやすく、結果、資産形成スピードを上げることができるのです。日本では借入れが悪、投資は危ないという印象が根強くありますが、将来の家族を守るための資産形成は欠かせません。できれば一緒にセミナー等に参加していただくのが理想ではありますが、今は書籍はもちろんのこと、ユーチューブで見ることもできます。
また、その他のメリットとしては、持ち分を分けることによって節税対策になります。不動産所得は総合課税ですので、たとえば収入の高いご主人よりも、収入の少ない奥様に所得分散させたほうが税負担は軽くなります。また、10世帯のアパートを購入等して事業的規模になれば、共有名義だと持分に関係なく、それぞれ65万円の青色申告控除が受けられるのです。このように家族が協力的であればプラスに働くことも多くありますので、ぜひご家族の皆さんにも不動産投資について興味を持ってもらってください。

Q：繰上返済はしたほうが良いのですか？

A：これはケースバイケースでしょう。投資の規模がある程度増えたら、確かに繰上返済するという選択もあります。ただし、住宅ローンの場合でいうと1%程度の利率で借りているケースが多く、それを繰上返済するのは投資効率が悪くなります。
繰上返済をするかどうかは、投資分析編でも触れているK%で考えます。K%の式は「年間ローン支払額÷ローン残高×１００」。たとえば、ローン残債が１０００万円でローンの年間支払い額が１００万円だとするとＫ％は10％です。自己資金１０００万円を使ってローンの残債を返済すると、もちろんローンの支払い１００万円がなくなります。ということは、自己資金１０００万円で１００万円のキャッシュフローを得たということになりますので、この利回りが10％だということです。

先ほどの住宅ローンで考えると、仮に金利１％で融資期間30年、同じく１０００万円のローンということであれば、年間の支払いは約38万円。全額繰上返済をしたところで、その１０００万円の投資利回りは３・８％にしかならないのです。それならば、１０００万円の自己資金でワンルームマンションを購入して、たとえばネットの利回り４・５％なら年間のキャッシュフローは45万円となり、収支が良くなるのです。また年間１００万円の支払いのローン残高が２００万円になり、この２００万円を繰上返済すれば、年間１００万円の支払いがなくなります。次の物件を購入する場合、２００万円を繰上返済して、その物件を共同担保に提供して再投資をすれば、大きな物件が買えたりします。このように計算することによって、再投資するのか、それとも保有物件のうちどの物件に繰上返済を行うのが一番効率的なのかを検討するのです。

Q：メガバンクでアパート融資を受けることは可能でしょうか？

A：現在、メガバンクでの融資というのは、かなりハードルが高くなります。地主さんのように元々土地を所有していてその上にアパートを建てるというようなケースなら、メガバンクも喜んで融資に応じますが、サラリーマン大家さんのような建売のアパートを購入するケースでは多額の自己資金が必要になってきます。よほどの資産家や高属性の方でない限り、融資の可能性は低いとお考えください。

Q：フルローン・オーバーローンで購入したという話を聞いたのですが、本当にできるのでしょうか？

A：前述したように実際にフルローンやオーバーローンの融資に応じる銀行はあります。情勢は厳しくなりつつあるものの、1棟アパートに対しても諸費用のみの自己資金で購入できている投資家さんもまだまだ多くいらっしゃいます。詳細につきましては個別にご相談いただければと思います。

Q：融資枠は年収の10倍という話を聞きますが、それ以上の借入れをするにはどうしたらいいですか？

A：一般には年収の10倍から、銀行によっては20倍までがひとつの目安です。ただ、それ以上の融資についても、柔軟に対応してくれる銀行はあります。実際に私のオーナーさんで5億円以上の借入れをしている個人の投資家さんも多くいらっしゃいます。銀行の規定というのは、あくまでも表向きの話であり、あとは個人の属性とこれまでの実績次第で、それ以上の優遇をしてもらえる可能性はあるということです。個人の属性を上げていき、不動産の実績を積んでいく、短期間でできることではありませんが、皆さんが感じている以上に継続することで融資枠は広がります。

Q：法人名義で購入するほうが税金対策になる、というのは本当ですか？

A：これは、現在の所得次第といえるでしょう。一般的に課税所得で年９００万円以上の場合は、法人のほうが有利だといわれます。ただしこれからは皆さんが今後どこまで不動産投資で規模を拡大していくかにもよります。

たとえば、ワンルームマンション数戸、アパート1棟程度の場合、わざわざ法人をつくってもコストがかかるだけなので、個人名義で良いという話しになるかもしれません。前述のように配偶者と名義を分けて、それぞれに65万円の青色申告控除を受けたほうが良いかもしれません。

日本の法人税は諸外国に比べて、まだまだ高いのが現状です。今後も法人税率の引き下げら

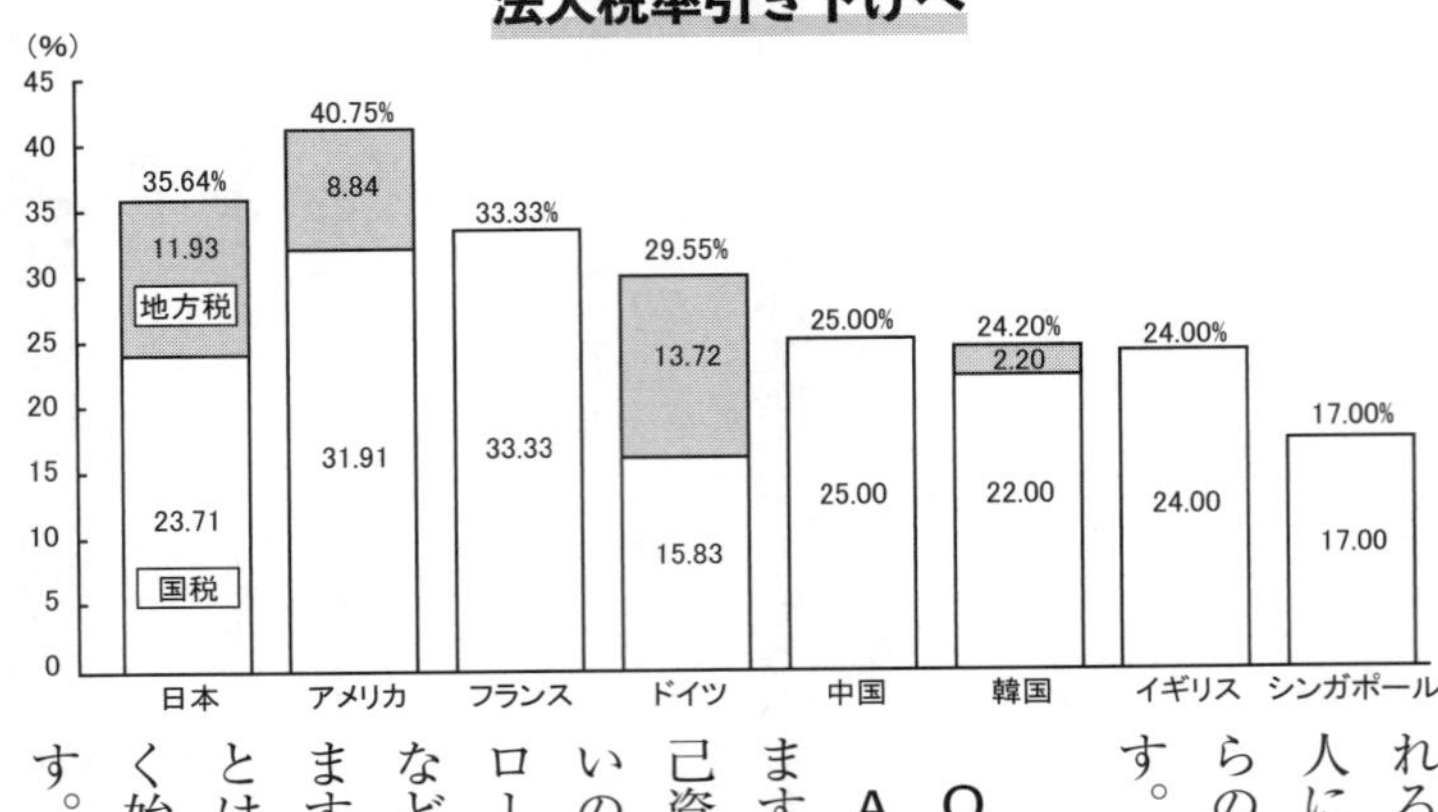

れる可能性があるのではないかと考えます。また、銀行も法人に対する融資について積極的にはなっていますので、それらの動きにも配慮しながら、検討していくことをお勧めします。

Q：今年で55歳になりますが、融資は組めるのでしょうか？

A：銀行としては定年後の残債が1つのポイントになります。実際に55歳を超えても融資を組めた人はいますが、自己資金比率が高くなったり、融資期間が短くなる可能性は高いのです。仮に65歳が定年ということであれば、その時点のローン残債はどのくらいなのか、また退職金の金額についてなどなど、銀行から細かな聞き取り調査を受けることになります。やはり不動産投資は、若いころから始めるに越したことはありません。運用できる時間が長ければ長いだけ無理なく始めることができるので、投資リスクは下げやすくなります。高齢になってから数億という融資を組んででも買い足していきたいという方は多くいらっしゃいますが、それだけリスクも高くなることから、目標の見直しをご提案することもあります。

Q：確定申告は必ず黒字にしたほうが良いのでしょうか？

A：基本的には黒字が望ましいです。ただし、物件を購入した年の確定申告は諸経費などが経費計上できることから、赤字になっても問題はありません。

しかし、物件を買っていない年に、確定申告が赤字というのは、あまり印象が良くありません。極力税金を支払いたくない気持ちは私も投資家として理解できますが、確定申告書とは1年の通知簿のようなものであり、プラスであればそれだけ銀行の評価も高くなります。黒字にしておいたほうが、今後の融資にはプラスに働くでしょう。

7 資金調達する前の心構え

最後に、資金調達は決して難しいことではありません。しかし、融資を組むというのは私たちの味方になり、また敵になることもあるのです。

高利回り物件に対する融資というのはハイレバレッジが効いていて、なんだかとても魅力的に感じますが、実際には多くのリスクが潜んでいます。くれぐれも簡単に儲かるようなおいしい話には気をつけてください。

また、何億円という借入れをすることが正しいわけではなく、不動産投資をすることの目的、自分の目標を考えることが大切です。これから不動産投資に取り組もうとする人は、とにかく資産価値の下がりにくいエリアで、コツコツと安定的に運用することをお勧めします。日本の不動産は着実に二極化へと進んでいることを忘れないでください。これから売りたくても売れない不動産は激増していくと思われます。

個人の資産力で無理に背伸びをして、高速に収益物件を買い足すような道は通るべきではありません。私たちは最前線の現場で悲惨な現実を何度も見てきていますが、やってしまってからでは遅いのです。不動産投資とは、夢のように儲かる金融商品ではないのです。自分の背負えるリスクを決して越えてしまわないことを心してください。また資金調達がすべてではなく、安定した運営を可能とする物件選別ができてこそ、借入れのリスクが生きてきます。決してギャンブルのような短期勝負ではなく、長期的に見たうえでの無理のない資産形成を進めていきましょう。

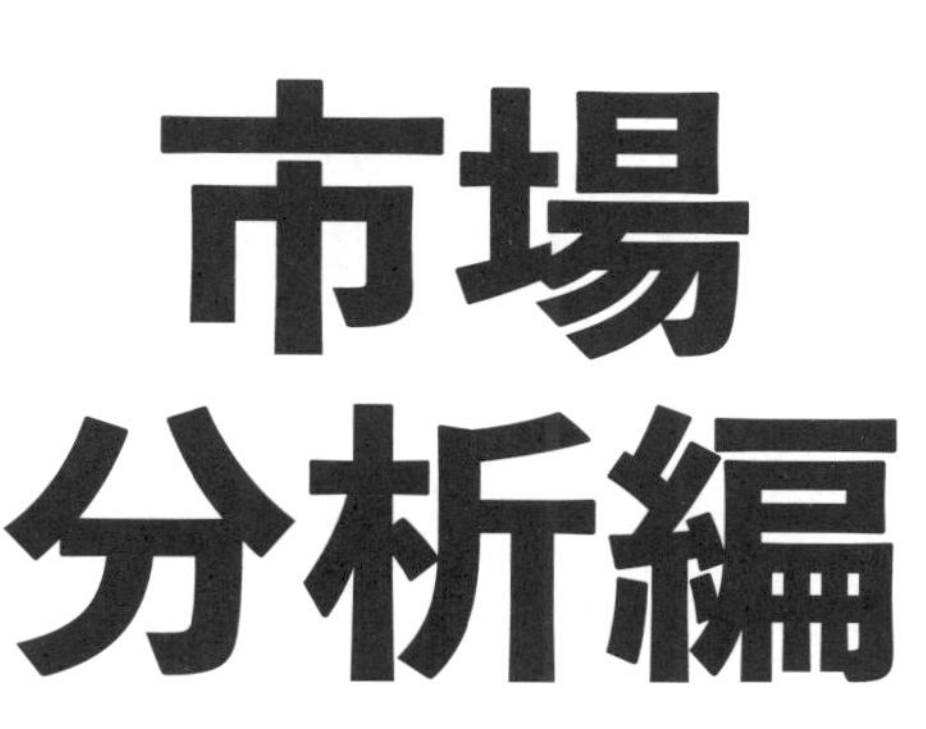
市場
分析編
呉山 英明

1 マイナス金利下における不動産市況

不動産投資で重要なポイントとは？

不動産投資でおさえていただきたい大事なポイントは3つです。

まず第1に「安定継続して貸し続けることができるのか？」ということです。長期にわたって貸し続けることができるかどうかを判断するために、マーケティングや市場分析を行い、ニーズにマッチした企画や資本改善を行います。

第2に「その投資は効率的か？　かつ安全なのか？」ということをおさえておく必要があります。この2点については投資分析を行うことで、数字で計ることができます。

第3に「アパート融資を利用する場合、どう資金調達を行うか？」ということです。融資を使って投資を進める場合、いかに資金調達を行うかが成功するかどうかの肝と言っても過言ではありません。

5つのPが運営に影響

不動産の運営を行ううえで、影響を与える5つの〝P〟というマーケティング用語があります。1つ目は立地（Place）。2つ目は物件の魅力（Product）、3つ目は価格（募集条件）（Price）、4つ目は広告募集活動（Promotion）、そして最後に賃貸管理会社などのパートナー（Partner）と続きます。

5つのなかでも特に大事なのは立地です。不動産は立地がすべてと言っても過言ではありません。立地さえ良ければ、多少物件に魅力がなくても決まりますし、募集条件が強気でも借りたい人はいますし、特に広告をしなくても空室に困ることは少ないでしょう。またパートナーが頼りなくても物件の力で成約することができます。逆に立地が悪いと、いくら魅力的な物件であっても入居者は入りません。賃料を下げないと決まらないでしょうし、別途広告費がかかる可能性が高くなります。厳しい立地の物件は優秀な管理会社であっても客付けするのは困難です。

また一般の方は、不動産の広告は自らできませんので、やはり適正な価格を把握し、ちゃんとした広告ができる不動産業者、賃貸管理会社とのパートナーシップが重要です。

史上最低の金利下にある日本

現在の銀行の預金金利は、2018年5月現在、普通預金で0・001％、定期預金で0・01％と、未だまれにみる低金利下にあります。国債の10年ものだと0・04％なので、普通預金の金利よりも10年物国債のほうが40倍も利回りが良いことになります。この金利だと、普通預金に1000万円を預けても利息はたったの100円。定期預金でようやく1000円という様な有様。さらに利息に対して20・315％（所得税15％・復興特別所得税0・315％・地方税5％）が課税されるわけですから目も当てられない状況です。

現在、当社のアセットコンサルタントが取り扱う比較的好立地な都内山手線の内側に位置するワンルームマンションは、FCR（ネットの利回り）で4％〜4・5％程度は確保できています。となると、1000万円でFCR4・5％の物件を購入し運用すると、年間のキャッシュフローは45万円となり、普通預金の4500倍、定期預金の450倍の運用利回りの差が出るということです。ここで大事なことは売却時の価格についてですが、将来売却する際に値下がりしていれば、これは絵に描いた餅になってしまうのですが、肝になるのは立地です。山手線の内側はもちろん、港区、中央区、千代田区といった超都心部は今後も人口や就労人口の増加が想定され不動産需要も見込まれます。今後も、不動産価格の値下がりというのは考えづらい状況です。

そのために都心部のワンルームは、サラリーマン投資家はもとより地方の地主さんや海外投資家の投資対象として、ものすごい勢いで買われており、そのほとんどが現金購入といったような状況です。先ほどの金利の話からも、資産を銀行に預ける人というのは少なくなっています。

ワンルームの価格の推移で市況感を知る

港区のあるワンルームマンションの価格の推移から現在の市況感をみてみましょう。

港区某所に総戸数300世帯近くある大規模なワンルームマンションがあります。築後約40年と建物は古いのですが、管理状況が非常に良好で、賃貸需要も高く、退去があっても比較的すぐに次の入居者が決まるというような物件です。そのマンションがあるエリアは、港区の湾岸エリアなのですが「グローバルゲートウェイ品川計画」の近くにあり、何と言っても山手線の新駅近くに立地しており、東京でも最後の一等地ということで、国も東京都も再開発に相当力を入れているエリアの物件です。いま日本で一番価格が高騰しているエリアと言っても過言ではありません。

このマンションは、現在は山手線の田町駅から徒歩10分のところにありますが、新駅が完成すると、新駅から徒歩3~4分の距離になる予定です。このエリアでは新駅ができることになってから、周辺の不動産価格があっという間に倍ほどの価格になってしまいました。過去10

数年の取引価格を調べてみると、2001年ごろは、一番安い時期で580万円という取引事例がありました。ここからみるみる価格が上がっていきます。ほんの5年ほど前は、700〜800万円で取引されていましたが、そこからはあれよあれよという間に1年ごとに100万円ずつ上がっていくことになりました。ちょうどそのころ不動産投資がメジャーになり、サラリーマン大家さんが増えてきた時期でもあります。

そして、ついに2014年には1000万円の大台にのりました。新駅開業が報道されると、さらに1100万円になり、1200万円になり、直近では1500万円前後で取引がされています。

このような状況では、売る側の立場としても強気になるのもやむを得ず、高値で売り出されることが多くなっています。不動産投資物件で入居中のオーナーチェンジ物件を売却するときは、賃料収入があるので、基本的には不良在庫にはなりづらいものです。と言うのも、入居者がいれば賃料が入ってくるので、売れなくても賃料収入は安定して入ってきます。特に売り急ぐ必要はありません。希望金額で買ってくれる買い手を気長に待つことができるので、好立地の物件については、ずっと売り手市場が続いています。

あるオーナーは、この物件がまだ1000万程度で取引されている最中に、1300万円の価格で売りに出しましたが、当然ながらなかなか売れませんでした。しばらくすると周りの相場が上がってきたこともあり、今度は１５００万円で売りに出すことにしましたが、やはり売れずに、ずっと残っていました。しかし、ほかのオーナーがこの物件をベンチマークにして、１６００万円や１７００万円で売りに出したところ、ついにその物件も売れてしまいました。この価格帯だと、ネットの利回りで３％台の前半になるので、投資分析すると投資対象としては厳しいのですが、それでも売れてしまいました。

これは約1年前の話で、現在はそのころよりも価格は上がっており、最近では１８００万円前後で取引がされています。

価格上昇によりＦＣＲ３％がみえてきた田町のマンション

同じマンションでも、平成バブル後の１９９５年ごろの取引事例はというと、１８００万円で成約されています。２、３年前なら驚いたでしょうが、最近では同じ価格帯になってきており、間もなく追い抜きそうな状況です。

さらにさかのぼって１９９１年には、同じマンションのワンルームが３６８０万円で取引された時代もありました。今後、ここまでの水準まで価格が上がることはないと思いますが、ただ現在でも、価格１２００万円なら、ＦＣＲは４％ぐらいになります。少なくともＦＣＲが、３％ぐらいまでにはなるのではないかとみています。

最近、千代田区、港区、中央区の都心3区で取引している物件を見ると、FCRが3％台前半になってきています。ですからこの田町の物件も、今の状態が続くのであれば、恐らく3％台の前半に突入することが想定されます。

ブランド立地の過去と現在

田町付近でこの状況だと、「トリプルA」といわれる赤坂、青山、麻布や、六本木などのブランド立地の、平成バブル当時の状況をみてみましょう。たとえば1989年ごろ、赤坂のワンルームマンションは19㎡で何と5000万円。青山アドレスの少し広めの部屋は、9600万円もしました。

最近では、六本木の新築タワーマンションで、25㎡の単身者用のマンションが、なんと7800万円で売りに出ていた事例もありました。ただ近ごろの新築ワンルームの表面利回りは3％程度で、ネットの利回りでいうと1％台になっています。これでは金融機関から資金調達しているようでは、とても投資としては合ってきません。

しかし、現在では好立地で表面利回りが3％程度あれば、売れてしまっており、中古マンションの販売事例ですが、20㎡の虎ノ門のマンションが、3200万円で売れています。また、六本木の25㎡のワンルームマンションは、5480万円で売りに出したら満額で売れたという事例もあります。ただし、これは東京都心のごく一部です。

区分ワンルームのネット利回り

直近で当社が取引きしているワンルームの目安となる利回りを紹介します。
まず、都心3区である千代田区、中央区、港区で3～3・5％前後です。この3区を除いた都内20区内で4～4・5％取れれば高い利回りといったような感じです。横浜市・川崎市などで4～4・5％といった利回りの感じで、最近ではネットで5％を超える物件は、ほとんどなくなってきている状況です。

2 今後どうなる？ 不動産価格

まず、利回りと価格の推移をチェック

不動産価格の先行きは、さまざまなデータを見ることで、予想することができます。不動産

区分マンション、投資利回り・価格の推移

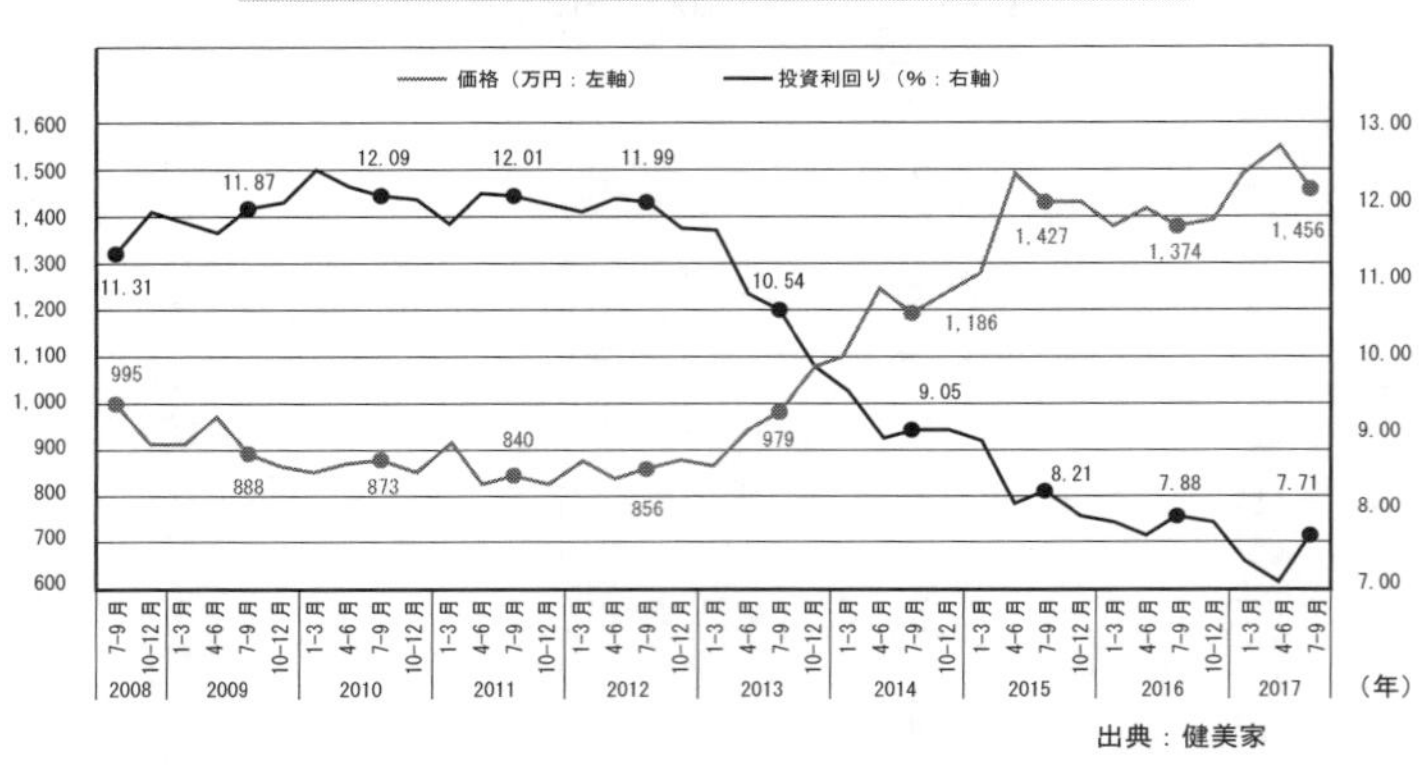

出典：健美家

ポータルサイト「健美家」のレポートをみてみましょう。

区分マンションは、価格は右肩上がりで、それに反比例して利回りは下がっている状態です。また、データでは新築と中古が混在しているので読み取れませんが、新築系は利回りが下がっている傾向にあり、中古の郊外物件は利回りが上がっています。

アパートも区分所有と同様に、利回りが久々に上がっています。一部、不動産業界の関係者からは、最近、価格が下がっていることを指摘する声もあり、潮目が変わりつつあることが感じられます。

また、最近ではアパート向けの融資が厳しくなりつつありますが、当然ながら需要と供給の関係で、買いたい人が多いと価格は上がり、利回りが低くなっても買いたい人は買います。しかし、それは資金調達があってこそのもの。融資がつきづらくなると不動産を買える人が限

１棟アパート、投資利回り・価格の推移

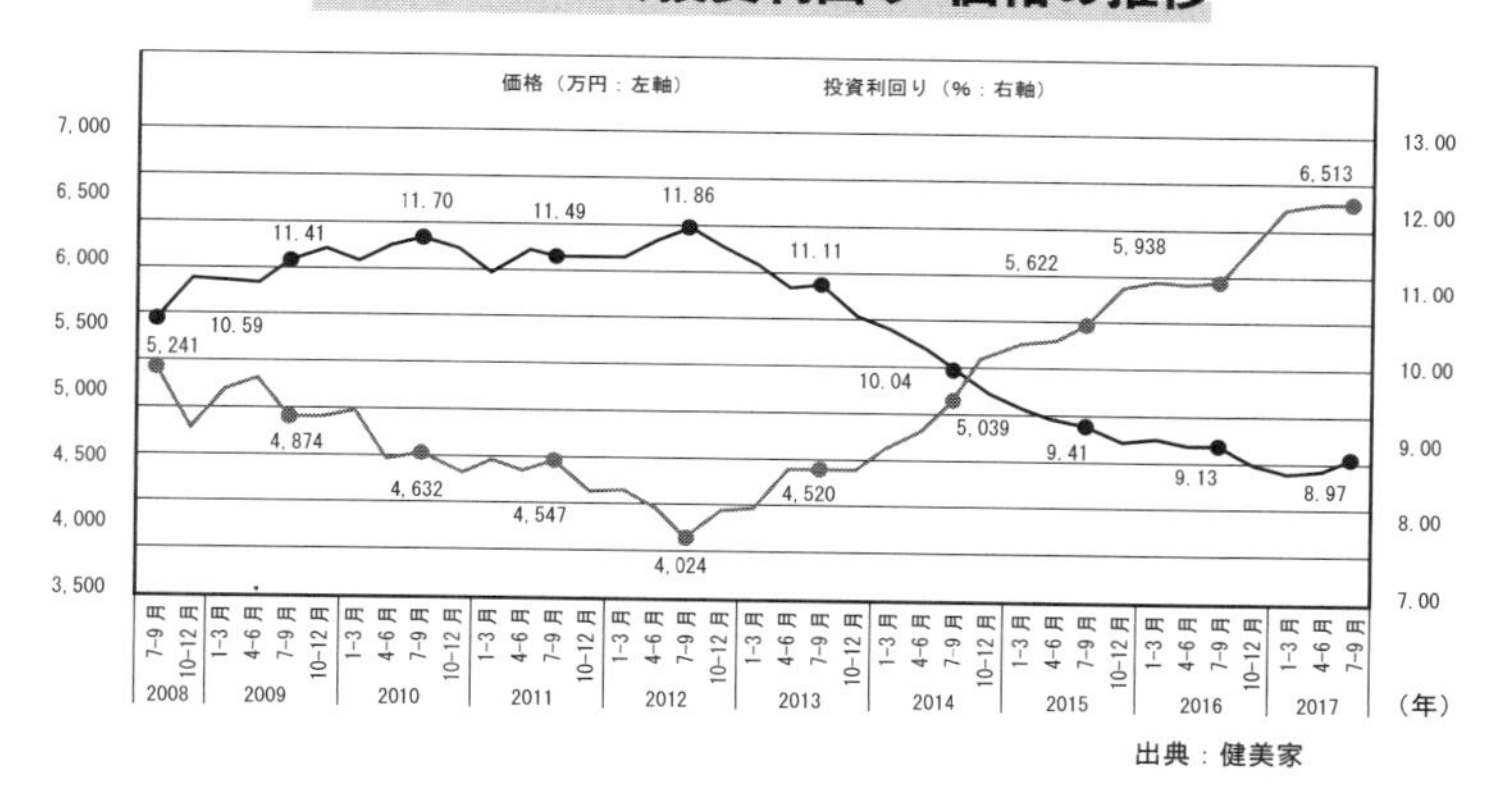

１棟マンション、投資利回り・価格の推移

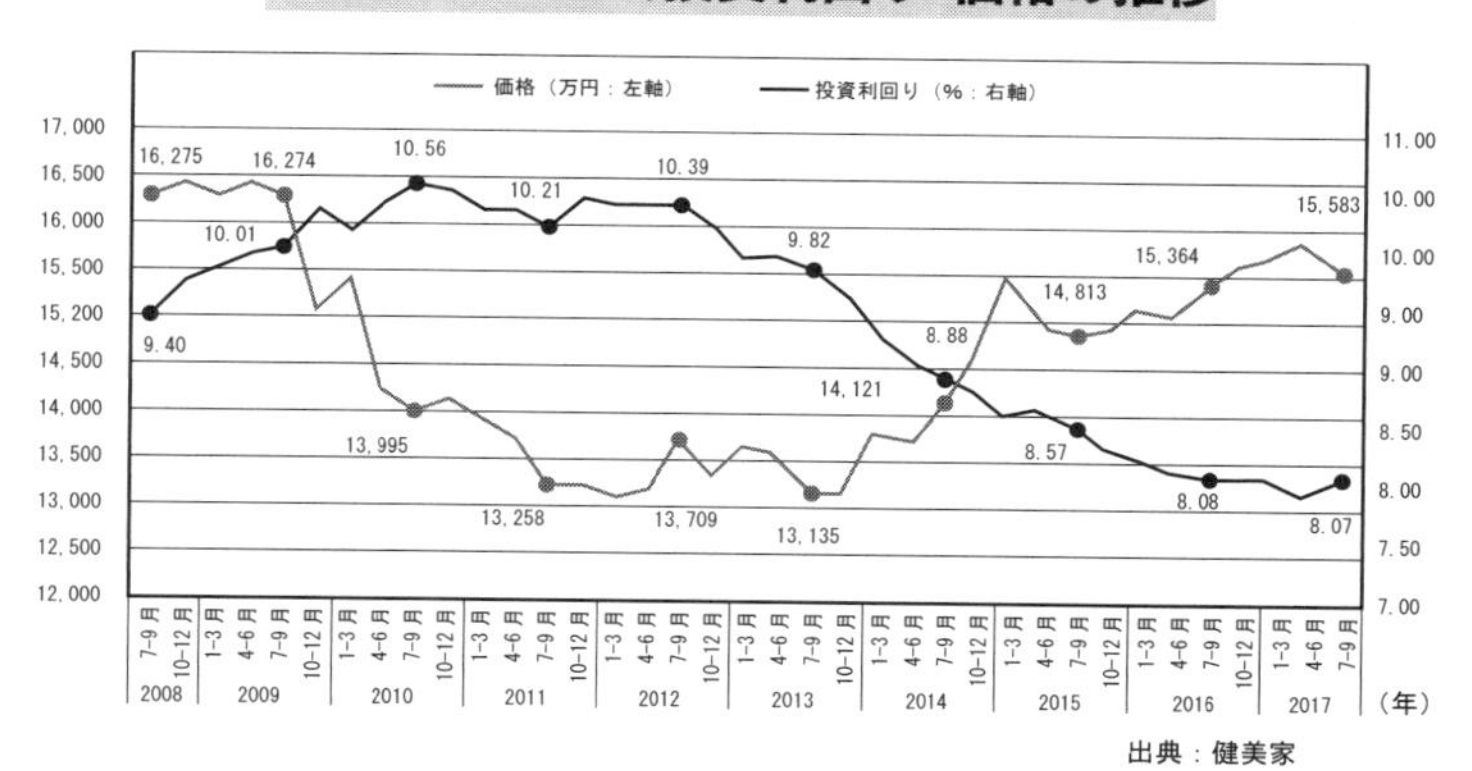

られてくるので価格が下がることも想定されます。

しかし、我々の普段の現場では今のところそのような実感はありません。取引のボリュームゾーンである1億円前後の物件に関しては、まだ融資も比較的つきやすい状態です。1億円程度の物件ならば自己資金が1000万円あれば購入することができます。この価格帯は購入希望者が多いため値崩れを起こしていません。

しかし、2、3億円を超える高額の物件になると購入者のハードルが高く、また融資が付きづらくなっているため、大型物件は、価格が下がりつつあります。

1棟マンションも最近、多少価格が下がって利回りが上がっています。

金利の推移

多くの人が不動産投資に取り組む理由の1つに、銀行にお金を預けていても仕方がないということがあります。また、将来的な年金不安なども理由としてあげられるでしょう。

マイナス金利の影響でこの1~2年は金利は低く、非常にローンがつきやすくなっていました。ローンがつけば、少ない自己資金で不動産を購入できるので、ネットの利回りは下がっても、CCR（自己資本利回り）は上がっているというのが、ここ最近のトレンドでした。

都心の不動産価格は、日経平均株価の推移からも計ることができます。というのも都心のワンルームマンションの価格はだいたい、日経平均株価から半年程度遅れて、同じようなトレンドを追いかけていることがみてとれます。

3 投資家からみる現在の市況

価格高騰が売りどきの理由

一般の投資家に行ったアンケート調査から、投資家は現在の市況をどのようにみているか探ってみましょう。まず、「投資用不動産は売りどきだと思いますか？　買いどきだと思いますか？」という問いに対して、半数以上の人が「売りどきだ」と答えています。買いどきと思う人が約1割、どちらともいえない人が3割です。

そこで、なぜ売りどきだと思うのかをたずねたところ、一番は価格の高騰を理由にあげています。買ったときよりも高く売れるからというわけです。そのほかに、投資家が増えていて需要がありそう、資金調達がしやすい、などの理由が並びます。

しかし、価格が高騰しているからということで単純に出口を出てしまうと、その後、残念なことにもなりかねません。というのも売却した後はどうするか？　ということが大事で売却するときには、売却後に得た資金をどう運用するのかを検討し、その運用利回りと現在の運用利回りとを比較しなければなりません。売却した後で、実は売らずに保有を継続したほうが資金効率がよかったことに気づくこともよくあるので、注意が必要です。

売りどきは東京オリンピック以降も続くのか？

「売りどきはいつまでだと思いますか？」という問いに対しては、回答が分かれます。２０１７年からオリンピックの２０２０年までは、回答はほぼ拮抗しています。しかし、オリンピック以降を答えた人は、全体の３％にも届きません。

この答えから、やはりオリンピック前が一番高く売れるのではないか？　と思っている投資家が多いようです。では、オリンピックの恩恵がいつまであるのかを検証してみましょう。東京都23区、特に湾岸エリアの不動産は、もちろんオリンピックの恩恵を受けるでしょうが、首都圏以外の不動産にはほとんど恩恵はないと思います。売りどきかどうかはエリアによって全く変わってきますが、郊外の物件は今が売りどきです。さらに２０２２年問題といわれている生産緑地が宅地化して供給されれば、二極化はさらに拡大します（くわしくは「都市農地はこう変わる」プラチナ出版刊）。しかし都心の物件はまだまだ上がる可能性が高いので、今は売ることはお勧めしません。

購入を促す低金利

一方、最初の質問で買いどきだと思うと答えた1割の人にその理由を問うと、「低金利だから」というのが最も多い回答でした。そのほかに、オリンピック効果で価格の上昇が見込まれるから、融資が通りやすいから、よい物件があるから、などの回答がありました。

買いどきだと答えた人の多くは、融資がつきやすいからということに尽きると思います。ただ、融資がつくからという理由だけで購入してしまうと、大変なことになりかねません。しっかりと投資分析、市場分析することが重要です。

続いて、「買いどきが続くのはいつまでだと思いますか?」という質問で最も多かった答えが、「2020年まで」でした。

また、最初の質問でどちらともいえないと答えた人に理由を問うと、半数以上が物件次第だからだと答えています。よく「今は買いどきですか?　売りどきですか?」と聞かれますが、これには正解はありません。1つ言えるとすると物件次第だと私も思います。

4 プロがみる現在の市況は？

マーケットサイクルからみる投資時期は？

不動産や投資、金融のプロは、現在の市況をどのようにみているのでしょう。マーケットサイクルからみる投資時期について日本不動産研究所（ＪＲＥＩ）では半年に1回、アセット・マネージャーやデベロッパー、投資銀行などのプロ、約１５０社に対して定期的にアンケートを行っています。市場の、回復期、拡大期、縮小期、後退期の４つの周期を次ページの図のように①～⑧で位置づけ、今はどこにあたるのか質問したものです。

対象エリアは東京と大阪となり、それぞれの地域のプロがどのように市況をみているかということを現わしています。直近の２０１８年4月のアンケート結果は、すべて拡大期と縮小期の間の⑤で、さらに半年後も⑤ではないかと答えているケースがすべてでした。しばらくは、この価格が続くのではないかと、判断しているプロが多いということです。

マーケットサイクルから見る投資時期

		第35回 16/10	第36回 17/4	第37回 17/10	第38回 18/4
東京 （丸の内、大手町）	現在	⑤	⑤	⑤	⑤
	半年後	⑤	⑤	⑤	⑤
大阪 （御堂筋沿い）	現在	⑤	⑤	⑤	⑤
	半年後	⑤	⑤	⑤	⑤

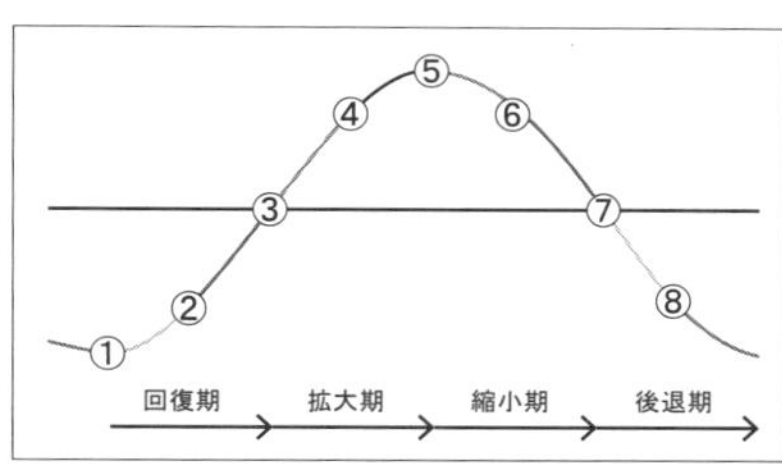

出典：（一財）日本不動産研究所
「第38回不動産投資家調査の概要」

また、「今後1年、どのような投資を進めていくのか?」、その考え方を複数回答で聞きました。すると90%の企業、積極的に新規投資を行うという回答だったので、圧倒的に投資を考える企業の多いことがわかります。

エリアによって利回りは変わる!

賃貸住宅の期待利回りについて、プロはどのように考えているのかを考えます。

「期待利回り」とは、投資家が不動産から期待する利益のことです。たとえば城南地区の渋谷・恵比寿から15分以内で電車で行けるエリアで、築5年未満、25～30㎡ぐらいの総戸数50戸ぐらいのワンルームマンションだったら、利回り4・5%ぐらいは

賃貸住宅の期待利回りなどについて

住宅の種類	立地条件／類型	期待利回り	取引利回り
ワンルーム 交通アクセス：最寄り駅から徒歩10分以内 築年数：5年未満 平均専用面積：25～30㎡ 総戸数：50戸程度	城南地区（目黒区、世田谷区） 渋谷、恵比寿駅まで15分以内の鉄道沿線	4.5%	4.1%
	城東地区（墨田区、江東区） 東京、大手町駅まで15分以内の鉄道沿線	4.6%	4.3%
ファミリー向け 交通アクセス：最寄り駅から徒歩10分以内 築年数：5年未満平均 平均専用面積：50～80㎡ 総戸数：50戸程度	城南地区（目黒区、世田谷区） 渋谷、恵比寿駅まで15分以内の鉄道沿線	4.5%	4.2%
	城東地区（墨田区、江東区） 東京、大手町駅まで15分以内の鉄道沿線	4.7%	4.4%
外国人向け高級賃貸住宅 築年数 or 大規模改修後経過年数：5年未満	低層型 港区の「麻布・赤坂・青山」地区 一戸あたり平均専用面積：100㎡以上 総戸数：20戸程度	4.6%	4.3%
	超高層型（タワー型） 港区の「麻布・赤坂・青山」地区 一戸あたり平均専用面積：100㎡以上 総戸数：20階以上	4.6%	4.3%

出典：（一財）日本不動産研究所
「第38回不動産投資家調査の概要」

欲しい、というのが期待利回りです。しかしながら、価格の交渉を得て実際に取引できている利回りを「取引利回り」といいます。

東京都内のある想定の賃貸住宅1棟の期待利回りと取引利回りについて、103社から回答を集めた調査をみてみましょう。

想定された住宅は、ワンルームマンション、ファミリー向けマンション、外国人向け高級賃貸住宅で、エリアは城南地区、城東地区を比較します。たとえばワンルームの期待利回りは、城南地区が4・5%なのに対して、城東地区は4・6%。そのほかも同様に、期待利回り、取引利回りともに、城南地区よりも城東地区のほうが高い結果が出ています。やはり、城東地区は城南地区に比べて若干、市場が弱いということです。これは賃料下落

東京都以外の地域における賃貸住宅の期待利回りについて

地　区	ワンルーム	ファミリー向け
札　幌	5.7%	5.9%
仙　台	5.7%	5.9%
さいたま	5.5%	5.5%
千　葉	5.5%	5.5%
横　浜	5.0%	5.1%
名古屋	5.2%	5.3%
京　都	5.3%	5.4%
大　阪	5.0%	5.0%
神　戸	5.5%	5.5%
広　島	6.0%	6.0%
福　岡	5.3%	5.4%

出典：（一財）日本不動産研究所
「第38回不動産投資家調査の概要」

などのリスクに対して、その分、利回りが高く要求されるということになります。
また、ワンルームとファミリー向け、低層型と超高層型でも、利回りが若干変わってくることが、この調査からわかります。

地方都市では市場に格差が

東京都以外の地方都市はどうなっているのか。前述のワンルームとファミリー向けと同じ条件で全国各地の期待利回りをみてみると、都市の規模に応じて格差が生じていることがわかります。期待利回りはリスクの高いところ、市場の弱含みなところのほうが高くなります。今後、厳しくなるところとそうでないところが両極端になることが想定されます。

5 世界からみたTOKYO

100億円キャッシュでマンションを購入

日本の不動産市場は、ここ数年でずいぶん価格が高くなったと思われています。しかし、数年前から外国人投資家が、日本の物件をどんどん買っています。なぜ、このようなことが起こっているのかを検証してみましょう。世界からみた東京はどのように見えているのかを読み解くことで、今後のトレンドを予測することができます。

かつて某外国人による家電製品などの「爆買い」が話題になりましたが、不動産も爆買いがされていました。

100億円をキャッシュで持っていて、タワーマンション1棟丸ごと欲しい、なんていう人があらわれたり、某都心エリアでは、タワーマンションの3分の1を外国人が投資用として買い漁っていました。今でも1、2億円ぐらいのキャッシュを持っている人は多く、キャッシュで不動産が欲しいというニーズも多くあります。

安全で安い日本の不動産

某外国人の爆買いブームは終焉したものの、日本人が買わないような相場よりも高い物件を外国人が買うケースが増えています。最近も高い価格設定で売り出したアパートを、某アジア系の買主が購入しました。なぜ購入したのかを聞いてみると、「資産の保全」「キャピタル狙い」「円安」の、3つの理由をあげました。

第1の理由は資産の保全でした。外国の中には安心して不動産を所有できない国もあります。たとえば某国では、建物の所有権は持てますが、土地は敷地の利用権だけで、所有権を持つことができません。そのような国では再開発することになると、簡単に立ち退きを迫られることになります。そのように資産を自国で安心して持つことができない国の人たちが目をつけるのが、近くて安全な日本なのです。

しかも、世界の主要都市のキャップレート（期待利回り）を比較すると、日本の不動産は相当安いことがわかります。ホノルルや台北、シンガポールといったような投資先進国は、土地に限りがある島国にもかかわらず、人口が増え続けていることもあり、不動産価格は上昇する一方で日本に比べると非常に価格が高い状況です。特に、ホノルルと台北はキャップレートが

主要都市のキャップレート	
ホノルル	1.4%
台北	1.4%
シンガポール	2.1%
上海	3.4%
東京	4.6%
ソウル	6.0%
北京	8.0%

アジア各国の価格と賃料の比較

アジア各都市比較	価格	賃料	賃料／価格
東京	100.0	100.0	1.00
シンガポール	110.2	127.6	1.16
香港	187.1	169.0	0.90
北京	105.8	67.8	0.64
上海	132.6	76.0	0.57
台北	122.3	64.3	0.53
ソウル	63.1	55.3	0.88
バンコク	24.2	41.3	1.71
クアラルンプール	24.2	33.2	1.37

出典：（一財）日本不動産研究所
「第 9 回国際不動産価格賃料指数」
（2017 年 10 月現在）の調査結果

2%を切っています。一方、東京は23区でもまだ4～5%程度で購入できます。ホノルル、台北からすると、日本の不動産は半分以下ともいえるのです。

投資として旨みがある国、それが日本、東京

日本の価格がいかに安いかは、価格と賃料とのバランスからもわかります。東京の不動産価格を100、賃料を100とした場合、賃料を価格で割ったときは1。それが香港だと、物件の価格は1・8倍程度します。しかし賃料は1・2倍程度しか取れません。投資効率がとても悪いのです。逆に、海外諸国からみれば、自分たちの国で投資するよりも、いろいろな意味で安全な国に資産を投資しようというところで目をつけられているのが、今の東京なのです。

もう1つ、日本と海外の関係を計るうえで重要なファクターが、為替です。2012年の第2次安倍政権がスタートしたころは、1ドルは80円程度でした。このころに1億円の日本の不動産をドルで買うとしたら125万ドルが必要でした。今では1ドルが110円程度なので、125万ドルしていたものが91万ドルになってしまいました。わずか5年で3割もドルベースで見ると価格が下がっているということです。しかも、キャップレートでいうと自国よりも高いということで、外国人は猛烈な勢いで山手線内側の不動産を現金で買いまくる状況が続いて

います。

経済や研究、文化、居住性、環境性などを点数化して決める「世界都市総合ランキング」の2017年版によると、東京は世界第3位にランキングしています。そんな先進国である日本の不動産が安いということで外国人がどんどん購入し、いい場所は価格が上がって、2017年に発表された路線価はバブル期を超えてしまいました。銀座4丁目の鳩居堂前は、1㎡当たり4032万円もします。

不動産価格は上がってきている現状ですが、外国人にとっては日本の不動産はいまだに大バーゲンセール中、とみられています。となると、やはり不動産価格は当面、値下がりは考えられないでしょう。

6 どうやって物件の目利きをするか？

不動産投資は商売である

市場にあふれる不動産の中から、優良物件を見極めるために必要な基本的な考え方は、投資といえども事業であり商売である、ということを常に意識することです。大家業、貸家業という一事業なのです。そのため、オーナーになるためには、経営者の考え、感覚というのを持つ必要があります。そして顧客は誰かといえば、もちろん入居者になるわけです。入居者に満足してもらわないと、当然ながら大家業はうまくいきません。入居者目線で物事を考えるということが非常に大事になっています。

人が多いのは、圧倒的に東京

不動産投資でおさえていただくポイントは、「安定的に貸せるのか？」「効率的かつ安全か？」

「融資をどう取り付けるか？」という3点ですが、そのなかで安定的に貸せるかどうかを考えると、基本的には顧客である人が多いエリア、すなわち人が多いところで投資するのが鉄則です。

国連の人口統計の資料をみると、2011年当時の東京圏の人口は3722万人で、世界第1位でした。日本の人口は減り始めていますが、国連の人口予測をみると、2025年でもまだ東京圏が世界第1位で3866万人と144万人も増えています。今後も日本人の4人に1人が首都圏に住んでいるという、一極集中の状況が続くのです。

47都道府県の人口ランキングでみると、東京がダントツの第1位で1300万人、第2位が神奈川県で約900万人、第3位が大阪で約880万人。実は、東京23区だけで930万人もおり、神奈川県全体の人口を超えているのです。

賃貸の需要が高い場所を狙おう

単に人口の多いというだけではなく、顧客（入居者）になり得る人が多いかどうかというところもみなければなりません。総務省統計局が発表している都道府県別持ち家率によると、47都道府県で持ち家率が一番低いところは、やはり東京都なのです。

東京は、約45％の人しか家を持っておらず、半分以上の人は賃貸暮らしということなので、

都道府県別　持ち家率

	都道府県名	持ち家住宅率
1位	富山県	79.4%
2位	秋田県	78.1%
3位	山形県	76.7%
4位	福井県	76.5%
5位	新潟県	75.5%
6位	和歌山県	74.8%
7位	岐阜県	74.5%
8位	奈良県	73.8%
9位	三重県	73.2%
10位	長野県	73.0%
・・・		
44位	大阪県	54.2%
45位	福岡県	53.8%
46位	沖縄県	48.0%
47位	東京都	45.8%

出典：「平成25年住宅・土地統計調査」（総務省統計局）より作成

賃貸の需要が高いことがわかります。そのほかに持ち家率が低い都道府県は、沖縄、福岡、大阪などの大都市圏です。逆に、富山、秋田、山形などの東北地方などは約8割の人が家を持っています。このような場所では賃貸経営を成立させるのはなかなか厳しそうです。

3種類ある空室率

空室率というものには、時点ベースの空室率、稼働ベースの空室率、賃料ベースの空室率の3種類あり、それぞれ算出方法が異なります。目的に合わせて使い分けましょう。総務省が発表している全国の主要都市の貸家空室率によると、東京をはじめとする大都市圏は15％前後です。

空室率の３つの考え方

1

時点ベースの空室率（現地調査・各種データ）

空室数÷総戸数×100

例 ２室÷10室×100＝20％

2

稼働ベースの空室率（トラックレコードとレントロール）

（空室数×空室期間）÷（総戸数×可動期間）×100

例（２室×３カ月）÷（10室×12カ月）×100＝５％

3

賃料ベースの空室率（フリーレントや譲歩を折り込む）

（予定賃料－実入金）÷予定賃料×100

例（1,200万円－1,140万円）÷1,200万円×100＝５％

7 価値は需要で変わる

物件の価値を決める期待利回り

投資物件の場合、賃料を期待利回りで割り戻したものが収益価値である、というのが収益還元の考え方です。

同じ賃料を稼ぐ物件でも、期待利回りによってその価値がどのように変わってくるか説明しましょう。たとえば、年間で50万円稼ぐ物件でも、期待利回りが5％だったら、その物件の価値は１０００万円です。それが、期待利回りが３％のような都心エリアだと、同じ年間で50万円の賃料の物件でも、物件価値は１６６０万円と約１・６倍になります。逆に弱含みで、利回りが10％はないと厳しいというエリアだと、同じ年間で50万円の賃料の物件は５００万円にしかなりません。

つい賃料収入と表面的な利回りに目が行きがちですが、期待利回りも大切です。リスクが高い場所ほど期待する利回りというのも高くなり、物件価格が安くなります。

日本の三大都市を比較すると

全国の主要都市ではどのような不動産物件が売られているのかみてみましょう。

2017年1月現在23区の人口が約930万人の東京。都庁のある新宿で、6万5000円でどのような物件が借りられるのか調べてみました。まず、新宿駅徒歩8分で11㎡（約3・3坪）のワンルームマンションが6万3000円。坪当たり1万9000円です。狭くても場所柄から事務所やセカンドハウスとしての需要が見込めます。また、新宿駅から徒歩10分、代々木駅から徒歩5分で、18㎡（約5・4坪）の築43年のワンルームマンションでも家賃が6万5000円取れます。坪当たり1万2000円も取れるのです。山手線の内側だと、坪1万2000円程度ぐらいは当たり前に取ることができます。

人口約230万人の名古屋市の市役所の近くの物件で、6万5000円でどのような物件が借りられるでしょうか。市役所駅徒歩10分のワンルームマンションが20㎡（約6・1坪）で6万3000円。坪1万円ほどしますが、この例は相場より高めで中心部でも坪8000円いけば良いほうというのがもっぱらの相場です。また、市役所駅徒歩12分で築26年の45㎡（約13・6坪）の2DKが、5万9000円で借りることができます。広ければ坪あたりの賃料単価は下がるので、名古屋市の比較的中心部に近い物件でも坪当たり4300円程度になってしまいます。

日本第2の都市、大阪市の人口は約270万人です。大阪市の中心部、大阪市役所淀屋橋周辺の物件を探すと、25㎡（約7・6坪）のワンルームが6万3000円で借りられてしまいます。坪単価は8300円。少し広めだと坪単価7000円を割ってしまう物件もあります。

さらに厳しい地方都市の状況

ほかの地方都市は、さらに厳しい状況です。

人口約155万人の福岡市の中心部、博多の物件をみてみると、中心地の駅から徒歩3分で築30年の40㎡（約12・1坪）のワンルームマンションが6万5000円で坪単価5400円。同じく駅徒歩4分で築30年の35㎡（約10・6坪）の1DKが、6万円の賃料で坪単価5700円です。40㎡といえば2DKぐらいの広さなので、6万5000円出せば博多の中心地でも2DKが借りられるということです。

博多から電車で10分ほど移動すれば、20㎡のワンルームが家賃1万円台の物件が出てくるそうです。区分のワンルームマンションの場合は、管理費と修繕積立金でだいたい1万2000〜1万3000円程度かかります。仮に家賃1万5000円で管理費と修繕積立金を支払った後、手元に

3000円が残ったとしても、固定資産税を含めるとアッという間に赤字になってしまうのです。

では、人口約194万人の札幌はどうでしょう。中心地の円山公園駅から徒歩1分、築30年40㎡（約12・1坪）の2DKが6万3000円で、坪単価5200円です。さらに駅から徒歩7分で築30年の物件は、6万円で60㎡（約18・1坪）の部屋が借りられます。坪単価3300円という状態です。

例にあげたのは、地方を代表する大都市です。にもかかわらず非常に厳しい状況にあり、まさに東京のひとり勝ちといっても過言ではありません。

不動産投資を商売として考えたとき、やはり東京で物件を買うことをお勧めします。東京は利回りが低いのですが、キャッシュフローツリーや空室率、運営費などを考え、売却することも考慮すると、やはり首都圏での購入、とくに山手線内に近い物件の購入をお勧めします。

4分の1の人口が減るという未来

不動産投資を考えるときに知っておかなければならないことは、今後の日本の人口動態です。

日本の人口は長期的には急減する局面に入っていて、2050年には3000万人、2100年には8000万人が減少するということを国土交通省が予想しています。ただ、出生率が回復した場合は、人口減少のペースが緩やかになることも考えられ、出生率次第ともいわれています。ネガティブに考えると、２１００年には人口が５０００万人を下回る可能性があり、出生率が回復すれば９０００万人ぐらいの人口は維持できるという予測が立てられています。

少なくとも３０００万人、今の４分の１の人口が減るという予測があります。不動産購入でローンを組む場合、20年、30年といった長期間で組む場合が多いので、やはり20年先、30年先がどうなっていくのかという長期間的視野で考えておく必要があるでしょう。独自に調査をして人口予測を立てている自治体も多いので、それらも参考にしておくと良いでしょう。

人口減少の先に待つ消滅可能性都市

人口が減少して過疎化が進み、最終的には消える街が出てくるといわれています。「消滅可能性都市」という言葉がありますが、２０４０年までの間に20～39歳までの女性の人口が今より半分以下になる街が想定されています。この想定でいくと、８９６自治体が消える可能性がある、維持できなくなる危険性があると予測されています。東京都や神奈川県も20％近い街が消滅すると予測されています。東京でも23区の中で唯一、豊島区が消滅可能性都市に入っています。

このような予測の下に、たとえば95％消滅する可能性があるといわれる某県で、かつ８割の人が家を持っているなかで、表面利回りが高いからといって、そこで不動産投資を行って成功するかどうかを考えた場合、厳しいことが想定されます。

全国一律で人口が減るわけではありませんが、すでに東京を除くほとんどの道府県で人口が減っています。2016年、人口が増えたのは東京、愛知、沖縄、埼玉、千葉、神奈川、福岡の7都県だけです。また、2010年と2015年に人口の国勢調査が行われ、その5年間で人口が増えたのは沖縄、東京、愛知、埼玉、神奈川、福岡、滋賀、千葉の8都県だけです。政令指定都市レベルでみると、全国の主要都市で人口の増えているところがありますが、これからも人口が増えていくところに物件を持たなければ、厳しいことが予想されます。

「家余り」が叫ばれる一方で、都心3区などは人口が急激に増えています。都心3区の人口増は2040年まで続き、今よりも人口が4割増えるという予想も出ています。大都市圏で人口が転入超過を続けているのは東京圏だけで、大阪圏、名古屋圏ですら、現在は人口が減り始めています。

18歳人口の動きを知ろう

人口減少という現状のなかで、人口が増えて、かつ、入居者となり得る人たちの層がいるエリアにフォーカスすることが、不動産投資では大事になってきます。

では、東京圏への転入する人口の内訳をみると、20代が一番多く、ここから読み取れるのは、進学・就職のために地方から東京圏に来ている人々が多いということです。こういう人たちは、いきなり家は買いません。当然、最初は賃貸の部屋を借りて住むことになります。

将来的には18歳人口もほかの年代と同様、少なからず減っていきます。しかし、地域によっては大きく減るところと、そうではないところがあります。２０１７年の18歳人口を１００とした場合、２０２９年に全国平均は89のところ、首都圏は95をキープしていますが、九州は94、東北は78です。それぞれの都市を掘り下げてみると、たとえば東北の宮城は87ですが、青森は72。広島は93です。福岡は99、沖縄は１０２で２０１７年よりも18歳人口が増える予測になっています。

首都圏をみると、東京が97、神奈川で95、千葉、埼玉が93で、すべて全国平均を上回っています。

世帯増をけん引する単身世帯

日本の人口は２０１０年をピークに減少に転じ、東京、神奈川、埼玉、千葉のいわゆる東京圏も２０１５年から人口減少が始まっています。しかし、世帯数は２０２５年まで増え続けると予想されています。ということは、単身世帯が増えているということです。

東京圏の単身世帯は、２０３５年ぐらいまで増え続けると予測されています。また、核家族化が進んでいるので、夫婦のみの世帯や夫婦と子どもからなる世帯はほぼ横ばいになっています。

東京圏の種類別世帯数の推移

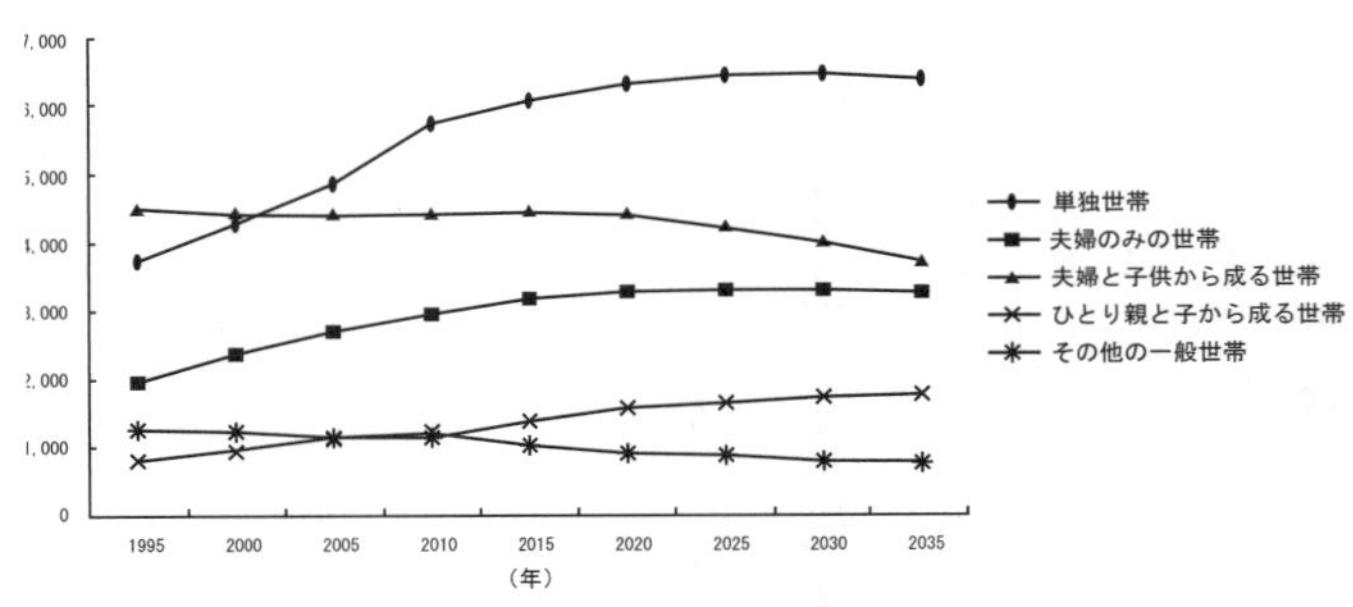

出典：国立人口問題・社会保障研究所、総務省国勢調査より野村総合研究所作成

インフラのリストラが始まる!?

日本の人口構造の変化をみると、団塊ジュニアの世代が後期高齢者になるころには、１人の高齢者を１・２人で支える社会構造になると予測されています。こうなると、インフラのリストラが始まるといわれています。

上下水道や電気、通信網や交通網などのインフラは、政府や公共機関が整備・管理する公共福祉の設備です。しかし、人口減少によってインフラサービスが提供できなくなる自治体が出てくるということです。そのほか、道路やトンネル、橋梁などの都市施設もインフラですが、あと20年ほどで半数以上の橋やトンネル、河川の水門などが築後50年を迎えます。しかし、人がいるからインフラもリニューアルできるのであって、人がいなくなればインフラの再整備が難しくなるというような事態は、すでに起こってきています。

居住誘導をするコンパクトシティ計画

将来的にインフラ整備が困難になる恐れがあることから、「コンパクトシティ計画」というものが持ち上がっています。現在都市部の全域に広がっているインフラを整えることは非常に効率が悪いため、居住誘導地区を設定して都市を再整備しようというのがコンパクトシティ計画です。この居住誘導地区から外れた場所は、いわばリストラに合ったようなものです。地区外の不動産価格は二束三文になってしまうのではないでしょうか。

このようなコンパクトシティ計画は、実は至るところで計画されています。

東京都では八王子、府中、日野、福生で、神奈川県でも藤沢や小田原などで計画されています。全国では357都市が計画をしています。当然ながら、多少利回りがいいからといって、居住誘導地区外の物件を買ってしまっては、とんでもないことになることは言うまでもありません。そして、さすがに東京23区内ではコンパクトシティの計画はありません。

不動産投資の最大の魅力は不労所得

不動産物件はやはり、人が多く、需要があるところで買う必要があります。人が多ければ、流入人口の受け皿として旺盛な賃貸需要があり、需要があれば賃料は下がることなく維持し続けることができます。賃料が下がらなければ投資対象として常に意欲旺盛な投資家が注目しているため、流動性にも優れています。そして、賃料が下がらなければ資産価値も下がりません。少ない持ち分でも価値を維持できるため、資産価値が目減りしにくくなります。

不動産投資の良いところは、やはり不労所得を得られるという点です。

会社勤めや自営などの自分の本業とは別の時間軸で収入を得ることができるのが、不動産投資です。所有する物件に入居者がいれば、毎月決まった日に決まった金額が振り込まれてきます。雨の日も風の日も、自分が体調が悪くて寝込んでいても、入居者がいる限りは毎月決まった日にまるで給料のごとく家賃が入金されるというのが不動産投資の良いところです。

安心できる首都圏への投資

首都圏の良いところは、何よりも人口が支える賃貸需要による安定的な稼働により不動産投資の醍醐味を安心して享受できるという点です。

具体的には、

①超都心部などの一等立地を、投資として成立する利回りで買える
②15㎡前後と狭くてもそれなりに賃料がとれる
③運営費負担が地方よりも割安

④古くなっても賃料があまり下がらない
⑤賃料があまり下がらないので売値も下がらない
⑥よって流動性が高い
⑦その他、首都圏特有の良さ

などがあげられます。

利回り重視の落とし穴

利回りとリスクは比例します。利回りが高いところはそれなりにリスクが高く、それに比例して利回りをあげています。また利回りが高いのは、何か理由があり、「訳あり物件」であることが多いです。

ポータルサイトの売り出し物件一覧をみていると、高いところでは表面利回り80%という物件もあったりします。先日も水面下物件で表面利回り60%という物件情報が入ってきましたが、そのひと月前には50%で情報をもらっていました。それが1カ月後には「今月中に決済してくれるんだったら利回り60%までディスカウントします」というように変わっていました。利回りが高いことは危険性が高いわけです。表面利回りだけで判断することの危険性を理解してください。

たとえば、価格３００万円の物件を家賃５万円で貸し出した場合、年間収入は60万円です。表面利回りは、年間収入を物件価格で割ったものなので、表面利回り20％になります。

しかし、実際に投資分析してみた場合、購入するときは諸費用が10％程度かかります。中古物件の場合は修繕費用もみておかなければなりません。そうすると、総投資額は３８０万円になります。そして、今は５万円の家賃で入居者が入っているけれども、入れ替わったら４万円でしか貸せなくなるケースの場合は、その物件が潜在的に持っているＧＰＩ（潜在総収入）は月４万円となり、年間48万円がその物件が持っている潜在的な収益力となります。そこにある一定の空室率を計算して分析するのですが、どれだけの空室率を落とし込むかで想定されるキャッシュフローは大きく変わってきます。仮に空室率を30％として考えると、実効総収入が33万６０００円。運営費として月額１万５０００円程度はかかってくるので、ネット収入は13万６０００円。この13万６０００円を得るために投下した資金は総投資額３８０万円なので、13万６０００円を３８０万円で割り出したＦＣＲ（ネットの利回り）は３・57％となります。

　都心でも表面利回り６％の物件が、投資分析すると、ネット利回りは４％程度になりますが、表面利回りは目安の１つにしかすぎず、投資分析をすることが本当に大事であることをおさえておいてください。

地方の高利回り物件は危険と隣り合わせ

表面利回り 20%のつもりが・・・

①空室率・②出口で売却できない可能性・③ローンが付かない

物件価格 300 万円・・・	
自己資金 (E)300 万円	
月々家賃 50,000 円	
満室賃料	600,000 円
▲空室	現況満室
実効総収入	600,000 円
▲運営費	想定せず
ネット収入	600,000 円
▲ローン返済	0 円
手取り 600,000 円	
表面利回り 20%	

➡

物件価格 300 万円 + 諸費用 30 万円 + 修繕費 50 万円＝総額 380 万円	
自己資金 (E)380 万円	
月々家賃 40,000 円	
年間の収入	480,000 円
▲空室 30%	144,000 円
実効総収入	336,000 円
▲運営費	200,000 円
ネット収入	136,000 円
▲ローン返済	0 円
手取り 136,000 円	
ネット利回り 3.57%	

面積が増えるほど運営費が負担に

運営費の負担は、面積に比例します。

たとえば、東京23区内のワンルームマンションだと15㎡（約4・53坪）で6万5000円の家賃が稼げてしまいます。しかし、たとえば某地方都市では6万5000円稼ぐのに、40㎡（約12・1坪）の広さが必要となったりします。賃料の坪単価でいえば東京の1万4350円に対して、某地方都市では5370円と効率が落ちてしまうこととなります。

一般的に床面積が増えると、運営費も比例して増加します。先ほどの事例で東京では3万円前後の固定資産税が、地方都市では面積が広くなった分、増加し、倍の6万円程度になります。また管理費・修繕積立金なども面積に比例して増加します。同じ月額6万5000円を稼ぐ物件でも、東京ならば収入に対して運営費の占める割合が3割程度で済むところが、某地方都市では半分近くが運営費にかかってしまうことになることもあります。

8 ポータルサイトを使った市場調査

ポータルサイトから市場性がみえてくる

さまざまな情報を引き出せるインターネットを不動産投資にも活用しない手はありません。そこで、不動産ポータルサイトを使った市場調査の方法をご紹介しましょう。

現在、不動産ポータルにはさまざまなサイトがあります。有名なところでは、「SUUMO」「ライフルホームズ」「アットホーム」などがあります。そのほかにもいろいろありますが、メジャー系のところであればどこでもいいでしょう。

ここでは「ライフルホームズ」を使って、価格帯・面積・築年数ごとの需給ギャップをチェックしてみます。敷金・礼金をみれば、調べたいエリアの市場性がみえてきます。

まずトップ画面から調べたいエリア選びます。さらに、検索条件として「徒歩10分以内」「15㎡」「ワンルームマンション」「1K」、家賃を「5万円から6万5000円」で検索します。都内私鉄某駅では31件ヒットしました。一覧表には物件の所在地や面積、築年数、賃料、構造などが載っていますが、注目するのは敷金（保証金）・礼金（敷引き）の項目です。31件の物件のほとんどが、1カ月ないし2カ月分の敷金・礼金を取っています。

東京23区内でも、最近では敷金・礼金がともにゼロという物件が増えています。というのも、敷金と礼金は入居者にとって初期費用として賃貸借契約時の負担が余計にかかってしまうことになり、どうしても入居の際に足かせとなってしまいます。敷金・礼金に加えて、前家賃や不動産会社に払う仲介手数料、火災保険、さらに賃貸保証会社を使う場合は保証料、鍵交換代なども含めると、賃料の5～6カ月分が契約時にかかります。敷金・礼金をゼロ・ゼロにすると、賃料の3、4カ月分でその分、安く入居ができるので、まだ手持ち資金の少ない若い人には入りやすくなることになります。競合物件が多く、競争が激しいエリアでは、敷金・礼金がともにゼロという物件が増えます。しかし、今回調査する某駅は敷金・礼金が取れています。ということは、「古くて狭い部屋」が築年数にかかわらず貸せているエリアだということがわかります。

同じエリアでも条件が変わると…

次に、条件を「15～20㎡」に広げ、家賃も「6万5000円～8万円」に上げてみました。すると今度は125件がヒットしました。それだけライバルが増えてきたことがみてとれます。しかし、単純に検索にヒットする物件が増えたというだけではなく、中身も大切です。たとえば、1つの物件を複数の不動産会社がネット広告していることもよくあります。1つの物件を10社の不動産会社が広告していることもありますので、125件も実質は10数件しか登録されていなかったとかということもあり得るので、1件ずつ細かくチェックしましょう。また、市場である時期に新築物件の募集がスタートしたような時は、1棟30室が一気に市場に出るので、一時的に登録物件の数が増えます。ですから、一概に数が多いとライバルが多いというわけではありません。

敷金と礼金をみると、「礼金無料」という物件が出てきました。特に駅から遠い物件が無料になっていることから、古くても近い部屋は貸せているが、遠くなると厳しいことが読み取れます。

敷金・礼金でエリアの市場が見えてくる

さらに検索条件を変えて、「20～25㎡」にまで広さを上げて、賃料を「7～9万円」に上げてみると、240件がヒットしました。敷金・礼金が取れているので、ライバルは多いかもしれませんが、それなりの需要があり、需要と供給のバランスがとれているということがみえてきます。

さらに家賃を「9万円以上」に上げると、礼金無料の物件が増えました。駅から比較的近い10分圏内でも高額な家賃帯では市場が厳しいことが、敷金と礼金が取れているか取れていないかでわかります。

現在は、敷金・礼金ゼロという物件が、特にワンルームマンションで増えています。その要因の1つに、時期的なものも含まれます。1年で一番部屋を高く貸せるのは1~3月です。逆に貸しづらいのは、4~6月、11~12月の半ばまでです。年が明けて1月の半ばぐらいから、いわゆる新生活に備えて部屋探しをしようという方が増えてくるわけです。最近では、12月の後半ぐらいから動きが出てきます。このようなことから、空室を抱えているオーナーの心理として10~11月ごろになると、早目に入居者を決めておきたいという心理が働き、敷金・礼金をゼロにしてでも入居を促進させようというオーナーが増えてきます。逆に、1月になると、1年で一番高く貸せる時期がやってくるので、敷金と礼金ももらいたいということで、敷金・礼金の設定をする物件が増えてきます。このように、敷金・礼金の動きは時期的な要因も含まれます。

残念ながら需要がないエリアでは、「敷・礼、ゼロ・ゼロ」だらけになってきます。

そのエリアは相場が厳しいというのが、この情報から見てとれるのです。

駅徒歩何分の希少性

駅から徒歩何分なのか、というのも物件の重要な情報です。しかし、駅からの距離が希少性を発揮するのは、駅の客数によって変わってくるということを覚えておかなければなりません。駅からの距離をみると市場性をつかむことができます。

たとえば足立区には、1日の乗降客数が約140万人もいる北千住駅もあれば、まだ開通して10年の日暮里舎人ライナーの駅の中には、同じ区内には1日の乗降客数が2000人程度の駅もあります。この2つの駅を比較した場合、北千住駅では、駅から徒歩15分程度離れても賃貸需要が見込めるでしょう。しかし、某駅は駅徒歩5分の物件でも、周辺はまだ空き地が多くあり、今後、市場が成熟するまでには時間がかかりそうです。また新築物件もまだまだ供給されることが予想されます。

一概に駅何分だからということだけで物件の良し悪しは計れません。その駅が持っている集客力が非常に大事になってきます。

入居物件決定の決め手は？

入居者はどのような基準で入居を決めるのか、物件購入を考えるとき、考慮しなければならない点の1つです。そこで、入居者に対して、どのような理由で契約したのかのアンケート結果をみてみましょう。

決め手になった要素で最も高いのが、やはり「家賃」です。そのほかに駅からの距離や間取りなどを決め、あとは妥協し、あきらめる要素も出てきます。

逆に、一番最初にあきらめるのは「築年数」。希望の家賃で、希望の場所で、希望の間取りであれば、多少古くてもいいということです。きちんと管理ができていて、住むのに支障がなければ、築年数が古くても入居者が入るということです。

現地を歩いて調べるのが一番

インターネットによる市場調査の方法を解説しましたが、調べたいエリアにどのような物件があるかを知りたい場合に、一番確実な調査方法は、そのエリアを実際に歩くこと。事前にポータルサイトで調べた物件の資料を持って、実際に街を歩いてみるのです。

古い不動産屋さんのなかにはインターネット広告を行わず、店頭の窓ガラスにだけ物件チラ

入居物件決定の際の決め手

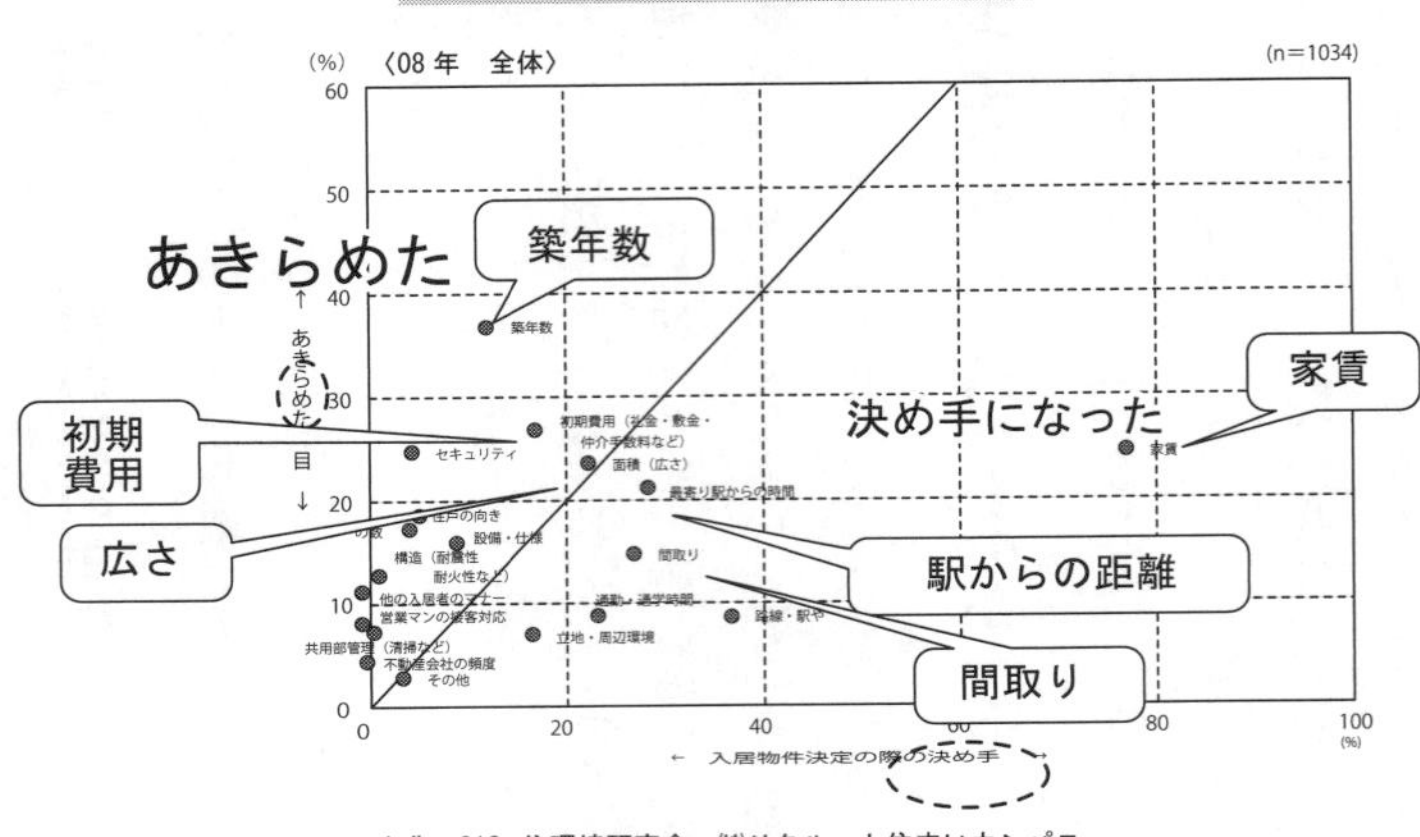

出典：21C. 住環境研究会　㈱リクルート住まいカンパニー
「第７回首都圏賃貸住宅市場における入居者ニーズと意識調査」2015 ～ 2016 年

シを貼っているところもあったりするので、このような一般的に広告がされていない物件をチェックできるのも、現地調査のメリットです。

住宅地図を見てマンションやアパートをチェックして、どういうアパートが建っていて、築何年で何世帯で何室の空室があるか確認するのが、実は一番手堅い調査方法です。ただ、動ける範囲というのも決っているので、インターネットもうまく活用して調べて行けばいいでしょう。

インターネットを使ったり、現地に足を伸ばしたりして市場調査をし、需要と供給を分析すると、「貸しやすい物件」「貸しにくい物件」がわかってきます。

昨今は賃貸でも二極化しつつある時代で、賃貸経営においても平凡な物件というのは貸しにくくなっています。ハイグレードな物件をAランクとして、それ以下をBランクからDランクまでランク付けした場合、ワンルームマンションの場合は、Cランクが一番貸しにくいゾーンとなります。中途半端な物件は貸しづらいということです。そこで、そのような物件は価値を高めて高級路線で攻めるか、値下げをして値段勝負でいくか、今とは違う手法で貸しやすい物件に変える必要がでてきます。

15㎡くらいのワンルーム・アパートで、築年が古く大がかりなリフォームが必要な場合は、いっそのこと2室をまとめて30㎡の1DKにするのも1つの手です。ワンルームは市場の供給数が多いので、供給の少ないゾーンを攻めるのも大事です。

また2DKは市場に多く供給されていて、家賃もそれなりの金額になってしまいます。そこでよく行う手法として、1部屋の壁を抜いて1LDKにしてしまいます。そうすることで同じ40㎡でも、1LDKのニーズは非常に高いため、差別化を図ることができます。1LDKには一人暮らし用として単身者のニーズもあれば、新婚世帯や小さなお子様のいる家庭でも居住対象となるため、幅広い賃貸ニーズが見込まれます。

ところが、ニーズはあるけれども、意外と1LDKの供給は少なく、供給が追い着いていません。そこで、思い切って1LDKに改装することで、賃料単価を上げることができます。

需要と供給を分析することで、よりニーズに合わせた貸しやすい物件にするような、対策を立てることができるというわけです。

レントロールから見えてくる物件の真の姿

実際にある物件を使って、具体的な分析方法を解説しましょう。

神奈川県内の某駅から徒歩9分、築30年の軽量鉄骨造のアパートです。まず最初に賃料をいくら取れているのかを分析しなければなりません。そこで、「レントロール」を取り寄せます。レントロールというのは賃貸条件の一覧表のことで、賃料や共益費、敷金、礼金などの情報が記載されています。レントロールをみると、たとえば101号室だけ家賃7万5００円で、1階のそのほかの部屋の家賃は6万1０００円、6万2０００円。2階が6万6０００円、6万1０００円、6万6０００円。一番高い家賃が取れるのは、2階の角部屋です。にもかかわらず101号室のほうが家賃が高い。パッと見て思うのが、101号室の居住者は結構長く住んでいるのではないか、ということです。

次に敷金をみると、101号、102号、103号、201号の4室は敷金が2カ月、ほか2室は1カ月であることがわかります。最近は敷金が1カ月しか取れていないということであれば、4室の入居者は結構長く住んでいるということが推測できるわけです。

実際に契約期間を調べてみると、101号室は昭和61年に契約してから、もう30年も住んでいました。そして、平成22年ぐらいまでは敷金2カ月でもまだ入居者がいたという見方ができます。

レントロール

号室	タイプ	月額（募集）賃料	敷金	原契約日	契約開始日	契約満了日
101	2DK	70,000 円	140,000 円	S61.4.27	H25.4.27	H27.4.26
102	2DK	59,000 円	118,000 円	H22.7.18	H26.7.18	H28.7.17
103	2DK	60,000 円	124,000 円	H22.8.26	H26.8.26	H28.8.25
201	2DK	64,000 円	128,000 円	H19.4.1	H25.4.1	H27.3.31
202	2DK	59,000 円	59,000 円	H24.8.5	H26.8.5	H28.8.4
203	2DK	63,000 円	63,000 円	H24.10.20	H24.10.20	H26.10.19

そこで気をつけなければいけないのが、30年住んでいる入居者が退去したら、次の入居者の家賃は少なくとも５０００円ぐらい下がることになります。

あとはリフォーム代ですが、30年間も住んでいると、キッチンやトイレ、浴槽などの水回りまでリフォームが必要となる可能性が高く、２ＤＫの間取りなので１５０～２００万円程度のリフォーム代がかかる可能性が高くなります。このことを踏まえて購入するときには、あらかじめリフォーム代を考慮し、買い付けを入れるようにします。そして、その金額を踏まえて価格が高ければ、価格交渉を行います。ちゃんと根拠を示して交渉すると、価格を下げてくれることもあります。

また、間取り図面をもらい、２ＤＫはやっぱり需要が弱いので、１ＬＤＫにするために壁が抜けるのかなども調べます。

ニーズや相場はネットで調べよう

市場性についてはインターネットで調べることができるので、「ライフルホームズ」（以下「ＨＯＭＥ'Ｓ」という）などのサイトを見てみましょう。HOME'Sのホームページの中には賃貸経営のためのサイトがあります。「賃貸」で検索するとトップページがわかるので、調べたいエリアをクリックして、さらに地域を絞っていきます。希望のエリアにいきつくと、「ヒートマップ」というものが出てきます。HOME'Sではポータルサイトで情報を配信していて、その情報を見に来る一般の方たちがいろいろ検索をして、調べて問い合わせをします。その問い合わせの多いエリアを、ホームページの中では「需要」が多いとみなしています。そこで、問い合わせの多い場所に対してヒートマップという形で色分けし、わかりやすく提示しています。

また、不動産会社が登録する物件を「供給」とみなして分析し、需要と供給を形で分析しています。ただ、HOME'Sもそのほかのポータルサイトも、あくまで問い合わせがあったことまでしか把握できていません。最終的に成約までおさえているデータではないので、少し割り引いてみなければいけません。

このヒートマップの画面から、該当地域で賃貸物件を探すさまざまなニーズとHOME'Sに掲載されている物件をグラフ化して比較しています。

まず、間取りで2DKの物件を見ると、入居希望が32・1%なのに対して、掲載物件は27・5%なので、「検索している人は多いけれども登録は少ない」とみることができます。

さらに進むと、家賃ニーズと掲載物件の比較が出てきます。検索物件よりも掲載物件のほう

賃貸入居者の希望間取りと、賃貸入居者の希望家賃のサイト画面

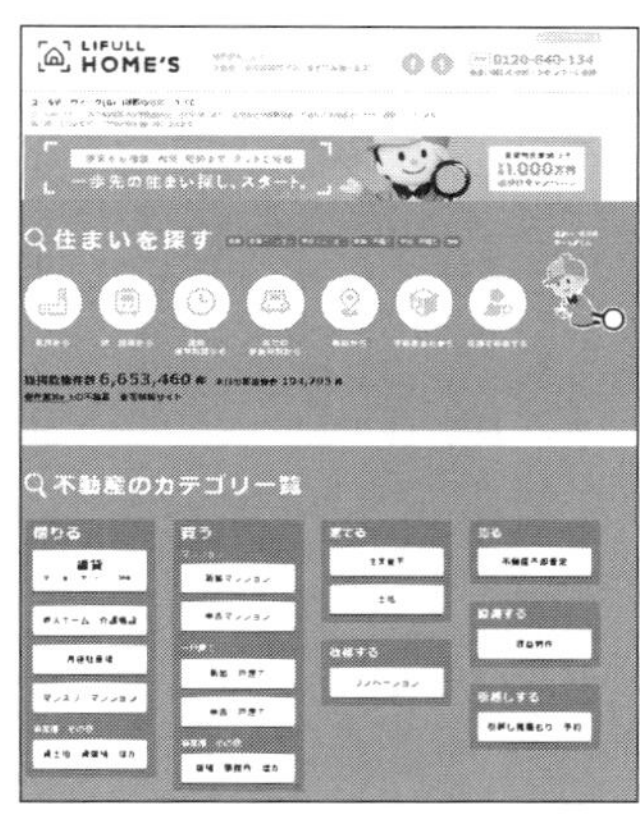

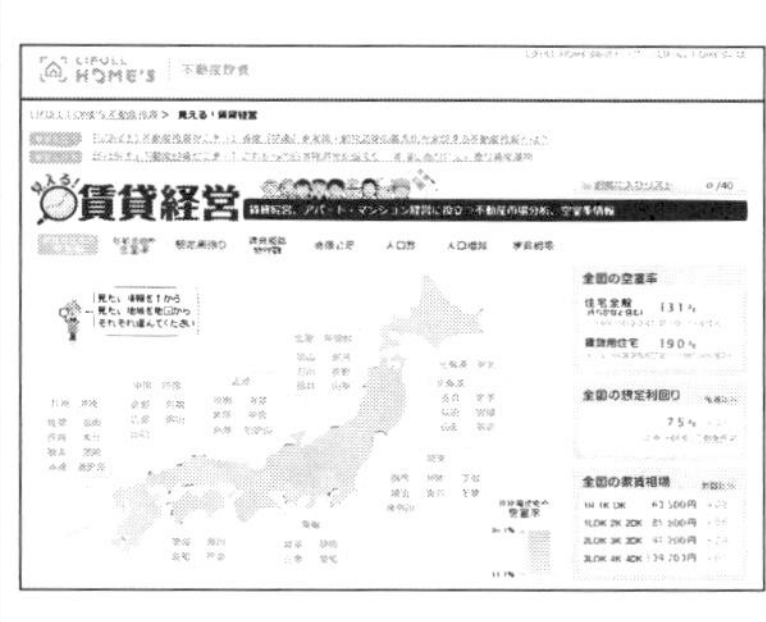

が多いと、「その家賃は苦戦している」ということがわかります。逆に検索のほうが多く、物件の登録が少なければ、供給よりも需要が多いという見立てになります。

次は、希望する広さ。15㎡などのワンルームマンションは掲載物件のほうが多く、供給のほうが多いです。一方、40~50㎡は探している人のほうが多いので、エリア的には「ワンルームよりもファミリータイプのほうが投資としてはやりやすい」ことがわかります。

希望する築年数は、やはり新築の需要が強いのですが、意外と築年数が古い物件でも検索している人が多いことがわかります。ここから、古い物件も管理をきちんとしていれば需要が見込まれるということがわかります。

このようにHOME'S賃貸経営で分析してい

くことで、購入を考える物件のエリア全体の家賃相場や周辺の賃貸物件の分布図、敷金・礼金の状況なども掲載されています。検討している物件との比較や需給バランスを、自宅に居ながらにして、無料で見ることができるのです。

賃貸経営支援のサイトはHOME'Sだけでなく、SUUMOでも「SUUMO賃貸経営サポート」というサイトを運用しています。ピンポイントで調べるのであれば、SUUMOのほうがわかりやすいかもしれません。

市場調査は、インターネットでほとんどのことができる時代です。そして、より細かいことを調べるならば、実際に街に出かけ、自分の目で確かめることが必要です。

単身者とファミリーで異なるニーズ

建物の仕様・設備をどのようなものにすればいいのかは、入居者に聞くのが一番です。全国賃貸住宅新聞では毎年1回、人気設備ランキングを紹介しているので、参考にするといいでしょう。

単身者とファミリーでは、それぞれ望む設備は異なりますが、どちらも最近はインターネットの無料で使えるWi-Fi環境が好まれる傾向にあります。この環境を設営するためには、1室当たり2000〜3000円のコストがかかるので、家賃に転嫁できるならば取り入れた

全国賃貸住宅新聞　人気設備ランキング2017

全国賃貸住宅新聞　人気設備ランキング 2017

単身者向け物件		ファミリー向け物件	
1位	インターネット無料	1位	インターネット無料
2位	エントランスのオートロック	2位	エントランスのオートロック
3位	宅配ボックス	3位	追いだき機能
4位	ホームセキュリティ	4位	宅配ボックス
5位	ウォークインクローゼット	5位	システムキッチン
	浴室換気乾燥機	6位	ホームセキュリティ
7位	TVモニター付きインターホン	7位	浴室換気乾燥機
	独立洗面化粧台	8位	ガレージ
9位	防犯カメラ	9位	ウォークインクローゼット
	システムキッチン	10位	防犯カメラ

出典：全国賃貸住宅新聞

いところです。逆に、古い物件で空室が目立ってきたのでサービスを充実したい、という場合に、インターネット導入もいいかもしれません。

エントランスのオートロックやホームセキュリティ、ウォークインクローゼットなどは、単身、ファミリーともに希望する設備です。単身者らしいのは、宅配ボックスや24時間利用可能ゴミ置き場。一方、家族で暮らすファミリーは追いだき機能を希望しています。

清潔感が入居を決めるポイントに

入居者に実際にアンケート調査を行ってみましょう。ここでは、「21C住環境研究会」とSUUMOが3年に1度発行している「首都圏賃貸住宅市場における〝入居者ニーズと意識調査〟」も、ニーズをつかむうえで役に立ちます。

この「21C住環境研究会」は、約20年前から首都圏の主な管理会社が定期的に情報交換を行い、業界の発展を目指している団体でCFネッツも創設当時から加入をしています。

アンケートによると、たとえば、家賃が上がっても欲しいサービス・設備は何かというと、24時間ゴミ出し可能サービス。そのほか、宅配ボックス、防犯カメラ、録画機能付きオートロックとセキュリティ系のニーズと続きます。これらの設備がついているならば、多少家賃が上がってもいいと考えているということです。

「部屋探しで希望したエネルギーは何だったか?」という質問でわかったのは、オール電化は意外と不人気だということです。また、プロパンガスもあまり人気はなく、圧倒的に都市ガスが支持されていることがわかります。

あと、借りるのをためらわせる設備・仕様としては、トイレが和式、がトップ。そのほかに、便器の黄ばみ、風呂の黄ばみ、鏡のサビ、エアコンが古いなどがあがっていて、清潔感が大切なことが読み取れます。

単身者向け物件の中には家具家電付きをうたうものもありますが、初期設備として希望する設備と仕様を聞くと、家具・家電のニーズは意外と少ないこともわかります。

和室がある間取りとない間取りを聞いたアンケートでは、和室を選ぶ人は30%を切り、もはや和室支持派は風前の灯火といえそうです。

家賃が上がっても欲しいサービス・設備

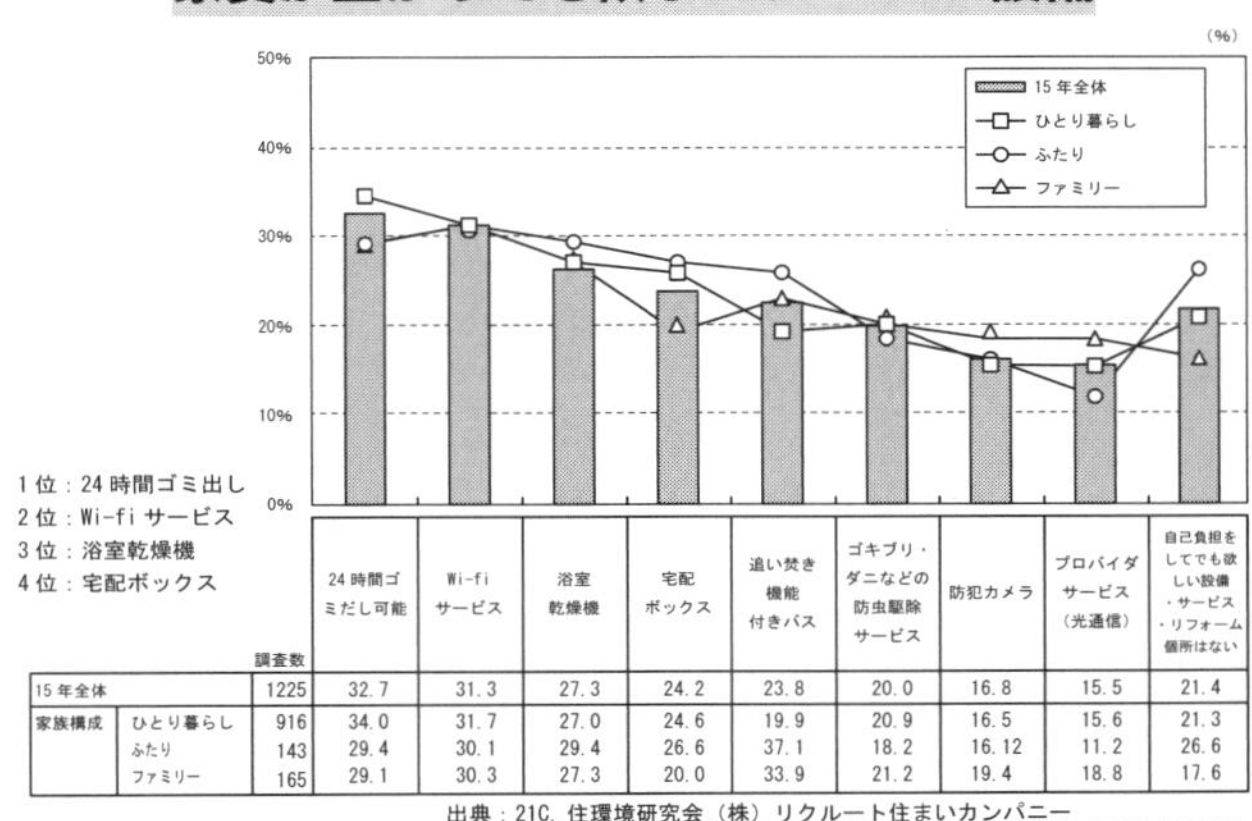

		調査数	24 時間ゴミだし可能	Wi-fi サービス	浴室乾燥機	宅配ボックス	追い焚き機能付きバス	ゴキブリ・ダニなどの防虫駆除サービス	防犯カメラ	プロバイダサービス（光通信）	自己負担をしてでも欲しい設備・サービス・リフォーム個所はない
15 年全体		1225	32.7	31.3	27.3	24.2	23.8	20.0	16.8	15.5	21.4
家族構成	ひとり暮らし	916	34.0	31.7	27.0	24.6	19.9	20.9	16.5	15.6	21.3
	ふたり	143	29.4	30.1	29.4	26.6	37.1	18.2	16.12	11.2	26.6
	ファミリー	165	29.1	30.3	27.3	20.0	33.9	21.2	19.4	18.8	17.6

出典：21C. 住環境研究会（株）リクルート住まいカンパニー
「第 7 回首都圏賃貸住宅市場における入居者ニーズと意識調査（2015-2016 年）

面白いのが、「広い部屋でバス・トイレが一緒」か「部屋が狭くなってもいいからバス・トイレ別」のどちらがいいかのアンケート。これは男女で回答に差が出て、女性は部屋が狭くなってもバス・トイレ別を好むという結果になりました。

最近では3点ユニットバスはあまり人気がありません。最近は同じスペースで風呂とトイレをセパレートできる分離型の商品も出てきています。リフォームでユニットバスの交換を行う場合、分離型を検討するといいでしょう。

このように、居住者ニーズから読み取れることがたくさんあります。物件をブラッシュアップするために、積極的に活用していきましょう。

不動産投資で大切なことは「物件力」と「大家力」です。市場分析を通して、その大家力を伸ばしていくことが、不動産投資で成功する秘けつです。

執筆者紹介

木内　哲也（きうち　てつや）　初級編担当

㈱ＣＦネッツ　取締役副社長　東京本社長　アセットコンサルタント
大学卒業後、不動産業界へ飛び込み、社内でも有数の一般住宅取引経験を持つ。2005年、別会社にいるさなか、ＣＦネッツへ「ヘッドハンティング」され、不動産投資コンサルティング業務に携わることとなった。東京、神奈川、千葉をはじめとした、関東広域の土地柄に詳しく、投資適正エリアに関する相談を多数受けている。自身も投資用マンション・１棟アパートを複数所有し、その投資用エリア選定の鋭さから、「マーケティングの鬼」と呼ばれている。
著書：「マンガでわかる！はじめての不動産投資」（住宅新報社）
保有資格：ＣＣＩＭ（米国認定商業不動産投資顧問資格）、ＣＰＭ（米国公認不動産経営管理士）、米国不動産投資マスター、相続アドバイザー（ＮＰＯ法人相続アドバイザー協議会）、宅地建物取引士、賃貸住宅査定申請主任者、損害保険募集人資格者、住環境測定士補、賃貸不動産経営管理士、公認不動産コンサルティングマスター、ハウジングライフプランナー、生命保険募集人資格者
ＩＲＥＭ　ＪＡＰＡＮ理事及び東日本支部役員、社団法人全国賃貸住宅経営協会会員

中元　崇（なかもと　たかし）　投資分析編担当

㈱ＣＦネッツ　副社長　東京本社・名古屋支社ブロック長　アセットコンサルタント
首都圏を中心として１棟マンション、１棟アパートの取引を中心に手掛け、年間トップ営業の実績含めてその積み重ねた媒介価額はシーエフネッツグループ内でも有数である。資産形成・資産防衛の専門家として、不動産の取得・運用・出口における実践的なコンサルティング及び実務に携わっている。理論だけではない現場に即したコンサルティングは、サラリーマン投資家のみならず幅広い層のクライアントから支持を受けている。また、近年では、資産の形成にあたっては相続対策まで踏まえることの重要性も説いている。「クライアントの選択肢に最大限の付加価値をもたらす」ことを自己理念とし、日々現場での実務に携わる。なお、自身も不動産投資家として資産を拡大中である。
著書：「不動産投資　プロの流儀」（共著・週刊住宅新聞社）
保有資格：ＣＣＩＭ（米国認定商業不動産投資顧問資格）、ＣＰＭ（米国公認不動産経営管理士）、ＣＦＰ○Ｒ（上級ファイナンシャルプランナー）、１級ファイナンシャル・プランニング技能士（資産設計提案業務）、公認不動産コンサルティングマスター、相続アドバイザー（ＮＰＯ法人相続アドバイザー協議会）、宅地建物取引士

山内　真也（やまうち　しんや）資金調達編担当

㈱ＣＦネッツ　副社長　鎌倉本店・大阪支社ブロック長　アセットコンサルタント
23 歳の時に大阪の売買専門仲介会社へ入社。戸建・マンション等の居住用売買仲介を全般的に手がけながら、不動産実務を習得。当時、某有名フランチャイズ加盟店で「関西圏優秀賞」「媒介報酬総額トップ 10 入賞」など数々の表彰を受ける。不動産投資のノウハウを身につけるべく 30 歳で上京、ＣＦネッツに入社する。東京・横浜で一棟アパート・区分マンションを保有し、自身も一投資家として資産を増やしながら、その経験をもとに的確なコンサルティングが評判である。また、保有資格は 10 を超え、建築士としての視点も持ち合わせる。現在は東京・大阪・名古屋・静岡を中心に随時個別相談をこなし、全国でセミナー講師も務める。
単独著書に「プロが教える不動産投資の真実」(プラチナ出版)、共著「不動産投資プロの流儀」(週刊住宅新聞社)、DVD「ファイナンスから知る！今あなたができる不動産投資」、「数字でわかる不動産投資の全構造」、「これから始める人のアパート投資セミナー」絶賛発売中。
保有資格：ＣＣＩＭ(米国公認商業不動産投資顧問資格)、ＣＰＭ(米国公認不動産経営管理士)、２級建築士、公認不動産コンサルティングマスター、相続支援コンサルタント、宅地建物取引士、住宅ローンアドバイザー、住環境測定士補、賃貸住宅査定主任者、生命保険募集人資格、普通損害保険資格者

呉山　英明（くれやま　ひであき）市場分析編担当

㈱ＣＦネッツ　東京本社　アセットコンサルタント
22 歳で不動産業界に飛び込み、これまでにリーシング・賃貸管理・住宅販売・ワンルーム販売・一棟販売とＰＭ(プロパティマネジメント)、ＡＭ(アセットマネジメント)の 幅広い実務に携わる。ＰＭ時代には横浜エリアの責任者を務め、2013 年 4 月よりＡＭ事業部に異動。その積み重ねたキャリアは社内でも有数で、自身も資産管理法人を設立し、都内に一棟アパートと区分ワンルームを運用する投資家でもある。
現在はクライアントへの投資物件の購入・売却・資産の組み換えなどの資産形成全般のコンサルティングに携わりながら、セミナーや執筆・テレビ出演などもこなす。2015 年は最優秀ＡＭ賞を受賞、2016 年より自身のアセットマネジメントチームを率いる。ＡＭ・ＰＭ両方の実務経験を活かした物件の目利きとプランニングには定評がある。
著書：「ワンルーム投資　プロの流儀」(共著・週刊住宅新聞社)
保有資格：ＣＣＩＭ(米国認定商業不動産投資顧問資格)、ＣＰＭ(米国公認不動産経営管理士)、公認不動産コンサルティングマスター、相続アドバイザー（ＮＰＯ法人相続アドバイザー協議会　認定会員)、宅地建物取引士、賃貸不動産経営管理士、管理業務主任者、賃貸住宅査定申請主任者、住宅ローンアドバイザー
テレビ出演歴：テレビ朝日系「スーパーモーニング」、「スーパーＪチャンネル」、「羽鳥慎一モーニングショー」、日本テレビ系「news every.」

監修者紹介

倉橋　隆行（くらはし　たかゆき）

1958年生まれ。株式会社ＣＦネッツ代表取締役兼ＣＦネッツグループ最高責任者であり、グループ企業18社を率いる現役の実業家。20社を超える起業に携わり、複数の事業再生案件も成功させている。

また、自ら渡米して国際ライセンスのＣＰＭ（Certified Property Manager）を日本人で初めて取得しており、現IREM-JAPANの創生に携わり、2002年の会長に就任している。また、1995年には日本で初めてPMマニュアルを出版、プロパティマネジメントの近代化に取り組んでいるＰＭ業界の第一人者でもある。

2000年に日本初の不動産コンサルタント会社ＣＦネッツを創業。不動産コンサルティング業界の第一人者であり、いまだグループ企業の創生を続けている。不動産投資から不動産全般の法律問題、相続対策、建築コンサルティング等や、不動産業者向けの経営コンサルティングやシステム開発にも携わり、抜群の成果を誇る経営コンサルタントとしても活躍中。さらに執筆活動や日本全国で講演なども行っている。不動産投資家としても著名であり、さらに「城ヶ島　遊ヶ崎リゾート」「三崎港　蔵」「六本木　遊ヶ崎」「三崎港ラーメン」「伊万里ちゃんぽん」などの飲食店の経営やプロデュースもする美食家としても知られ、プロデュースした店舗がミシュランガイドに２店舗掲載されている。

テレビ出演では「ここが変だよ日本人」「ジェネレーションジャングル」「ワールドビジネスサテライト」などに出演し、最近では「大人の歩き方」「ここが知りたい不動産」にレギュラー出演し、ラジオ番組ではＦＭヨコハマ「ここが知りたい不動産」にも出演している。

著書には『賃貸トラブル110番』(にじゅういち出版)、『不動産投資、成功の方程式』『お金に困らない人生設計』『損しない相続　遺言・相続税の正しい知識』（以上、朝日新聞出版)、『プロが教えるアッと驚く不動産投資』（住宅新報社)、『やっぱり不動産投資が一番』『馬鹿に効く薬。』『生島ヒロシの相続一直線』(以上、週刊住宅新聞社)、『都市農地はこう変わる』（プラチナ出版）ほか多数。

株式会社ＣＦネッツ

・鎌倉本店
〒247-0056　神奈川県鎌倉市大船２丁目19番35号　ＣＦネッツ鎌倉ビル
TEL0467-50-0210（代表）　http://www.cfnets.co.jp/
・東京本社
〒104-0061　東京都中央区銀座１丁目13-1　ヒューリック銀座一丁目ビル７階
TEL03-3562-8820（代表）
・横浜支社
〒235-0033 横浜市磯子区杉田1-5-7K.Y.T ビルディング 1F
TEL:045-771-1205
・大阪支社
〒530-0001　大阪府大阪市北区梅田1-3-1-500号　大阪駅前第１ビル５F501-5号
TEL06-7670-1001
・名古屋支社
〒450-0002　愛知県名古屋市中村区名駅4-23-13　名古屋大同生命ビル
TEL052-446-8430
その他、日本全国にＦＣ店舗のコンサルティングデスク開設中

この一冊ですべてがわかる

不動産投資　新・プロの流儀

2018年6月26日　初版発行

監　修　倉橋　隆行
著　者　木内　哲也
　　　　中元　崇
　　　　山内　真也
　　　　呉山　英明
発行人　今井　修
印　刷　奥村印刷株式会社
発行所　プラチナ出版株式会社
〒104-0061
東京都中央区銀座1丁目13-1　ヒューリック銀座一丁目ビル7F
TEL03-3561-0200　FAX03-3562-8821
http://www.platinum-pub.co.jp
郵便振替　00170-6-767711（プラチナ出版株式会社）

ISBN978-4-909357-18-2